· 本 书 受 上 海 领 军 金 才 开 发 计 划 项 目 资 助 ·

Theory and Practice of
RMB Internationalization

# 人民币国际化
# 理论与实践

中央国债登记结算有限责任公司人民币国际化研究课题组　著

中国金融出版社

责任编辑：张清民
责任校对：张志文
责任印制：丁淮宾

**图书在版编目（CIP）数据**

人民币国际化理论与实践／中央国债登记结算有限责任公司人民币国际
化研究课题组著 . —北京：中国金融出版社，2019.8
ISBN 978 - 7 - 5220 - 0210 - 1

Ⅰ.①人… Ⅱ.①中… Ⅲ.①人民币—金融国际化—研究 Ⅳ.①F822

中国版本图书馆 CIP 数据核字（2019）第 167603 号

人民币国际化理论与实践
Renminbi Guojihua Lilun Yu Shijian

出版
发行 **中国金融出版社**

社址 北京市丰台区益泽路 2 号
市场开发部 （010）63266347，63805472，63439533（传真）
网 上 书 店 http://www.chinafph.com
 （010）63286832，63365686（传真）
读者服务部 （010）66070833，62568380
邮编 100071
经销 新华书店
印刷 北京市松源印刷有限公司
尺寸 169 毫米×239 毫米
印张 17.75
字数 242 千
版次 2019 年 8 月第 1 版
印次 2019 年 8 月第 1 次印刷
定价 42.00 元
ISBN 978 - 7 - 5220 - 0210 - 1
如出现印装错误本社负责调换 联系电话(010)63263947

# 人民币国际化
## 理论与实践

Theory and Practice of
RMB Internationalization

# 前　言

　　一国（地区）货币的国际化使用的程度，从本质上来说是其经济与金融国际化的产物，反映了该国（地区）经济金融发展成就及其在国际范围的认可程度。近年来，随着中国经济的快速发展，人民币作为世界第二大经济体的货币，其国际影响力持续提升。2015 年 11 月 30 日，国际货币基金组织（IMF）宣布将人民币纳入特别提款权（SDR）货币篮子，并采用以中央国债登记结算有限责任公司（以下简称中央结算公司）编制的 3 个月期的国债收益率作为人民币利率基准，这是国际社会对我国改革开放成就和国际经济地位的认可。

　　根据现代货币金融理论，一国主权货币要成为国际货币，一般应具备如下条件：拥有强大的政治、经济实力，国内经济保持平稳增长；在全球经济、贸易和金融中占有较大份额；金融市场制度完善，具有多样化的投资渠道；货币政策具有独立性、连续性和可预见性；对外开放程度高，外汇储备充足，国际收支结构稳定；货币币值稳定，流动性合理。相应地，人民币国际化可界定为：人民币在全球范围内发挥货币功能，成为国际市场主要的贸易结算货币、金融交易货币以及央行储备货币的过程。

借鉴欧美发达国家20世纪推进货币国际化的进程与经验，人民币国际化进程与经济发展、金融开放具有紧密的联动关系，并最终服务于经济金融发展。从宏观角度而言，人民币国际化的主要意义在于：一是可提升中国面对金融危机时抵御外部金融冲击的能力；二是有助于中国积极推进金融开放战略，提升中国国际地位，获得更大的经济金融话语权；三是可推动国际货币体系改革，通过构建新的货币协调机制推动国际金融体系的完善。从微观角度而言，其意义主要在于：一是货币国际化可降低政府、企业和个人的汇率风险与交易成本，便利对外经济交往，促进对外商品与服务贸易发展；二是在金融改革向纵深推进的背景下，可推动中国金融市场进一步深化改革，优化金融市场体系，更好服务实体经济。

在人民币国际化持续推进的同时，应清醒地看到，与我国实体经济规模、金融发展成就相比，人民币的国际影响力、定价权等还存在巨大的提升空间。在人民币国际化推进过程中，将面临国际国内复杂金融环境的挑战和诸多因素的制约。例如，根据蒙代尔提出的"不可能三角"理论，人民币国际化将伴随资本项目的持续开放，一方面有可能引发阶段性汇率波动，加剧跨境资本流动，需要加大金融风险监管与防控力度；另一方面，人民币币值稳定和货币政策独立性两个政策目标将难以同时实现，对加强开放条件下的宏观调控提出更高要求。这些都迫切需要通过系统的理论研究、合理的路径设计与制度安排来有效应对，确保人民币国际化进程的稳步实现。

综观全球主要货币的国际化经验，金融市场在便利交易、提高效率、价格发现、信息透明与风险防范等方面发挥重要的作用，其中作为现代金融体系运行核心与枢纽的各类金融基础设施的重要性日益提升。如2012年，国际清算银行、国际证监会组织等联合发布《金融市场基础设施原则》，反复强调了金融基础设施在"提高效率、降低成本和风险"方面有"至关重要的作用"。基于现代金融体系及人民币国际化战略的新格局、新形势、新要求，中央国债登记结算有限责任公司人民币国际化理论与实践研究课题组（以下简称人民币国际化研究课题组）对相关问题进行了系统整理，本书从人民币国际化的界定、发展现状、风险与约束、国际比较、金融市场对外开放等多个角度进行切入，分为基础篇、国际篇、市场篇、定价篇四个篇章，系统地阐述了人民币国际化的内涵与外延，并结合中国实际，提出金融市场开放创新引领人民币国际化的新路径。

中央结算公司作为中国重要金融基础设施，长期以来致力于服务国家宏观调控与金融市场发展，不断创新业务模式，为债券市场开放与人民币国际化提供有力保障。其一，立足金融市场基础设施服务职能，助力人民币国际化。在金融市场加速对外开放的背景下，适应新形势下国内国际宏观环境，积极探索金融基础设施互联互通，打通在岸和离岸资本市场，为境内外投资者提供便捷的投资渠道。同时做好市场监测、监管支持，保障市场健康发展，提升监管有效性。其二，稳步推进国际化战略，提升服务创新能力。充分利用好人民币在岸、离岸两个市场和境内、境外两种资源，吸引全球投资者关注人民币金融市场，助力提升人民币的国际影响力。其三，紧密对接上海国际金融中心与自贸试验区建设，推动人民币国际化。中央结算公司设立上海总部，将跨境发行、跨境结算、担保品管理、金融估值和上海数据中心等核心功能平台落户上海，服务全球人民币债券市场。同时发布上海关键收益率（SKY）曲线，提升"上海价格"的国际影响力与定价权。其四，推进业务创新，为人民币国际化增添新动能。2016年12月，中央结算公司支持上海市政府成功发行30亿元的首只自贸区地方政府债券，为自贸区债券业务发展和探索积累了若干可复制、可推广的有益经验。未来，将进一步探索自贸区债券业务创新，使之成为联通人民币在岸和离岸市场的重要枢纽。

# 人民币国际化
## 理论与实践

Theory and Practice of
RMB Internationalization

# 目　录

## [ 定价篇 | 人民币定价权与应用 ]

# 人民币国际化
## 理论与实践

Theory and Practice of
RMB Internationalization

# 图表目录

# 人民币国际化
## 理论与实践

Theory and Practice of
RMB Internationalization

## 基础篇

# 人民币国际化的
# 理论与进程

人民币国际化
理论与实践
Theory and Practice of
RMB Internationalization

第一章

人民币国际化概述

　　本章从概念上界定人民币国际化的定义以及内涵。第一节回顾国内外学者对于货币职能的论述，以及从不同角度给出的关于国际货币和货币国际化的定义，并在此基础上给出了本书对货币国际化的定义；第二节回顾我国人民币国际化战略的提出，以及学者对人民币国际化相关问题的研究，并给出相应的人民币国际化的界定；第三节回顾货币国际化程度的衡量方法，并介绍当前国内较具代表性的几个人民币国际化指数。

# 第一节 货币国际化的界定

## 一、 马克思对货币职能和世界货币的论述

马克思在《资本论》中从商品的角度将货币定义为一般等价物，并提出了货币的五大职能。马克思关于货币职能有一段经典的论述："货币是以商品交换发展到一定高度为前提的。货币的各种特殊形式，即单纯的商品等价物，或流通手段，或支付手段、贮藏货币和世界货币，按其中这种或那种职能的不同作用范围和相对占优势的情况，表示社会生产过程的极不相同的阶段。"①

从马克思的表述来看，货币的各种职能是随着商品生产和商品交换的发展而发展的。货币的五大职能包括价值尺度、流通手段、贮藏手段、支付手段和世界货币，其中价值尺度和流通手段是货币的两种基本职能，而其他三种职能是随着商品流通的发展逐渐形成的。具体而言，货币的价值尺度职能，是商品内在的价值尺度即劳动时间的必然表现形式；货币的流通手段职能，反映了商品本身形态的运动；货币的贮藏手段职能起着货币流通的蓄水池作用，自发地调节流通中所需要的货币量；货币的支付手段职能起因于赊销的商品贸易，产生信用货币；随着国际贸易的产生和发展，货币在国际市场上发挥作用，并具有了世界货币的职能。

尽管马克思所处的社会阶段与当前存在较大时空差异，且马克思未对世界货币给出完整的理论分析，但其对于世界货币的论述仍具有相当的参考意义。马克思在《资本论》中将世界货币定义为作为一般的通用的支付手段，一般的通用的购买手段和财富，一般的绝对的社会体现物，指出其最主要的职能是作为支付手段平衡国际贸易差额。

---

① 马克思. 资本论：第一卷 [M]. 北京：人民出版社，2004：198.

马克思对世界货币的论述有三个显著的特点：一是强调世界货币必须是贵金属，例如金银等是在世界范围内被普遍认可的商品；二是弱化了国家的作用，国家吸收金银仅是出于国内铸币生产和银行券流通的需求；三是世界货币是货币越出国内流通领域的延伸。受限于当时的技术、制度等因素，马克思仅探讨了金属形式的货币，并未考虑其他形式货币的国际流动。

## 二、 国际货币和货币国际化的含义

随着贸易全球化的发展，国际货币和货币国际化的提法越来越多地出现在公众视野中，国内外学者从多个维度给出了相关定义。总结来看，多数定义从地理范围和货币职能两个角度展开。在地理范围上，货币国际化体现为一国货币在国际范围内发挥作用；在货币职能上，国际货币则与马克思提出的货币职能较为类似，体现为计价单位、交易媒介、价值贮藏等职能形式。

Cohen（1971）① 是最早研究国际货币问题的学者之一，他将货币的交易媒介、价值尺度和价值贮藏三大职能从国内货币的角度扩展到货币发行国以外。他指出，无论是私人还是官方出于何种目的，将一种货币的使用范围扩展到该货币发行国以外时，这种货币就具备了国际货币的特征。他同时给出了国际货币的两个标准：一是国际货币是被世界各国普遍接受并使用的货币，承担在国际结算中的计价、流通、支付和贮藏等部分或全部货币的职能；二是国际货币不仅能在一国范围内进行投资，也能够在本地区乃至全世界范围内进行各种投资。Tavlas（1997）② 的观点与其类似，他指出，当一种货币能够在没有发行国参与的国际交易中承担计价单位、

① COHEN B. J. Future of sterling as an international currency ［M］. Martin's Press, 1971.

② TAVLAS G. S. The International Use of the US Dollar: An Optimum Currency Area Perspective ［J］. World Economy, Vol. 20, No. 6, 1997.

交换媒介和价值贮藏的货币职能时，该货币便成为国际货币。

Cohen（1971）和 Tavlas（1997）对国际货币的界定偏重于地理维度，而 Hartmann（1975）则从持有主体是否为非居民来界定。Hartmann（1975）认为，国际化货币是指一国主权货币能够在广泛的国际范围内，为各国居民与非居民提供交易媒介、计价单位和价值贮藏的职能。

除地理维度和持有主体的角度之外，从货币职能的角度，可进一步细分为官方与私人两种用途。Kenen（1983）[1] 将上述定义进行细分，进一步从官方和私人使用的角度，从交易媒介、价值尺度和价值贮藏三个职能方面定义了国际货币。Hartmann（1998）将国际货币分为结算货币、计价货币和价值贮藏货币三个层次。他认为，作为结算货币，国际货币在国际贸易和资本交易中被私人用于直接的货币交换以及两个其他货币之间间接交换的媒介货币，也被官方部门用作外汇市场干预和平衡国际收支的工具。作为计价货币，国际货币被用于商品贸易和金融交易的计价，并被官方部门用于确定汇率平价（作为汇率钉住的"驻锚"）。作为价值贮藏货币，国际货币一是被私人部门选择金融资产时用于表示非居民持有的债券、存款、贷款价值等，二是被官方部门拥有，并以它计价的金融资产作为储备资产。Chinn 和 Frankel（2005）[2] 在此基础上进行拓展，编制了国际货币的功能清单，如表 1-1 所示。根据这份清单，国际化货币能为居民或非居民提供价值贮藏、交易媒介和计价单位的功能，即这种货币可用于私人用途的货币替代、投资计价以及贸易和金融交易，也可用作官方储备、外汇干预的载体货币以及盯住汇率的锚货币。

---

① KENEN P. B. The SDR as a Means of Payment: A Comment on Coats [Z]. Staff Papers, Vol. 30, No. 3, 1983.

② CHINN M., FRANKEL J. Will the Euro Eventually Surpass the Dollar as Leading International Reserve Currency? [J]. Social Science Electronic Publishing, 2007.

表 1 - 1                      国际货币功能

| 货币功能 | 官方用途 | 私人用途 |
|---|---|---|
| 交易媒介 | 外汇干预载体货币：中央银行为维持本币汇率而买入或卖出的货币 | 贸易和金融交易结算：私人用于清偿彼此间债权和债务关系的货币 |
| 计价单位 | 钉住的锚货币：中央银行为稳定本币汇率而钉住的货币 | 贸易和金融交易结算：私人用于计算彼此间债权和债务关系的货币 |
| 价值贮藏 | 国际储备货币：中央银行所持有的国际货币及其计价的金融资产 | 替代货币（私人美元化）和投资：私人所持有的国际货币及其计价的金融资产 |

资料来源：根据 Chinn、Frankel（2005）和 Kenen（1983）整理。

Kenen（2009）① 指出，一国的货币如果满足了以下大多数条件，则可被认为是国际货币。第一，政府必须在现货和期货市场上取消对国内或国外任何实体购买或出售其国家货币的所有限制；第二，国内公司能够以其国家的货币为其出口的商品开具发票，外国公司同样能够以该国的货币对其出口的商品开具发票；第三，外国公司、金融机构、官方机构和个人能够持有合意的该国的货币和金融工具；第四，外国公司和金融机构，包括官方机构，能够以该国货币发行有价证券；第五，发行国的金融机构和非金融企业能够在国外市场上发行以本国货币计价的工具；第六，国际金融机构，如世界银行和区域开发银行，能够在该国市场上发行债务工具，并在其金融业务中使用该国货币；第七，货币可能包含在其他国家的货币篮子中。

近年来，除了传统的美元、欧元之外，多种货币在国际金融市场上扮

---

① KENEN P. B. Currency Internationalization：an Overview［Z］. Bank for International Settlements Research Papers，2009.

演着越发重要的角色，但其国际化水平差异很大。Frankel（2005）[①] 对国际货币的认识更为具体，使国际货币的含义更加准确，他认为，在两国双边交易中以第三国主权货币执行计价单位、交易媒介和价值贮藏的职能，则该货币可称为国际货币。

也有国外学者从国际货币条件的角度给出定义。Fred Bergsten（1975）[②] 认为，一国主权货币成为国际货币需要满足以下条件：政治权力格局强大且稳定，并得到其他国家的广泛支持和认同；国内经济总量规模庞大，增长速度稳定，物价水平稳定，经济结构具有比较优势，有独立的货币政策和完善的金融市场；国际范围内要求货币自由可兑换、流动性合理、外汇储备充足，有稳定的国际收支结构。

根据上述几种定义，不难发现，国际货币是一个较为宽泛的概念，不同的国际货币其国际化程度可能存在差别，这与当前国际货币多元化格局是相一致的。而对于一国货币转变为国际货币的动态过程，即货币国际化，学者也通过不同的划分方式给出了相应的定义。

一是按照货币使用的地理范围，货币国际化的过程可以分为货币周边化、货币区域化及货币全球化三个层次。货币周边化是指货币的国内职能延伸到境外，使得货币在发行国周边国家和地区有一定程度的流通甚至是广泛流通。通常这类货币所代表的经济体是一个区域内的主要经济体并与周边国家和地区有着密切的经贸往来，为了节约货币兑换成本，或节约外汇储备，人们会选择信誉较好、数量充足、能够被普遍接受的货币部分乃至全部地替代本国货币，从而实现货币周边化。一般来说，这是国际货币发展的初级阶段。货币区域化是指货币在一个国际区域内某种程度上替代当地货币而成为共同使用的货币，或者在一个国际区域内不同货币间通过

① CHINN M. , FRANKEL J. Will the Euro Eventually Surpass the Dollar as Leading International Reserve Currency? [J]. Social Science Electronic Publishing, 2007.

② BERGSTEN C. F. , KRAUSE L. B. World Politics and International Economics [J]. Journal of Economics & Business Administration, Vol. 137, No. 1, 1978.

长期合作最终整合为一种新型的统一的国际区域货币。货币区域化是国际货币发展的中级阶段。货币全球化则表现为货币区域化在地域上的进一步扩展，它使货币得以在全球范围内广泛使用，这是国际货币发展的高级阶段。

二是按照国际货币提供主体，货币国际化包括单一国家货币国际化、区域货币一体化以及超主权货币国际化。单一国家货币国际化即一个主权国家的国别货币发展成为国际货币，例如美元、英镑、日元、人民币等；区域货币一体化是指联盟的中央银行发行的区域统一货币扩大使用范围成为国际货币，例如欧元；超主权货币国际化是指国际金融机构创设的超主权货币，例如国际货币基金组织（IMF）创设的特别提款权（SDR）。

三是按照所承担的职能范围，可以划分为部分国际化和完全国际化。货币的部分国际化是指货币在国际经济中发挥有限的作用，不完全承担国际支付、计价单位和价值贮藏的职能，而只承担其中的一项或者两项货币职能。也就是说，并非每种国际货币都必须承担以上三种职能，由于每种货币自身的特性及不同的历史机遇，所执行的国际货币职能会有所差异。货币国际化一般发展进程是结算货币→投资货币→储备货币，这是一个渐进提高的过程。从主权货币起步，到最终成为国际货币，一般要经过四个阶段：经常项目下的国际收支可自由兑换→资本项目下可自由兑换→政府推动本币成为其他国家可接受的交易、投资、结算和储备货币→政府对本国居民的本外币充分可兑换。

综合国内外学者对货币国际化的定义，本书从静态和动态两个方面对货币国际化进行定义。从静态的角度看，一国货币国际化（国际货币）是指该国的主权货币可以在国际上流通和使用，即可以在国际市场上履行其计价单位、交易媒介和价值贮藏等职能，成为国际上通用的工具货币。从动态的角度看，货币国际化是指主权国家的货币跨越国界，从本国扩张到周边国家、区域乃至全球范围，在境外流通，成为国际上普遍认可的计价、结算及储备货币的动态过程。

# 第二节 人民币国际化的界定

## 一、人民币国际化的含义

人民币国际化这一概念早在 20 世纪 80 年代就被我国相关学者提出。胡定核（1989）[①] 认为："人民币国际化，是指人民币的国际性作用提高，或者说人们把人民币作为国际性货币，使其发挥机能。"国际化的人民币具体包括国际交易、国际清算、国际储备、国际投资、干预货币以及价值尺度六大机能。孙兆康（1998）[②] 认为："所谓人民币国际化就是人民币由不可兑换货币，通过不同阶段的可兑换，最终成为国际货币的过程。"

近年来，随着我国经济实力和国际地位不断提升，人民币国际化再度成为研究的重点。陈雨露和张成思（2008）[③] 认为："货币国际化，是指一种货币的部分职能或者全部职能（包括计价、流通、支付、储备等职能）从一国的适用区域扩张至周边国家、国际区域乃至全球范围，最终演化为全球通用货币的动态过程。从广义角度看，货币国际化不仅包括货币职能的国际化，还包括货币作为资本的信贷、投资职能的国际化，即货币作为资本获得利润的投资职能从一国的适用区域或原使用区域扩张至周边国家、国际区域乃至全球范围的动态过程。"李稻葵等（2013）[④] 认为："人民币国际化，指的是让人民币逐步成为国际产品与服务贸易的结算货币，各主要投资机构及中央银行的储备货币，更重要的是成为国际金融活动的工具货币。"

---

[①] 胡定核. 人民币国际化探索 [J]. 特区经济, 1989 (1).
[②] 孙兆康. 人民币国际化的一种理论解释 [J]. 金融理论探索, 1998 (1).
[③] 张成思, 胡志强. 从世界主要货币国际化历程看人民币国际化 [J]. 亚太经济, 2012 (3).
[④] 李稻葵. 人民币国际化道路研究 [M]. 北京：科学出版社, 2013.

中国人民大学国际货币研究所发布的《人民币国际化报告 2017》对人民币国际化所下的定义为："人民币国际化是指人民币在对外经济往来中越来越多地发挥国际货币职能，若干年后发展成为国际贸易、国际投融资的主要计价结算货币，以及重要的国际储备货币的过程。静态看，它是人民币作为国际货币使用的一种状态和结果；动态看，它是人民币发展成为主要国际货币的整个过程。"①

综合相关研究观点，本书将人民币国际化定义为：人民币在全球范围内发挥货币功能，成为国际市场主要的贸易结算货币、金融交易货币以及政府储备货币的过程。人民币国际化包括三个层次的内容：一是人民币作为中国双边贸易的计价和结算货币，是贸易项下的需求；二是人民币在国际金融市场上作为借贷与投资的货币；三是成为与美元、欧元并驾齐驱的国际储备货币和国际货币基金组织特别提款权（SDR）的主要货币。

## 二、 人民币国际化研究的相关问题

近年来，尤其是 2008 年国际金融危机以来，对现行国际货币体系的质疑纷杂，人民币国际化议题越来越多地进入公众视野。针对人民币国际化相关问题的研究，主要集中在成本收益和推进路径等方面。

关于货币国际化的成本和收益的研究，主要集中在定性分析方面。从收益来看，推行人民币国际化能够使我国获得长远的经济利益，包括获得铸币税收益、降低企业面临的汇率风险、提高我国金融机构竞争力、提升我国金融地位和国际话语权等；从成本来看，人民币国际化可能带来宏观调控和金融监管难度加大、维持金融市场稳定性难度加大、"特里芬难题"等一系列问题。总体而言，多数学者认为，从长远的角度来看，人民币国际化是大国经济发展的必然体现和内在要求，在注重其带来的潜在收益的同时也要关注相关成本和风险因素，积极稳步推进人民币国际化是提升我

---

① 中国人民大学国际货币研究所. 人民币国际化报告 2017 [M]. 北京：中国人民大学出版社，2017.

国金融实力和国际地位的重要举措。

关于实现人民币国际化的具体路径，大多数学者认为应采取循序渐进的推进方式。两个"三步走"的推进思路一直占据关于人民币国际化路径讨论的核心位置，学者们在这一点上基本达成了共识。两个"三步走"分别从职能演进和地域拓展两个维度指出了人民币国际化需要经历的各个阶段。从人民币的货币职能角度来看，人民币将逐步经历结算货币、投资货币和储备货币三个阶段；从地域拓展角度来看，人民币将经历周边化、区域化和国际化三个阶段。而在实现两个"三步走"的具体路径上，学者们存在一定争议。

人民币国际化初期，我国遵循的是"跨境贸易结算 + 香港离岸市场 + 货币互换"的发展路径。一方面，中国作为贸易大国，从政策层面推进跨境贸易结算试点是最合理的突破口，跨境贸易结算既有利于我国进出口企业规避汇率风险，又为人民币提供了流出的渠道；另一方面，在中国资本项目尚未实现可兑换、金融市场开放程度不高的情况下，香港人民币离岸市场的发展为通过贸易渠道流出的人民币提供了栖身之所，并为我国资本与金融账户的逐渐开放提供了有效缓冲。但值得指出的是，人民币在2005年之后的 10 年间基本处于升值通道，人民币国际化的进程是政策导向的结果，也是资本逐利的结果。其中一个明显的特点是跨境贸易结算出现跛足现象，跨境收付中人民币进口结算金额大于人民币出口结算金额，因此，学者们提出"跨境贸易结算 + 离岸市场 + 货币互换"已经不适于中国现状的质疑。

余永定（2011）[①] 指出，人民币国际化以贸易计价结算作为突破口并未实现减少美元外汇储备和降低汇率风险这两个目标。从资产置换的角度来看，中国推行人民币国际化应该是努力减少美元资产、增加美元负债、增加人民币资产和减少人民币债务，而不是不分资产与债务，笼而统之地

---

① 余永定. 再论人民币国际化 [J]. 国际经济评论, 2011 (5).

推行人民币国际化。徐奇渊（2011）[1] 指出，在人民币存在长期升值预期的背景下，贸易渠道难以实现人民币持续的净输出，通过资本项目实现净输出将成为人民币国际化的可能路径。张斌（2011）认为，货币当局主动推动离岸市场发展难以理解，通过离岸市场倒逼国内市场改革的做法不是非常成功，若汇率市场化机制没有进一步完善，则人民币国际化、离岸市场发展太快对境内的政策冲击非常大，套利引起的资本流动冲击很大。陈雨露（2014）[2] 指出，人民币离岸市场缺少高效、安全、低成本的离岸人民币清算系统，尚未建立人民币离岸市场的法律制度框架，离岸人民币金融产品链和金融机构服务能力不理想，离岸金融市场规模扩大对金融监管形成新的挑战。

此后，我国加快了境内金融市场对外开放的进程，显著提升了人民币资产的吸引力。这个阶段的任务主要是建设人民币的回流渠道，使境外投资者能够分享国内经济发展的成果，同时需要控制热钱流入。因此在这个阶段，我国采取了一系列渐进的、有配额的金融市场开放措施，人民币的投资货币职能逐步体现。相关研究主要集中在回流渠道建设和金融市场的开放顺序等问题上。

张燕生（2010）[3] 指出，人民币的区域化和国际化可以反过来推动国内金融部门的市场化改革。胡晓炼（2012）[4] 认为，改革是人民币国际化非常重要的推进力，哪项改革先进行不仅取决于主观设计，同时与当时的环境条件息息相关。李稻葵（2012）[5] 认为，人民币在没有完全实现资本账户自由兑换的情况下，一边要搞金融改革，一边要实现人民币国际化的

---

[1]  徐奇渊．人民币国际化面临的挑战和选择 [J]．当代世界，2011（1）.

[2]  陈雨露．建设强大的人民币离岸市场 [OL]．人民网，2014 - 11 - 24.

[3]  张燕生．人民币国际化可反过来推动国内金融改革 [OL]．新浪财经网站，2010 - 11 - 02.

[4]  胡晓炼．资本项目可兑换与人民币跨境使用 [J]．长三角，2012（12）.

[5]  李稻葵．人民币国际化是一个长期逐步过程 [OL]．新浪财经网站，2012 - 06 - 11.

使用，因而整个国际化的过程会非常复杂。如果资本账户的开放进程把控不严，很可能出现大量人民币兑换成外币"走出去"。张明和何帆（2012）[1] 提出了人民币国际化的优先次序：国内经济结构性调整应优先于人民币国际化；利率与汇率市场化改革以及国内金融市场深化应优先于资本账户开放。王健（2013）[2] 指出，一个国家如果没有高效成熟的内部金融市场，直接开放给海外资金市场会有更大的概率引发金融危机，反而会影响本国的经济发展。

2015 年"8·11 汇改"释放了此前美元加息预期和国内经济下行积压的人民币贬值预期，人民币兑美元从之前的单向升值逐渐走入贬值周期。为稳定汇率和国内经济预期，政府加强资本项目管控，人民币流出流入渠道受限，人民币国际化进程稍显停滞。但从我国经济发展的长期态势来看，人民币国际化向好的趋势并未改变。随着"一带一路"倡议的推进以及人民币加入 SDR 的货币篮子，在汇率双向波动背景下新的人民币国际化路径正在形成，迄今为止已在基础设施、储备货币职能和金融市场开放中取得重要进展。针对这一时期人民币加入 SDR 和"一带一路"倡议推进的新背景，学者们有以下讨论。

第一，对人民币"入篮"的意义解读不同。管涛（2016）[3] 表示，人民币加入 SDR 是国际社会对人民币国际化前期成果的肯定，为人民币成为国际化货币做了一个背书。谢亚轩（2016）[4] 表示，人民币纳入 SDR 对其国际化的推动作用主要体现在两个方面，一是推动国际组织以及外国中

① 张明，何帆.人民币国际化进程中在岸离岸套利现象研究 [J].国际金融研究，2012（10）.

② 王健.培育与世界第二大经济体相称的中国资本市场 [J].广东财经大学学报，2013（2）.

③ 管涛.人民币加入特别提款权篮子货币的意义 [J].清华金融评论，2016（1）.

④ 谢亚轩，刘亚欣，张一平.人民币加入 SDR 会给中国带来什么？[J].银行家，2016（1）.

央银行调整资产结构，增持更多人民币资产；二是计价功能，人民币在近期发行 SDR 计价的债券中起了一定作用。伯南克认为，加入 SDR 完全是象征性的，这一举动象征着人民币国际化更进一步，但并不一定会对人民币带来直接的好处。朱民（2016）① 则认为，人民币加入 SDR 对于中国有长远影响，一是能够增强国际治理能力，二是能够让 SDR 更加稳定。

第二，提议抓住"一带一路"倡议的契机，培育人民币国际化新动力。陈四清（2014）② 指出，在"一带一路"背景下，资本账户输出人民币的前景正变得愈加清晰，"企业走出去 + 人民币资本输出"可能成为人民币国际化深入推进的新主线。陈平（2015）③ 指出，"一带一路"倡议至少可以在两个方面对人民币国际化起到显著的促进作用，一是通过信贷渠道（亚投行）、投资渠道（中国企业对外投资、丝路基金）、中央银行货币互换渠道、贸易结算渠道促进人民币的输出，二是"一带一路"倡议下经贸合作带来双边政治关系的巩固与深化将促使沿线国家增持人民币作为其储备货币。夏斌（2017）④ 指出，"一带一路"建设将带来巨大的投融资需求，呼吁允许境外有投资实力的企业以人民币计价在中国深沪两个交易所进行 IPO 筹资。连平（2017）⑤ 表示，"一带一路"有助于人民币国际化实现路径突破。"一带一路"东连亚太经济圈，西接欧洲经济圈，为人民币在周边国家和地区的使用奠定了基础，有助于夯实做强人民币区域化的基础；"一带一路"建设以贸易圈和投资圈为基础，在夯实跨境贸易结算货币基础的同时，将助推人民币计价货币和储备货币等国际货币职能的发展。

---

① 朱民. 朱民反驳伯南克：人民币入 SDR 不只有象征意义 [OL]. 新浪财经网站，2016 - 12 - 02.

② 陈四清. 开启人民币国际化新格局 [J]. 中国金融，2014（24）.

③ 陈平，张浩哲. "一带一路"战略助推人民币国际化 [J]. 金融市场研究，2015（7）.

④ 夏斌. 经济走势分析与"一带一路"建设 [J]. 西部大开发，2017（9）.

⑤ 连平，刘健. "一带一路"上人民币国际化怎么走 [J]. 现代商业银行，2017（11）.

### 三、 人民币国际化战略持续推进

一国货币的国际地位与该国的经济实力和国际影响力息息相关。当前，中国 GDP 全球占比超过 15%，进出口总额全球占比超过 11%，净国际投资头寸在全球也超过了 11%。但与此同时，在国际清算总量中，人民币使用量只有 1.8%，在全球外汇交易总量中，按可比口径调整后，人民币在 2% 左右，人民币占全球外汇储备也仅超过 1%。

以此来看，人民币在国际货币体系中的使用程度与我国的经济地位相比仍有差距。一种货币的国际地位虽然与其在国际经济、贸易、投资中的占比有非常重要的联系，但这种联系不是线性的，也并非瞬时的，而往往是非线性和滞后的。新兴大国往往在经济地位提高以后的较长时间内，才会实现货币的国际化。因此从长远来看，人民币国际化仍有较大的发展空间。人民币国际化是一个中长期战略，要保持定力，稳步实现目标。要做好政策的顶层设计，便利贸易、投资、支付，便利把人民币作为国际储备货币；在推动人民币跨境使用的同时，注重稳步推动资本项目可兑换，推进人民币国际化相关基础设施建设；要引导好离岸人民币市场发展。人民币国际化发展空间很大，但这是一个长期战略，不能从一年、两年的发展变化来评价人民币国际化进程的成败。

2018 年，中国宣布将大幅放宽包括金融业在内的市场准入，并宣布了进一步扩大金融业对外开放的具体措施和时间表。中国未来将继续推进资本项目可兑换，深化人民币汇率形成机制改革；各类市场参与者将更积极地提高其在人民币市场的参与度和活跃度；以商业银行为代表的金融机构将更好地提供人民币清算结算、投融资、交易、资产管理等服务，便利人民币在支付结算、投资及储备中的使用，人民币国际化的广度和深度将不断提升。在外汇市场方面，目前我国外汇市场形势基本稳定，跨境资本流动和外汇市场供求基本平衡，人民币汇率双向波动弹性增强，预期合理分化，外汇储备规模总体保持稳定，这样一种稳定的外汇市场形势为下一步改革开放创造了良好的环境和条件。

人民币国际化除了是一个动态的过程之外，也是一个目标和一种手段。人民币国际化的最终目标是在国际体系中拥有与经济实力相匹配的地位。当前的国际货币体系以美元为主，欧元也发挥着非常重要的作用，日元、英镑、人民币等一些主要货币也发挥着举足轻重的作用。人民币虽然已经加入 SDR 货币篮子，但是距离人民币国际化的目标还有很长的路要走。同时，人民币国际化是我国实现发展战略目标的重要手段。推进人民币国际化有助于增强中国的国际金融竞争力，逐步打破当前由发达国家主导的国际货币体系规则，使我国能在国际经济的竞争与合作中掌握主动权。同时，人民币国际化还可以起到促进国内金融改革、推动中国经济健康发展的作用。在人民币国际化的过程中，一方面要有效促进实体经济的可持续发展，另一方面也要将过程中的风险控制在可承受的范围内。

# 第三节　人民币国际化程度的衡量

## 一、相关研究综述

对于一国货币国际化程度的衡量，通常从货币职能入手，选取与各个职能相关的指标。例如，对于货币的计价单位职能，通常选取国际贸易计价结算的币种结构；对于交易媒介职能，通常选取外汇市场交易的币种结构；对于价值贮藏职能，通常选取该国货币在全球可识别外汇储备中所占的份额。此外，该国货币在国际债券、国际信贷、国际外汇衍生品市场交易的占比方面也都从不同侧面反映出货币在国际上的使用程度，有助于加深对该国货币国际化程度的认识。

在各项指标中，最受国际社会认可的指标是 IMF 公布的官方外汇储备占比数据。各国政府按照 IMF 的统计要求，将自己官方外汇储备中名列前茅的货币报送 IMF，由 IMF 公布这一指标。

由于 IMF 只单独统计并公布全球官方外汇储备中比重大于 1% 的货

币，因此在此前人民币国际化的起步阶段，难以有效地对人民币的国际化
程度进行衡量，国际上大多数分析集中于美元、欧元、日元和英镑等货
币。为了解决这一难题，准确把握人民币国际化进程，一些研究通过加权平
均的方式构建国际货币的货币化指数来直观比较各种国际货币之间的国际化
综合程度，尝试从不同的角度来评价人民币行使世界货币职能的客观现象。

中国人民银行人民币国际化小组（2006）基于境外流通范围、境外流
通数量、国际贸易中的支付数量、直接投资计价数量、境外国际官方储备
等七方面的数据提出了货币国际化指标体系，设定美元为100，以此为基
数测得当年欧元国际化值为39.4，日元为26.2，人民币仅为2。

Thimann（2009）[1] 利用经济发展、证券市场、外汇市场等方面的15
个规模性指标和金融市场、货币发行、贸易障碍等方面的16个结构性指
标，对各国货币的国际化程度进行度量。结果显示，2006年美元的国际
化程度最高，为38.7%，欧元为27.0%，日元为8.6%，英镑为7.1%，
人民币为1.3%。但是，该指数的变量选取只涉及两项国际货币功能层面
的指标，其余29项指标均属于评估货币国际化前景的测量性指标，因此
实际操作意义较低。

中国人民银行上海总部跨境人民币业务部课题组（2015）[2] 试编包括
人民币国际化发展指数、人民币国际化动态指数和人民币国际化信心指数
的人民币国际化指数体系，多层次、全方位地衡量人民币国际化进程。其
中，人民币国际化动态指数包括结算、交易和储备三项指标。结算指标由
跨境结算量、NRA资金划转量计算而来；交易指标由同业账户资金划转
量和债券发行量计算而来；储备指标由离岸存款、NRA余额和同业往来
账户余额计算而来。

---

① THIMANN C. Global Roles of Currencies［J］. International Finance，Vol. 11，
No. 3，2008.

② 中国人民银行上海总部跨境人民币业务部课题组，施琍娅. 人民币国际化指
数研究［J］. 上海金融，2015（08）：29 – 34.

## 二、 市场机构人民币国际化指数

随着跨境人民币支付结算量的快速增长和离岸人民币市场的逐步发展，各类组织和机构纷纷发布了与人民币国际化或离岸人民币产品相关的各类指数。

SWIFT 于 2011 年 9 月推出了"RMB Tracker"月度统计报告，以人民币国际化为主线，提供全球主要货币在贸易、投资及其他支付媒介中的总量及排名；BIS 外汇市场交易指标统计了全球外汇市场的交易情况，通过对全球 53 家中央银行进行问卷调查获取数据；2012 年 9 月，标普道琼斯宣布与德意志银行联合推出离岸人民币债券指数，成为首只全球范围内追踪离岸人民币债券的指数。后来汇丰、渣打、中银香港等在香港注册的金融机构均陆续推出了各自的人民币离岸债券指数。

以上指标均从货币的某一项职能出发，考察人民币在某一方面的使用程度，但是，这些指标与测度人民币国际化进程的指数在内涵上还存在较大差异。接下来，本书对人民币国际化的几个较为综合的指数进行分析，考察近年来人民币国际化进程（见图 1 - 1、图 1 - 2、图 1 - 3）。

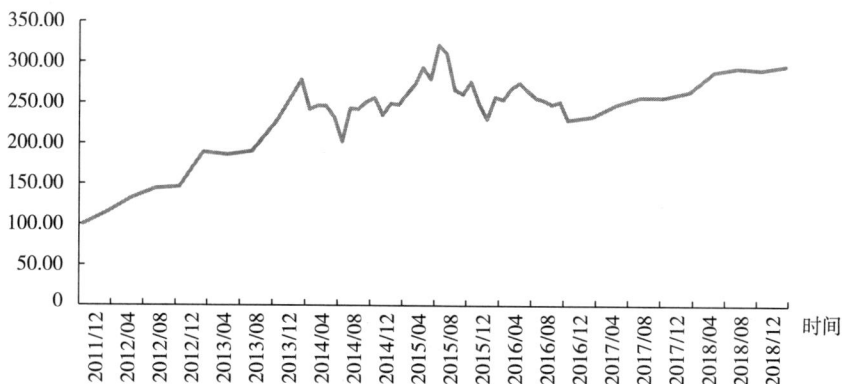

注：2011 年第四季度末，中国银行人民币跨境指数（CRI）为 100。

数据来源：中国银行。

**图 1 - 1　中国银行跨境人民币指数（CRI）**

%

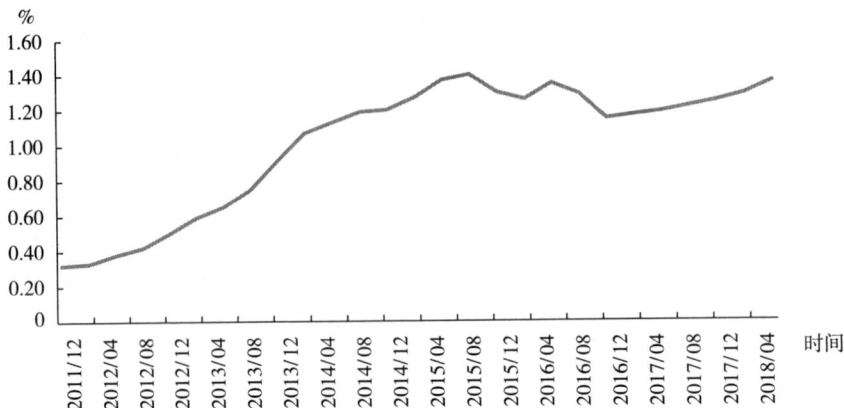

数据来源：中国银行。

**图 1-2　中国银行离岸人民币指数（ORI）**

中国银行于 2013 年 9 月发布跨境人民币指数（CRI），主要跟踪跨境流出、境外流转和跨境回流这一完整的资金跨境循环过程中人民币的使用水平，跟踪经常账户、资本账户和境外流转等多个类别的资金流动，反映了人民币在跨境及境外交易中使用的活跃程度。该指数指标体系的参数包括跨境货物贸易人民币进（出）口结算比重、跨境服务贸易及其他支付项目人民币结算占比、人民币 FDI（ODI）直接投资占比和境外人民币清算量占比。2017 年以来，人民币跨境使用活跃度回升，服务贸易项下的人民币跨境使用水平继续攀升，境内债券及资本市场成为推动人民币跨境使用的新亮点。

中国银行离岸人民币指数（ORI）主要跟踪人民币在离岸金融市场上的资金存量规模、资金运用状况、金融工具使用等方面的发展水平，共设置五类指标，分别对应人民币行使价值贮藏货币、融资货币、投资货币、储备货币及交易货币五项国际货币职能，加权计算后反映人民币在国际金融市场上的综合发展水平。2017 年以来，离岸市场人民币存款规模继续回升，贷款及融资活动有所下降，境内资本市场开放继续带动离岸市场人民币计价权益类投资。

渣打银行于 2012 年 11 月推出的渣打人民币环球指数（RGI）覆盖香

港、伦敦和新加坡这三个主要的人民币离岸市场，主要计算四项业务的增长，包括存款（财富储存）、点心债券和存款证（融资工具）、贸易结算和其他国际付款（国际商贸）以及外汇（交易渠道）。渣打人民币环球指数自 2015 年汇改之后呈现出下跌的趋势，2017 年以来有所回升。

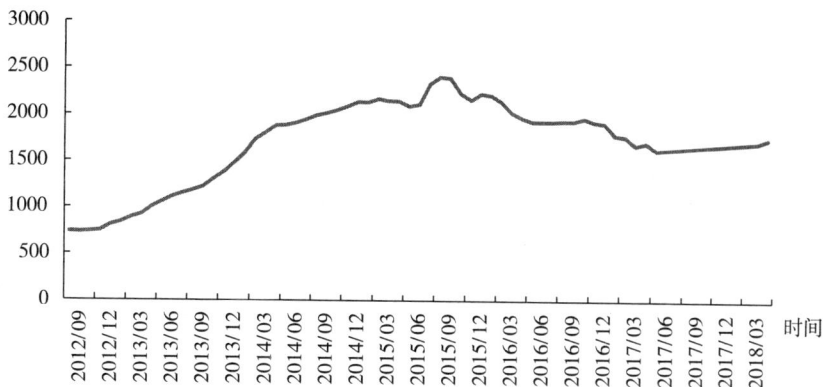

注：2010 年 12 月 31 日，渣打人民币环球指数（RGI）为 100。
数据来源：渣打银行。

**图 1-3 渣打人民币环球指数（RGI）**

### 三、 中国人民大学人民币国际化指数

中国人民大学国际货币研究所从国际货币的基本职能出发，认为在人民币资本账户有序开放的情况下，人民币的国际货币功能应该主要体现在实体经济领域，强调人民币作为贸易计价结算和直接投资、国际债券交易货币的职能，并以此为指导思想选择适当的变量和指标，编制了一个综合的多变量合成指数——人民币国际化指数（RMB Internationalization Index，RII），用来衡量和反映人民币国际化的真实水平（见图 1-4）。

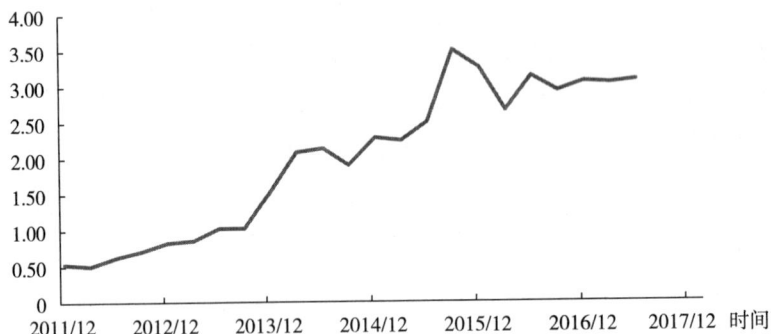

数据来源：中国人民大学国际货币研究所。

**图1-4　中国人民大学人民币国际化指数（RII）**

人民币国际化指标将一国货币的国际化程度按照理论上货币的价值尺度、支付手段和价值贮藏功能进行定义，综合考虑人民币在贸易计价、国际金融计价与官方外汇储备方面的全球占比而计算得出，其定义以及指标体系如表1-2所示。

表1-2　　　　　　　　　　人民币国际化指标体系

| 一级指标 | 二级指标 | 三级指标 |
|---|---|---|
| 国际计价支付功能 | 贸易 | 世界贸易总额中的人民币结算比重 |
|  | 金融 | 全球对外信贷总额中的人民币信贷比重 |
|  |  | 全球国际债券和票据发行额中的人民币债券和票据比重 |
|  |  | 全球国际债券和票据余额中的人民币债券和票据比重 |
|  |  | 全球直接投资中的人民币直接投资比重 |
| 国际储备功能 | 官方外汇储备 | 全球外汇储备中的人民币储备比重 |

资料来源：中国人民大学国际货币研究所《人民币国际化报告2017》。

中国人民大学编制的人民币国际化指数具有一定的实操性。第一，货币的国际化指数综合反映了国际货币的价值尺度、流通手段、贮藏手段三大职能；第二，货币的国际化指数强调了货币的实体经济交易职能，在构建该指数时分别赋予货币国际计价职能、交易职能与官方储备职能相等的权重，符合当前国际金融"去杠杆化"、从虚拟经济回归实体经济的思想潮流与趋势，更加科学合理；第三，货币的国际化指数突破了 IMF 统计条件的约束，使得在官方外汇储备总额中超过半数但是占比不到 1% 的货币的国际化水平可以被评价和衡量。

从中国人民大学编制的人民币国际化指数变动趋势来看，2015 年 RII 呈上升态势，人民币作为国际货币在支付结算、金融交易以及国际储备方面的职能全面扩展。2016 年受到国内外经济形势低迷、汇率贬值与资本外流等因素的影响，人民币国际化进程进入了调整巩固期，RII 有所回调。2017 年，随着国际经济金融环境逐渐明朗，以及人民币加入 SDR 对市场信心的提振，RII 下降幅度收窄，人民币国际化进入平稳发展阶段，有望维持人民币在国际货币体系中的地位。

从中国人民大学国际货币研究所编制的美元、欧元、英镑、日元等主要货币的国际化指数来看，当前国际货币格局呈现出多元化发展的态势（见图 1 −5、图 1 −6）。美国经济复苏带动美元走强，美元在国际货币格局中的地位进一步巩固；欧洲经济、政治动荡等因素使欧元和英镑的国际化指数走弱；日元避险货币的特征凸显，国际化程度在 2017 年稳中有升。

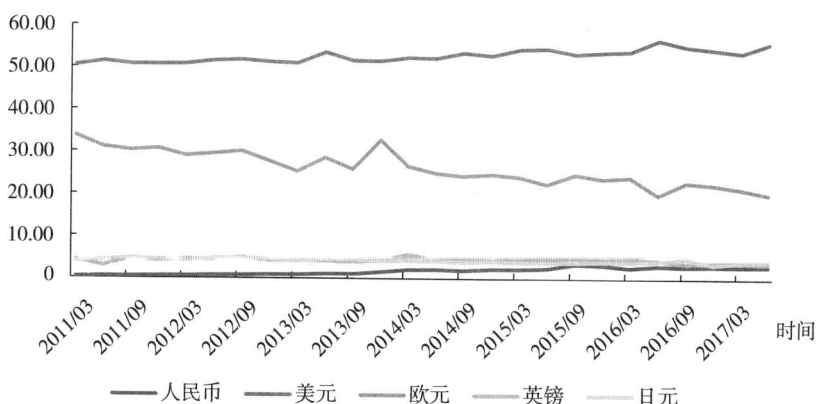

数据来源：中国人民大学国际货币研究所《人民币国际化报告 2017》。

图 1 −5 中国人民大学主要货币国际化指数（1）

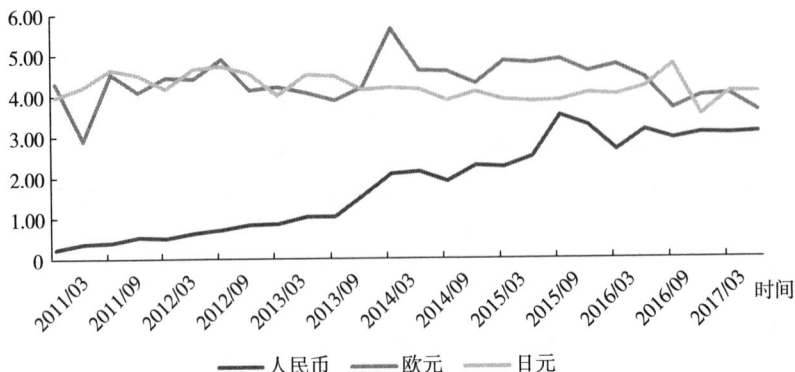

注：图1-6为图1-5剔除美元、英镑等国际货币后的结果。

数据来源：中国人民大学国际货币研究所《人民币国际化报告2017》。

**图1-6 中国人民大学主要货币国际化指数（2）**

从中国银行跨境人民币指数（CRI）、中国银行离岸人民币指数（ORI）、中国人民大学人民币国际化指数（RII）、渣打人民币环球指数（RGI）等人民币国际化指数的变化趋势来看，近年人民币国际化进程总体保持平稳发展的态势，但与美元、欧元、英镑、日元等世界主要国际货币相比，人民币在国际化方面还存在一定的差距。

# 第四节 本章小结

本章回顾了国内外学者对于货币国际化以及人民币国际化的相关定义，并梳理了当前较具代表性的人民币国际化指数。综合来看，货币国际化是地理范围和职能范围两个维度上的一个拓展过程。从地理范围来说，货币的国际化一般会经历周边化、国际化的过程；从职能范围来说，货币的国际化意味着从贸易结算货币、投资货币到储备货币的过程。国内外众多市场机构和学术机构编制了货币国际化的代表性指数。未来在编制、完善相关指数的过程中，可在相应的指标选取上结合经济金融发展状况，做进一步的细化。

人民币国际化
理论与实践
Theory and Practice of
RMB Internationalization

# 第二章

# 人民币国际化发展现状

货币金融发展通常需要"以史为鉴"。人民币国际化的进一步深入必须建立在对人民币国际化现状的归纳与总结基础上。在 2005 年汇率改革以及 2009 年《跨境贸易人民币结算试点管理办法》实施之后，人民币国际化在全球金融危机的大背景下稳步推进，已经取得了许多令人欣喜的成就。本章分别从人民币的国际支付结算职能、人民币的国际投资与金融交易职能、人民币的国际价值储备职能这三个方面梳理了人民币国际化的发展现状，以此作为本书研究的重要基础。

## 第一节  支付结算职能

### 一、 人民币跨境贸易结算

在跨境贸易结算方面，自 2009 年人民币跨境贸易结算试点开始，人民币跨境贸易结算金额显著增加。2010年人民币跨境贸易结算金额占货物及服务贸易总额的比重只有2.17%，2011年上升至8.44%，2014年上升至22.32%，2015年上升至26%左右，超过贸易总量的1/4。此后，人民币跨境贸易结算受全球贸易形势和人民币汇率波动等因素影响而有所回落。2018年，跨境贸易人民币业务结算金额达51100亿元，其中货物贸易结算金额达36600亿元，占比为72.62%，服务贸易和其他经常项目结算金额达14500亿元，占比为28.38%。见图2-1。

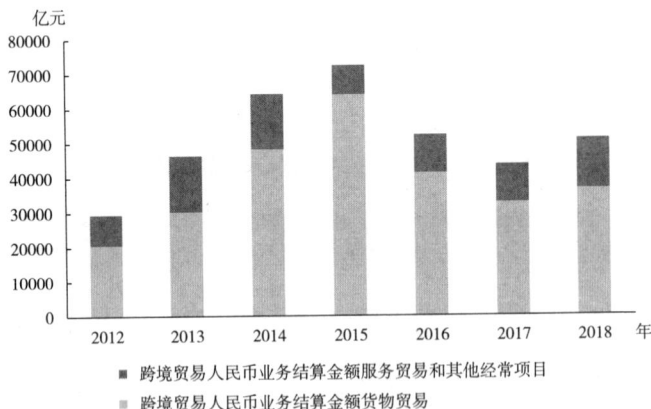

数据来源：中国人民银行。

**图2-1 跨境贸易人民币业务结算金额**

## 二、 人民币国际支付

在国际支付方面，从人民币作为结算货币的趋势来看，人民币从2011年开始一直处于稳定的上行通道，在2015年第三季度达到峰值，居全球结算货币第四位，随后震荡下行，2018年以来又回升至第五位。据环球银行金融电信协会（SWIFT）统计，截至2018年12月末，人民币在全球结算货币中占比为2.07%，位居全球第五位（见图2-2），而美元、欧元、英镑、日元、瑞士法郎、加拿大元分别占比为41.57%、32.98%、6.76%、3.36%、0.84%、1.84%（见图2-3、图2-4、图2-5）。因此，从长期来看，人民币在发挥国际结算功能方面仍有较大的提升空间。

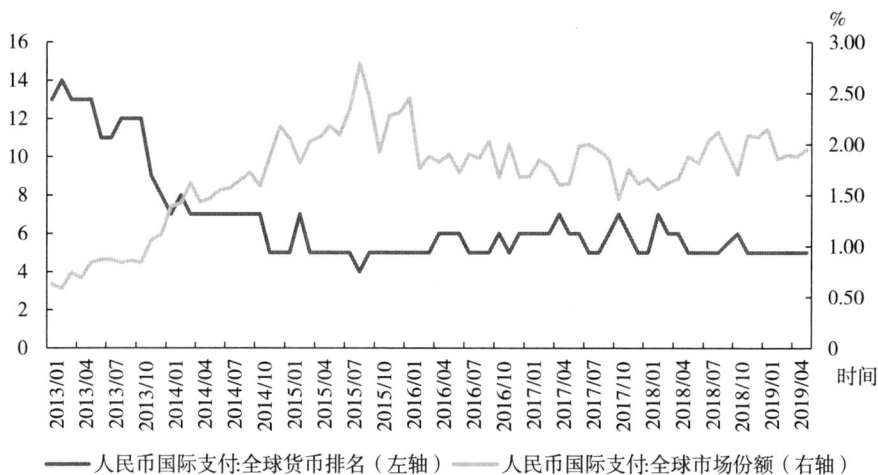

数据来源：SWIFT 环球同业银行金融电讯协会。

**图 2 - 2　人民币国际支付全球货币排名及占比**

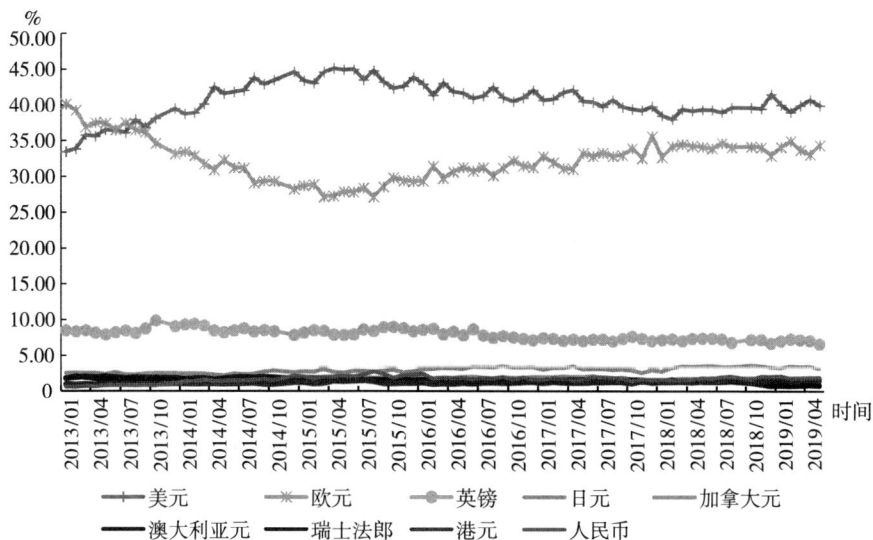

—— 美元　　—— 欧元　　—— 英镑　　—— 日元　　—— 加拿大元

—— 澳大利亚元　—— 瑞士法郎　—— 港元　　—— 人民币

数据来源：SWIFT 环球银行金融电信协会。

**图 2 - 3　全球结算货币占比变化（1）**

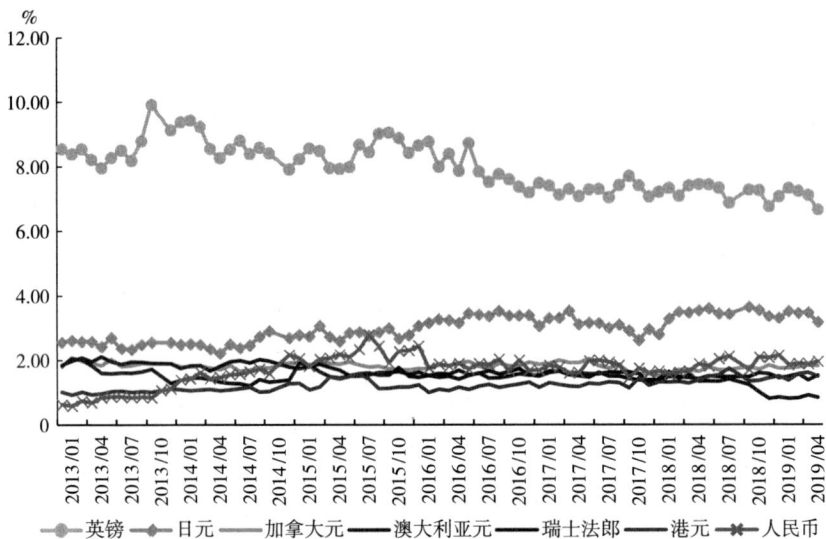

注：图 2-4 为图 2-3 剔除美元、欧元等国际货币后的结果。

数据来源：SWIFT 环球银行金融电信协会。

**图 2-4 全球结算货币占比变化（2）**

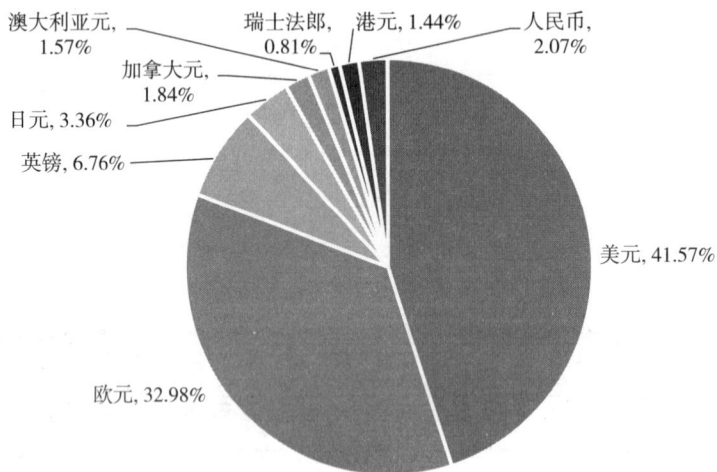

数据来源：SWIFT 环球银行金融电信协会。

**图 2-5 全球结算货币占比（截至 2018 年 12 月末）**

# 第二节 投资与金融交易职能

## 一、 人民币跨境直接投资

在人民币跨境直接投资方面，人民币对外直接投资和外商直接投资都经历了先试点后推广的过程。人民币对外直接投资从 2012 年的 304.4 亿元人民币增长到 2016 年的峰值 10619 亿元人民币，随后因人民币贬值导致利用人民币进行结算的比例有所下降，2017 年回落至 4569 亿元人民币，2018 年再度回升。人民币外商直接投资从 2012 年的 2536 亿元人民币增长到 2015 年的 15871 亿元人民币，随后在 2016 年和 2017 年小幅回落，2018 年再创新高。2018 年，人民币跨境直接投资结算业务达 26648.10 亿元，同比增长 62.80%，其中人民币对外直接投资达 8048.10 亿元，占比为 30.20%；人民币外商直接投资达 18600 亿元，占比为 69.80%。见图 2-6。

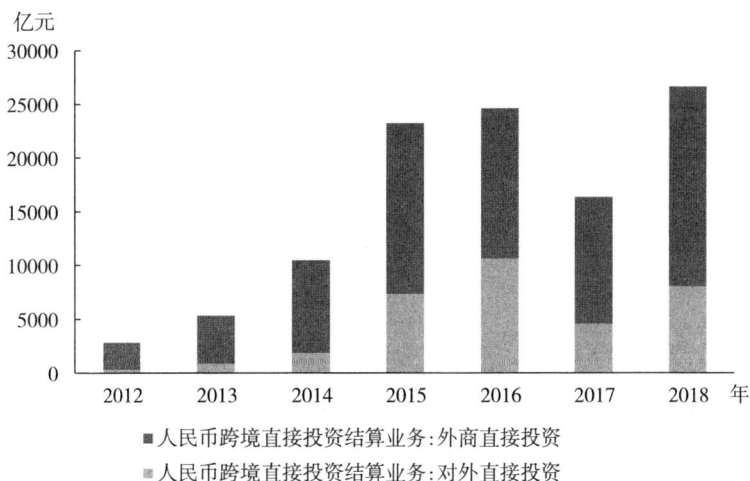

数据来源：中国人民银行、商务部。

图 2-6 人民币跨境直接投资结算业务

## 二、 人民币离岸市场

在离岸市场建设方面，香港依托与内地的紧密联系，成为人民币离岸市场发展的排头兵。截至 2018 年 12 月末，中国港澳台地区和新加坡等主要离岸市场人民币存款余额超过 1 万亿元。其中，中国香港人民币存款余额为 6150.17 亿元，同比上升 9.99%（见图 2-7）；新加坡人民币存款余额为 1300 亿元，同比减少 7.39%；中国台湾人民币存款余额为 2902 亿元，同比减少 14.47%。

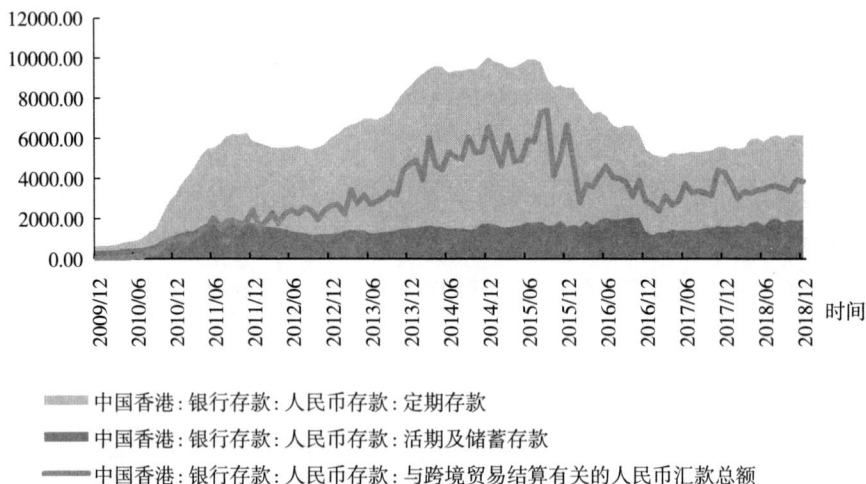

中国香港：银行存款：人民币存款：定期存款
中国香港：银行存款：人民币存款：活期及储蓄存款
中国香港：银行存款：人民币存款：与跨境贸易结算有关的人民币汇款总额

数据来源：Wind 资讯。

**图 2-7　中国香港人民币存款情况**

## 三、 人民币金融市场

从债券一级市场来看，人民币国际债券发行推动"走出去""引进来"双向发展。

一方面，国内金融机构及企业赴境外发行人民币债券。2007 年，为统筹利用两个市场、两种资源，国务院批准内地金融机构在香港发行人民币债券，国家开发银行、中国进出口银行、中国银行、中国建设银行及交通银行先后成功在香港发行人民币债券。从 2012 年 5 月开始，境内外金融机构和非金融企业均可以在香港发行人民币债券。2013 年以来，中资机构进一步拓展海外发行范围，如中国工商银行、国家开发银行、中国建设银行先后赴伦敦试点发行人民币债券 65 亿元。2013 年 11 月，加拿大不列颠哥伦比亚省作为首个外国政府成功发行 25 亿元离岸人民币债券，推动人民币国际化渠道进一步创新。2014 年开始，中国台湾、新加坡、伦敦、卢森堡等地均加入发行离岸人民币债券行列。2015 年 10 月，中国人民银行在伦敦成功发行 50 亿元人民币央行票据，这有助于深化离岸人民币市场发展，对于推动跨境贸易和投资的便利化也具有积极意义。2016 年 5 月，中国财政部成功在伦敦发行 30 亿元人民币国债，这是中国首次在香港以外的离岸市场发行人民币国债。

另一方面，银行间债券市场不断推进开放与创新，熊猫债、木兰债与自贸区债券发展迅速。一是在熊猫债方面，2010 年 9 月，我国允许国际开发机构在银行间债券市场发行人民币债券；2014 年 9 月，我国允许境外非金融企业在银行间债券市场发行人民币债券；此后发行主体不断扩大，截至 2017 年 7 月末，我国债券市场境外发债主体已包括境外非金融企业、金融机构、国际开发机构以及外国政府等，累计发行 1 009 亿元人民币熊猫债。二是在木兰债方面，2016 年 8 月，世界银行（国际复兴开发银行）在我国银行间债券市场成功发行第一期 SDR 计价债券（木兰债），从而丰富了我国债券市场交易品种，对于增强国际货币体系的稳定性和韧性具有积极意义；2016 年 10 月，渣打银行（香港）股份有限公司也在我国银行间债券市场成功发行 1 亿元人民币木兰债。三是在自贸区债券方面，2016 年 12 月，上海市财政局通过公开招标方式，在中央结算公司，面向中国（上海）自由贸易试验区内已开立自由贸易等账户的区内及境外机构投资者，成功发行一期总额为 30 亿元人民币的上海市政府债券，即首只自贸区债券。①

---

① 徐燕燕.上海发行首只 30 亿元自贸区地方政府债券［OL］.第一财经网站，2016－12－08.

从债券二级市场来看，目前银行间债券市场已完全对合格境外投资者开放，参与银行间债券市场的境外投资者也可以基于实需原则参与外汇衍生品交易。在借鉴国际经验并结合监管需要的基础上，我国债券市场建立了统一的中央托管体系和以"一级托管"为主的运行模式，结束了债券市场分散、混乱和风险频发的状况，以高起点现代化的登记托管模式有力支撑了债券市场的发展，便于实现穿透式监管以及提高债券市场运行效率和安全性，这是确保债券市场平稳运行和风险控制的关键。在"一级托管"模式下，中央证券托管机构往往与境内金融机构（结算代理行）具有更大的合作空间，有助于形成中国债券市场协同开放的联动效应，支持本土金融机构获得更多的国际客户，分享开放红利。截至 2019 年 6 月末，已有 915 家境外机构通过在中央结算公司开户的方式进入银行间债券市场，持有券种主要为国债和政策性银行债（见图 2 - 8）。另外，除 QFII、RQFII 和银行间债券市场准入机制之外，2017 年 7 月 3 日"债券通""北向通"开通，为国际投资者进入内地债券市场提供了更多渠道。

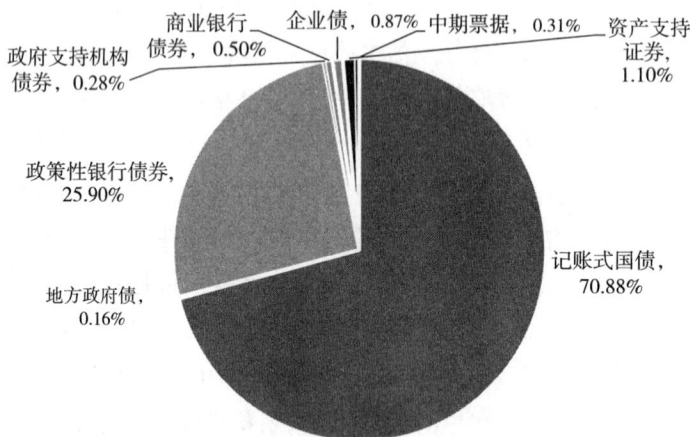

数据来源：中央结算公司。

**图 2 - 8  2019 年 6 月末境外机构持有券种结构（在中央结算公司登记托管）**

从 QFII、QDII 和 RQFII 的规模、范围来看，截至 2018 年 6 月末，

QFII 获批投资额度为 1004.59 亿美元，QDII 获批投资额度为 1033.33 亿美元（见图 2 - 9）。随着人民币国际化的深入推进，RQFII 管理不断简化，试点国家逐步扩展到英国、新加坡、法国、韩国、德国、卡塔尔等国家。国家外汇管理局公布的数据显示，截至 2018 年 6 月末，累计批准 197 家人民币合格境外机构投资者（RQFII），获得可投资总额度为 6220.72 亿元人民币（见表 2 - 1、图 2 - 10）。

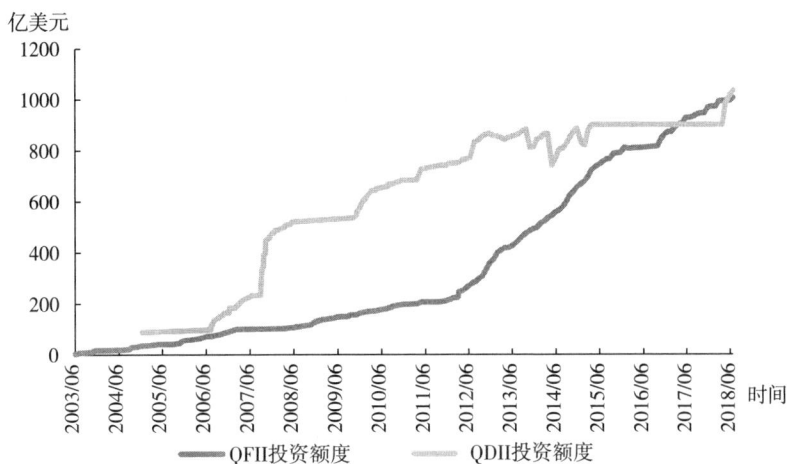

数据来源：中国人民银行。

**图 2 - 9　QFII、QDII 投资额度**

**表 2 - 1　　　RQFII 投资额度审批情况（截至 2017 年 10 月末）**

| 序号 | 国家或地区 | 批准额度（亿元人民币） | 批准机构（家） |
|---|---|---|---|
| 1 | 中国香港 | 3126.37 | 82 |
| 2 | 新加坡 | 746.55 | 32 |
| 3 | 英国 | 414.84 | 17 |
| 4 | 法国 | 240 | 7 |
| 5 | 韩国 | 753.87 | 36 |
| 6 | 德国 | 105.43 | 3 |
| 7 | 澳大利亚 | 320.06 | 3 |

续表

| 序号 | 国家或地区 | 批准额度（亿元人民币） | 批准机构（家） |
|------|------------|------------------------|----------------|
| 8 | 瑞士 | 70 | 1 |
| 9 | 加拿大 | 86.53 | 3 |
| 10 | 卢森堡 | 151.87 | 7 |
| 11 | 泰国 | 11 | 1 |
| 12 | 美国 | 178.20 | 4 |
| 13 | 马来西亚 | 16 | 1 |
|  | 累计 | 6220.72 | 197 |

数据来源：国家外汇管理局。

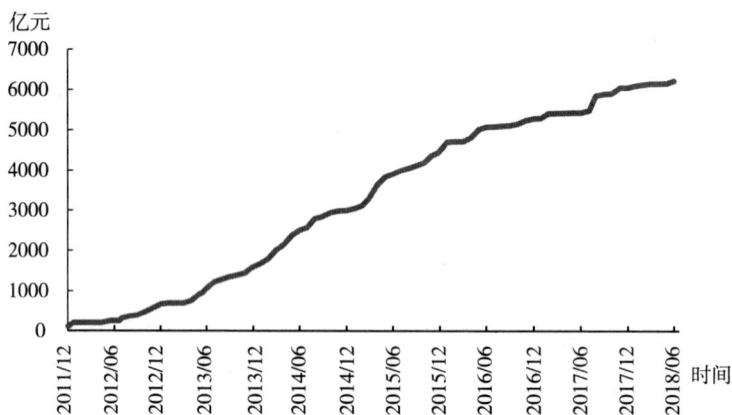

数据来源：中国人民银行。

**图 2 – 10　RQFII 投资额度**

我国金融市场开放举措获得国际认可。2017 年 3 月 1 日，彭博（Bloomberg）正式推出两项包含中国债券的全新固定收益指数。2017 年 6 月，明晟公司（Morgan Stanley Capital International，MSCI）宣布将中国 A 股正式纳入其新兴市场指数以及全球指数。2017 年 12 月 4 日，中债金融估值中心有限公司发布上海关键收益率（SKY）指标，有利于提高国债收益率曲线的直观性和使用的便利性，符合国际惯例，满足市场发展需求，对推动人民币定价权形成和推动债券市场开放起到重要作用。2018 年 3 月，彭博宣布将逐步把以人民币计价的中国国债和政策性银行债券纳入彭博巴克莱全球综合指数，这是中国债券首次被纳入这类主流全球债券指数。中国债券纳入国际主流指数后，我国证券市场将迎来更多主动和被动配置，可进一步提高我国金融市场的开放程度和人民币国际化的深度。

### 四、 人民币外汇市场

在外汇交易方面，自 2001 年首次披露以来，人民币的场外外汇交易合约成交额一直稳步上升。2001 年、2004 年、2007 年、2010 年、2013 年人民币场外外汇交易合约成交额分别为 0.56 亿美元、9.61 亿美元、60.26 亿美元、342.6 亿美元、1195.6 亿美元，占比分别为 0.01%、0.07%、0.26%、0.86%、2.24%。2016 年，人民币在场外外汇交易合约成交额达 2020.6 亿美元，占比为 3.99%，位居世界第八位，而美元、欧元、日元、英镑、澳大利亚元、新加坡元、瑞士法郎占比分别为 87.58%、31.39%、21.62%、12.80%、6.87%、5.14%、4.80%（见图 2 - 11、图 2 - 12、图 2 - 13）。

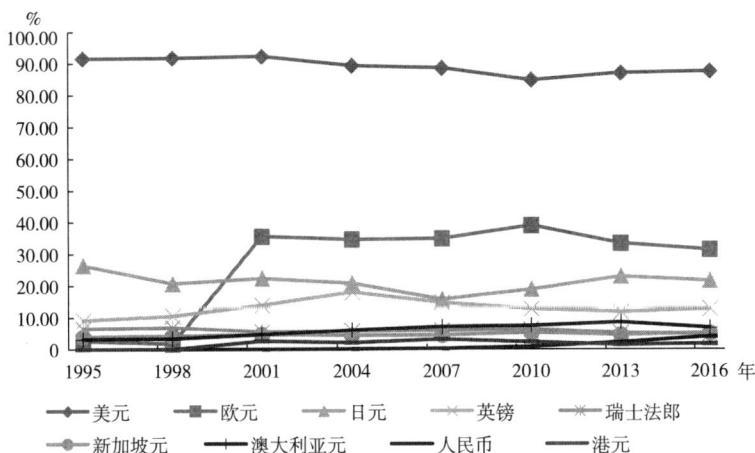

数据来源：国际清算银行。

图 2 - 11　场外外汇交易合约成交额占比变化（1）

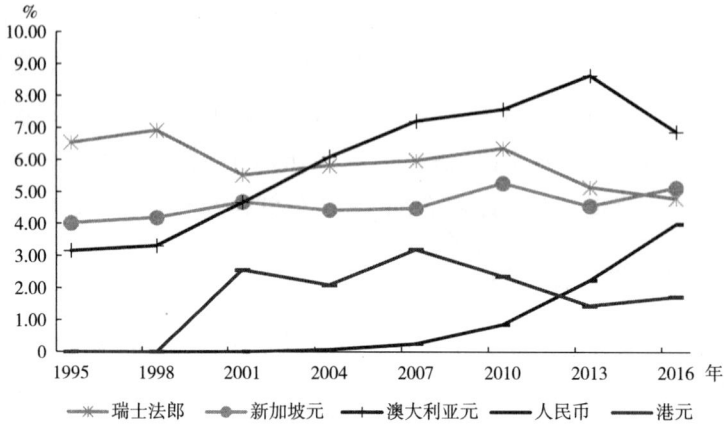

注：图 2 - 12 为图 2 - 11 剔除美元、欧元、日元、英镑等国际货币后的结果。

数据来源：国际清算银行。

**图 2 - 12　场外外汇交易合约成交额占比变化（2）**

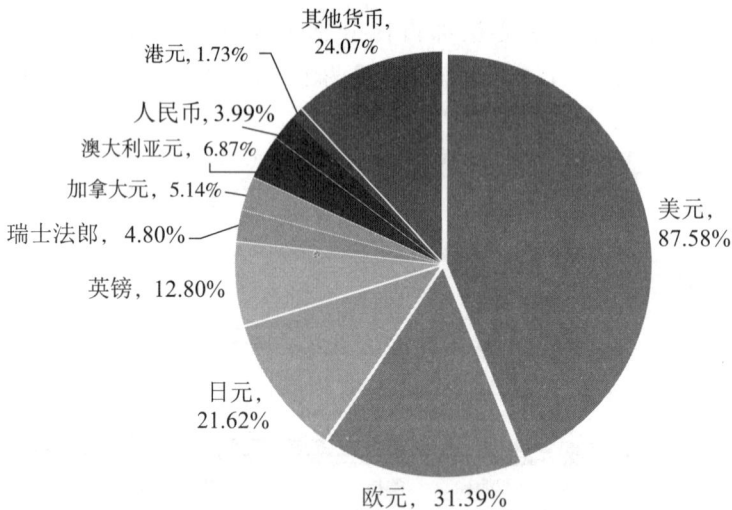

数据来源：国际清算银行。

**图 2 - 13　场外外汇交易合约成交额占比（截至 2016 年末）**

# 第三节　价值储备职能

中国人民银行积极推动货币互换。截至 2018 年 5 月末，中国人民银行已与 37 个国家和地区的中央银行或货币当局签署了双边本币互换协议，协议总规模达 3.37 万亿元人民币（见表 2－2）。2017 年末，中国人民银行与境外货币当局签署的双边本币互换协议下，境外货币当局动用人民币余额为 221.50 亿元，中国人民银行动用外币余额折合 16.14 亿美元，对促进双边贸易投资发挥了积极作用。

表 2－2　历年来中国人民银行与各国或地区签署的货币互换协议（截至 2018 年 5 月末）

| 序号 | 国家或地区 | 协议签署时间 | 互换规模 | 期限（年） |
|---|---|---|---|---|
| 1 | 韩国 | 2008 年 12 月 12 日 | 1800 亿元人民币/38 万亿韩元 | 3 |
| 2 | 中国香港 | 2009 年 1 月 20 日 | 2000 亿元人民币/2270 亿港元 | 3 |
| 3 | 马来西亚 | 2009 年 2 月 8 日 | 800 亿元人民币/400 亿林吉特 | 3 |
| 4 | 白俄罗斯 | 2009 年 3 月 11 日 | 200 亿元人民币/8 万亿白俄罗斯卢布 | 3 |
| 5 | 印度尼西亚 | 2009 年 3 月 23 日 | 1000 亿元人民币/175 万亿印尼卢比 | 3 |
| 6 | 阿根廷 | 2009 年 3 月 29 日 | 700 亿元人民币/900 亿阿根廷比索 | 3 |
| 7 | 冰岛 | 2010 年 6 月 9 日 | 35 亿元人民币/660 亿冰岛克朗 | 3 |
| 8 | 新加坡 | 2010 年 7 月 24 日 | 1500 亿元人民币/约 300 亿新加坡元 | 3 |
| 9 | 新西兰 | 2011 年 4 月 19 日 | 250 亿元人民币/50 亿新西兰元 | 3 |
| 10 | 乌兹别克斯坦 | 2011 年 4 月 19 日 | 7 亿元人民币/1670 亿乌兹别克斯坦苏姆 | 3 |
| 11 | 蒙古国 | 2011 年 5 月 6 日 | 50 亿元人民币/1 万亿图格里特 | 3 |
| 12 | 哈萨克斯坦 | 2011 年 6 月 13 日 | 70 亿元人民币/2000 亿哈萨克坚戈 | 3 |
| 13 | 韩国 | 2011 年 10 月 26 日 | 3600 亿元人民币/64 万亿韩元 | 3 |
| 14 | 中国香港 | 2011 年 11 月 22 日 | 4000 亿元人民币/4900 亿港元 | 3 |
| 15 | 泰国 | 2011 年 12 月 22 日 | 700 亿元人民币/3200 亿泰铢 | 3 |
| 16 | 巴基斯坦 | 2011 年 12 月 23 日 | 100 亿元人民币/1400 亿卢比 | 3 |
| 17 | 阿联酋 | 2012 年 1 月 17 日 | 350 亿元人民币/200 亿迪拉姆 | 3 |
| 18 | 马来西亚 | 2012 年 2 月 8 日 | 1800 亿元人民币/900 亿林吉特 | 3 |

续表

| 序号 | 国别或地区 | 协议签署时间 | 互换规模 | 期限（年） |
|------|-----------|-------------|----------|-----------|
| 19 | 土耳其 | 2012 年 2 月 21 日 | 100 亿元人民币/30 亿土耳其里拉 | 3 |
| 20 | 蒙古国 | 2012 年 3 月 2 日 | 100 亿元人民币/2 万亿图格里特 | 3 |
| 21 | 澳大利亚 | 2012 年 3 月 22 日 | 2000 亿元人民币/300 亿澳大利亚元 | 3 |
| 22 | 乌克兰 | 2012 年 6 月 26 日 | 150 亿人民币/190 亿格里夫纳 | 3 |
| 23 | 新加坡 | 2013 年 3 月 7 日 | 3000 亿元人民币/600 亿新加坡元 | 3 |
| 24 | 巴西 | 2013 年 3 月 26 日 | 1900 亿元人民币/600 亿巴西雷亚尔 | 3 |
| 25 | 英国 | 2013 年 6 月 22 日 | 2000 亿元人民币/200 亿英镑 | 3 |
| 26 | 匈牙利 | 2013 年 9 月 9 日 | 100 亿元人民币/3750 亿匈牙利福林 | 3 |
| 27 | 阿尔巴尼亚 | 2013 年 9 月 12 日 | 20 亿元人民币/358 亿阿尔巴尼亚列克 | 3 |
| 28 | 欧洲央行 | 2013 年 10 月 8 日 | 3500 亿元人民币/450 亿欧元 | 3 |
| 29 | 瑞士 | 2014 年 9 月 16 日 | 100 亿元人民币/2250 亿斯里兰卡卢比 | 3 |
| 30 | 俄罗斯 | 2014 年 10 月 13 日 | 1500 亿元人民币/8150 亿俄罗斯卢比 | 3 |
| 31 | 卡塔尔 | 2014 年 11 月 3 日 | 350 亿元人民币/208 亿元里亚尔 | 3 |
| 32 | 加拿大 | 2014 年 11 月 8 日 | 2000 亿元人民币/300 亿加拿大元 | 3 |
| 33 | 苏里南 | 2015 年 3 月 18 日 | 10 亿元人民币/5.2 亿苏里南元 | 3 |
| 34 | 亚美尼亚 | 2015 年 3 月 25 日 | 10 亿元人民币/770 亿德拉姆 | 3 |
| 35 | 南非 | 2015 年 4 月 10 日 | 300 亿元人民币/540 亿南非兰特 | 3 |
| 36 | 智利 | 2015 年 5 月 25 日 | 220 亿元人民币/22000 亿智利比索 | 3 |
| 37 | 塔吉克斯坦 | 2015 年 9 月 3 日 | 30 亿元人民币/30 亿索摩尼 | 3 |
| 38 | 摩洛哥 | 2016 年 5 月 11 日 | 100 亿元人民币/150 亿迪拉姆 | 3 |
| 39 | 塞尔维亚 | 2016 年 6 月 17 日 | 15 亿元人民币/270 亿塞尔维亚第纳尔 | 3 |
| 40 | 匈牙利 | 2016 年 9 月 12 日 | 100 亿元人民币/4160 亿匈牙利福林 | 3 |
| 41 | 埃及 | 2016 年 12 月 6 日 | 180 亿元人民币/470 亿埃及镑 | 3 |
| 42 | 冰岛 | 2016 年 12 月 21 日 | 35 亿元人民币/660 亿冰岛克朗 | 3 |
| 43 | 新西兰 | 2017 年 5 月 19 日 | 250 亿元人民币/50 亿新西兰元 | 3 |
| 44 | 蒙古国 | 2017 年 7 月 6 日 | 150 亿元人民币/5.4 万亿图格里克 | 3 |
| 45 | 阿根廷 | 2017 年 7 月 18 日 | 700 亿元人民币/1750 亿阿根廷比索 | 3 |
| 46 | 瑞士 | 2017 年 7 月 21 日 | 1500 亿元人民币/210 亿瑞士法郎 | 3 |
| 47 | 中国香港 | 2017 年 11 月 27 日 | 4000 亿元人民币/4700 亿港元 | 3 |
| 48 | 泰国 | 2018 年 1 月 8 日 | 700 亿元人民币/3700 亿泰铢 | 3 |

续表

| 序号 | 国别或地区 | 协议签署时间 | 互换规模 | 期限（年） |
|---|---|---|---|---|
| 49 | 澳大利亚 | 2018 年 3 月 30 日 | 2000 亿元人民币/400 亿澳大利亚元 | 3 |
| 50 | 阿尔巴尼亚 | 2018 年 4 月 3 日 | 20 亿元人民币/342 亿阿尔巴尼亚列克 | 3 |
| 51 | 尼日利亚 | 2018 年 4 月 27 日 | 150 亿元人民币/7200 亿奈拉 | 3 |
| 52 | 巴基斯坦 | 2018 年 5 月 24 日 | 200 亿元人民币/3510 亿巴基斯坦卢比 | 3 |

资料来源：中国人民银行官网。

我国不断签署双边本币结算协定，推动本币结算。截至 2017 年 10 月末，我国共与 9 个国家签署了边境贸易或一般贸易（和投资）本币结算协定。其中，边境贸易本币结算协定包括越南、蒙古国、老挝、吉尔吉斯斯坦、朝鲜 5 个国家，一般贸易（和投资）本币结算协定包括俄罗斯、尼泊尔、哈萨克斯坦、白俄罗斯 4 个国家（见表 2－3）。

表 2－3  中国人民银行与其他中央银行（货币当局）双边本币结算协定一览表

| 序号 | 国别 | 签署日期 | 结算货币 | 性质 |
|---|---|---|---|---|
| 1 | 越南 | 1993 年 5 月 26 日 | 双方货币 | 边境贸易 |
| | | 2003 年 10 月 16 日（修订） | | |
| 2 | 老挝 | 2002 年 2 月 4 日 | 双方货币 | 边境贸易 |
| 3 | 吉尔吉斯斯坦 | 2003 年 12 月 18 日 | 双方货币 | 边境贸易 |
| 4 | 蒙古国 | 2004 年 7 月 5 日 | 双方货币 | 边境贸易 |
| 5 | 朝鲜 | 2004 年 10 月 26 日 | 人民币 | 边境贸易 |
| 6 | 尼泊尔 | 2002 年 6 月 17 日 | 人民币 | 边境贸易 |
| | | 2014 年 12 月 22 日（补充协议） | | 一般贸易 |
| 7 | 俄罗斯 | 2002 年 8 月 22 日 | 双方货币 | 边境贸易 |
| | | 2011 年 6 月 23 日 | | 一般贸易 |
| 8 | 白俄罗斯 | 2010 年 3 月 24 日 | 双方货币 | 一般贸易 |
| 9 | 哈萨克斯坦 | 2005 年 12 月 14 日 | 双方货币 | 边境贸易 |
| | | 2014 年 12 月 14 日 | | 一般贸易和投资 |

资料来源：霍颖励. 人民币走向国际化 [M]. 北京：中国金融出版社，2018.

人民币"入篮"提升人民币储备职能。2015 年 11 月末，国际货币基金组织（IMF）执董会决定自 2016 年 10 月 1 日起，人民币纳入特别提款权（SDR）货币篮子，权重为 10.92%。操作中，采用 3 月期人民币国债收益率作为人民币代表性利率。2017 年 6 月，欧洲中央银行投资 5 亿欧元（约合 38 亿元人民币）人民币外汇储备。2018 年 1 月，德国中央银行决定将人民币纳入外汇储备。此后，法国中央银行也使用人民币进行外汇储备的多元化。据不完全统计，截至 2017 年末，已有 60 多个国家和地区将人民币纳入外汇储备。

国际货币基金组织（IMF）统计数据显示，截至 2019 年第一季度末，人民币在各国官方外汇储备达 2129 亿美元，占比为 1.95%，而美元、欧元、日元、英镑、澳大利亚元、加拿大元在各国官方外汇中占比分别为 61.82%、20.24%、5.25%、4.54%、1.67%、1.92%（见图 2 - 14、图 2 - 15、图 2 - 16），人民币居世界第五位，仍有增长空间。

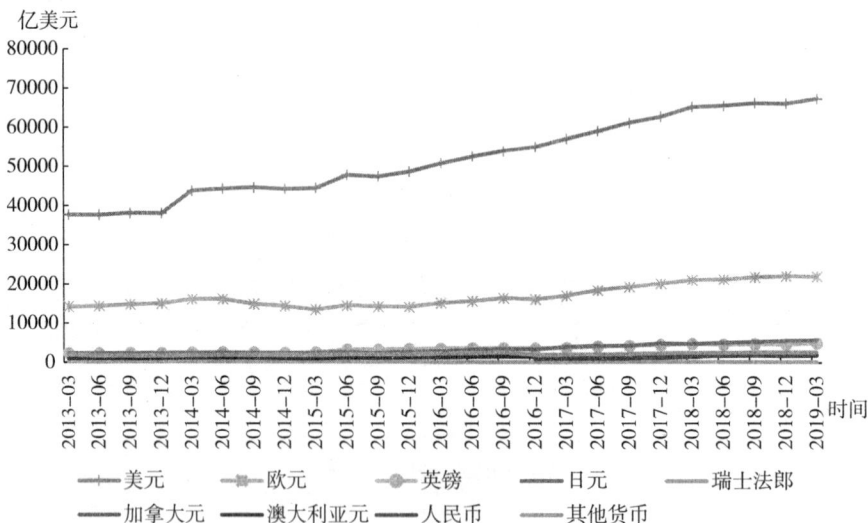

数据来源：国际货币基金组织。

图 2 - 14　全球官方外汇储备货币占比变化（1）

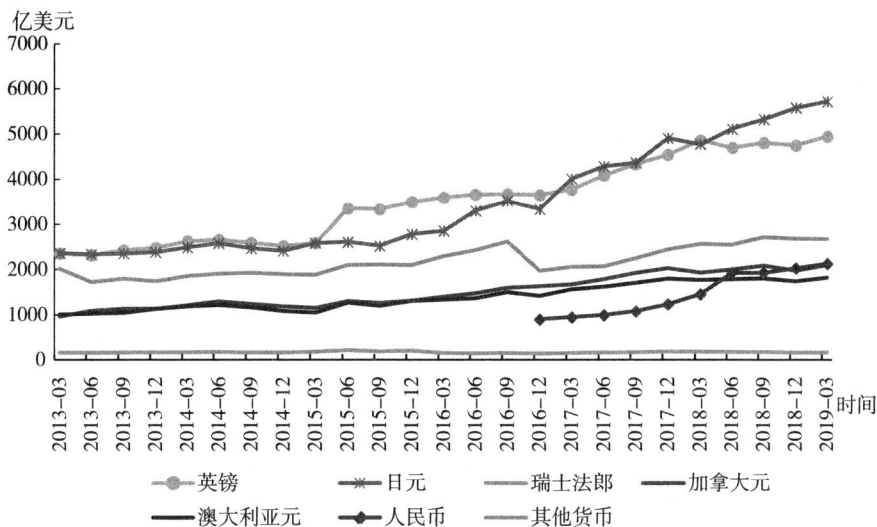

注：图 2 - 15 为图 2 - 14 剔除美元、欧元等国际货币后的结果。

数据来源：国际货币基金组织。

图 2 - 15　全球官方外汇储备货币占比变化（2）

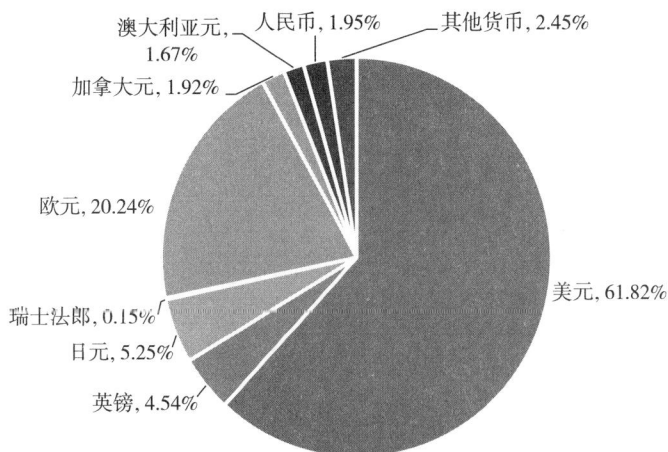

数据来源：国际货币基金组织。

图 2 - 16　全球官方外汇储备货币占比（截至 2019 年第一季度末）

# 第四节　本章小结

　　本章阐述了人民币国际化的发展现状，从人民币的国际支付结算职能、人民币的国际投资与金融交易职能、人民币的国际价值储备职能这三个方面进行了分析。在人民币的国际支付结算职能方面，本章利用翔实的数据探讨了人民币跨境贸易结算和人民币国际支付方面的现状；在人民币的国际投资与金融交易职能方面，本章分析了人民币在跨境直接投资业务、离岸市场、金融市场、外汇市场方面的现状；在人民币国际价值储备职能方面则考察了人民币在国际上作为储备货币的使用情况，以及近年来开展的货币互换及双边本币结算的情况。本章从以上三个方面对人民币国际化现状进行了阐述，以期为接下来对人民币国际化的深入分析打下坚实的基础。

人民币国际化
理论与实践
Theory and Practice of
RMB Internationalization

第三章

# 人民币结算与计价

在第二章中，我们阐述了国际货币具有交易媒介、价值尺度和价值贮藏三大职能，本章中，我们将详细叙述人民币在计价与结算方面的发展历程、发展现状及未来发展，同时针对人民币在结算方面的金融基础设施进行了专门的探讨，为人民币国际化研究打下基础。

## 第一节 人民币结算

国际货币有交易媒介、价值尺度和价值贮藏三大职能，而人民币的跨境结算则体现人民币作为国际货币在交易媒介方面的职能，是人民币国际化的重要一环。所以，研究人民币结算的发展历程、发展现状、结算基础设施以及人民币结算的未来发展显得尤为重要。

## 一、 人民币结算的发展历程与现状

（一）经常项目下的人民币结算

在经常项目下实现人民币贸易结算，是市场对人民币结算需求不断增加的背景下顺应形势的自然结果。经常项目下人民币结算的发展历程，即人民币跨境贸易结算的发展历程主要可以分为三个阶段。

第一个阶段从 2009 年 7 月 1 日中国人民银行等六部委联合发布《跨境贸易人民币结算试点管理办法》开始，在上海、广州、深圳、珠海、东莞 5 个城市率先启动跨境贸易人民币结算试点，境外地域范围暂定为港澳地区和东盟国家。同时，中国人民银行明确了银行办理跨境贸易人民币结算业务的操作细则。这一举措有利于国内的进出口企业规避汇率风险。此阶段被视为人民币国际化的起点。

第二个阶段从 2010 年 6 月 17 日中国人民银行等六部委公布《关于扩大跨境贸易人民币结算试点有关问题的通知》① 开始。该通知进一步放宽地域限制，试点地区扩大到北京、天津等 20 个省、自治区和直辖市，并且废除了境外人民币结算适用对象地区的限制。人民币结算的交易种类也从跨境货物贸易扩大到服务贸易和其他经常项目，企业可以按市场原则选择使用人民币结算。另外，对于货物出口以外的经常项目收支活动，试点企业扩大至境内试点地区内所有企业，而对于贸易出口，试点企业仍限于 16 个省份。

第三个阶段从 2011 年 7 月 27 日中国人民银行、财政部、商务部、海关总署、国家税务总局、银监会联合发布《关于扩大跨境贸易人民币结算地区的通知》② 开始。该通知将跨境人民币结算试点扩大至全国，业务范

---

① 中国人民银行. 关于扩大跨境贸易人民币结算试点有关问题的通知 [OL]. 中国人民银行官方网站，2010 – 06 – 17.

② 中国人民银行. 关于扩大跨境贸易人民币结算地区的通知 [OL]. 中国人民银行官方网站，2011 – 07 – 27.

围涵盖货物贸易、服务贸易和其他经常项目结算，境外地域没有限制。所有内地企业和经常项目交易均有资格使用人民币开具发票和结算，再加上中国境内银行可以为境外银行开立人民币同业往来账户，通过中国人民银行大额支付系统，人民币可以进行货物贸易和服务贸易的直接跨境，实现了经常项目下的自由兑换。

从跨境贸易的参与主体来看，主要为企业和个人。

在企业跨境货物贸易人民币结算试点初期，为了防范风险，对试点企业实施总量控制原则。2009 年 7 月，经试点地区省级人民政府推荐，中国人民银行会同有关部门审核确定了 365 家企业作为首批试点企业，建立"正面清单"，并要求试点企业将进出口报关信息和人民币资金收付信息通过其境内结算银行报送管理系统。从 2009 年 12 月开始，上海市、广东省陆续批准境外企业在中国境内开立人民币非居民账户，但仅限于贸易人民币结算和合格境外机构投资者对中国境内的证券投资等交易。在 2010 年 6 月结算试点地区扩大后，出口货物贸易人民币结算试点企业在 2010 年末增加到 67000 多家。2012 年 2 月，企业出口货物贸易人民币结算由"正面清单"改为"负面清单"，境内所有具有进出口经营资格的企业均可以在贸易和其他经常项目中使用人民币结算，仅将近两年在税务、海关、金融等方面有比较严重违法违规行为的企业列入重点监管名单。2012 年 6 月，中国人民银行会同财政部、商务部、海关总署、国家税务总局、银监会联合发布《关于出口货物贸易人民币结算企业重点监管名单的函》，审核确定了 9502 家出口货物贸易人民币结算重点监管企业。自此，出口货物贸易人民币结算企业开始按照重点监管名单进行管理，结算企业管理制度进一步完善。重点监管企业的名单每年都会进行调整，名单内的企业出口货物贸易人民币收入不能存放境外。2014 年 3 月，重点监管企业名单审核权限交由中国人民银行省级分支机构会同相关部门确定后上报中国人民银行通过后实施，流程进一步简化。

境外参加银行在中国境内的代理银行开立人民币同业往来账户，中国境内的进口企业向境外支付的人民币进口贷款以及出口企业从境外收取的人民币出口贷款，都是经由中国人民银行大额支付系统（CNAPS），在境内企业参与交易的银行（境内结算银行）和代理银行之间进行结算，这意味着过去禁止的中国境内银行为境外银行开立人民币同业往来账户成为可能。

企业开展跨境贸易人民币结算业务，不仅能够降低使用外币结算带来的汇兑损失，还可以降低企业因使用外币带来的结售汇成本、汇率风险管理成本等不必要的费用，有效提升了境内企业参与国际贸易的竞争力，支持了实体经济的发展。

在个人跨境货物贸易人民币结算方面，2013 年 5 月 23 日，中国人民银行义乌市支行发布《浙江省个人跨境贸易人民币结算试点管理暂行办法》，正式开启个人人民币跨境结算试点。在试点范围内，即浙江省义乌市范围内，在具有真实合法贸易的基础上，个人可以在试点地区的境内结算银行开立人民币银行结算账户，办理跨境贸易人民币结算业务，另外，中国人民银行义乌市支行还出台了《义乌市个人跨境贸易人民币结算试点管理暂行办法实施细则》。细则中详细规定，个人跨境人民币结算业务单笔以 50 万元为分界，结算银行需对 50 万元以上的人民币结算业务进行真实性审核，50 万元以下的可以适当放宽手续。在实践中，50 万元以上的个人结算手续参照公司跨境结算，50 万元以下的人民币收款只需提供身份证即可。在"义乌模式"顺利试点之后，2018 年 1 月 5 日，中国人民银行发布《关于进一步完善人民币跨境业务政策促进贸易投资便利化的通知》（银发〔2018〕3 号），其中允许银行在"了解你的用户""了解你的业务""尽职审查"三原则（"展业三原则"）的基础上开展个人其他经常项目人民币跨境结算业务，个人人民币跨境结算业务由原先的仅在浙江省义乌市试点开始扩展至全国。但是目前管理细则还没有颁布，需进一步深化，帮助个人人民币跨境结算业务平稳有序发展。

（二）资本项目下的人民币结算

在经常项目使用人民币结算的基础上，人民币在资本项目下的结算也在稳步发展，基本上经历了先试点后推广的过程。

在人民币外商直接投资方面，为适应新形势发展，促进投资便利化，进一步做好利用外资工作，根据外商投资法律法规等有关规定，商务部于2011年10月12日发布《关于跨境人民币直接投资有关问题的通知》（商资函〔2011〕第889号）①。其中提出，为推动跨境人民币直接投资规范健康发展，将加强审批监管工作，规范跨境人民币直接投资，推动跨境人民币直接投资规范健康发展。同时，2011年10月10日中国人民银行发布《外商直接投资人民币结算业务管理办法》（中国人民银行公告〔2011〕第23号）②。其中规定，外国可以使用人民币对中国进行外商直接投资，进一步扩大人民币在跨境贸易和投资中的使用。之后，2012年6月14日，中国人民银行发布《中国人民银行关于明确外商直接投资人民币结算业务操作细则的通知》（银发〔2012〕165号）③。为便利境外投资者以人民币来华投资，规范银行业金融机构办理外商直接投资人民币结算业务，中国人民银行进一步明确规定了采用人民币进行人民币外商直接投资结算的细节，包括开立账户、前期费用、资本金、并购、股权转让和"投注差"模式从境外借款等，人民币外商直接投资进一步发展，直接投资中人民币结算的占比也在稳步提升。

在人民币对外直接投资方面，2011年1月6日中国人民银行公布了《境外直接投资人民币结算试点管理办法》（中国人民银行公告〔2011〕第1号）④，自此可利用人民币进行境外直接投资结算。境内机构办理人

① 商务部. 关于跨境人民币直接投资有关问题的通知 [OL]. 商务部官方网站，2011 – 10 – 12.

② 中国人民银行. 外商直接投资人民币结算业务管理办法 [OL]. 中国人民银行官方网站，2011 – 10 – 13.

③ 中国人民银行. 中国人民银行关于明确外商直接投资人民币结算业务操作细则的通知 [OL]. 中国人民银行官方网站，2012 – 06 – 14.

④ 中国人民银行. 境外直接投资人民币结算试点管理办法 [OL]. 中国人民银行官方网站，2011 – 01 – 06.

民币境外直接投资应当获得中国人民银行和国家外汇管理局的核准。完成前期费用汇出或境外直接投资登记手续后，可以到银行办理境外直接投资人民币资金汇出。银行在办理境外直接投资人民币结算业务时，应当根据有关审慎监管的规定，要求境内机构提交境外直接投资主管部门的核准证书或文件等相关材料，并认真审核。在审核过程中，银行可登入人民币跨境收付信息管理系统和直接投资外汇管理信息系统查询有关信息。

在全口径跨境融资业务方面，2009 年 7 月，在跨境贸易人民币结算业务开始试点时，中国人民银行就明确表示，境内结算银行可以在境外企业人民币资金短缺时按照有关规定逐步提供人民币贸易融资服务，融资金额以贸易合同金额为限。① 另外，境内代理银行还可以为在其开有人民币同业往来账户的境外参加银行提供的人民币账户融资，用于满足账户头寸临时性需求。2011 年 7 月，中国人民银行明确了银行可按照有关规定，通过境内代理银行、港澳人民币业务清算行或境外机构在境内开立的人民币银行结算账户办理跨境贸易、其他经常项目、境外直接投资、境外贷款业务和经中国人民银行同意的其他跨境投融资人民币结算业务，跨境贸易人民币结算相关的远期信用证、海外代付、协议付款、延收延付等人民币贸易融资不纳入外债管理。② 2011 年 10 月，中国人民银行明确了外商投资企业境外人民币借款的总体管理原则，外商投资企业向其境外股东、集团内关联企业与境外金融机构的人民币借款和外汇借款应当合并计算总规模。外商投资企业可以在"投注差"的模式下，进行人民币借款。③ 2016 年 4 月 30 日，中国人民银行颁布《关于在全国范围内实施全口径跨境融资宏

---

① 中国人民银行，财政部，商务部，等. 跨境贸易人民币结算试点管理办法 [OL]. 中国人民银行官方网站，2009 – 07 – 01.

② 中国人民银行. 中国人民银行关于明确跨境人民币业务相关问题的通知 [OL]. 中国人民银行官方网站，2011 – 07 – 11.

③ 中国人民银行. 外商直接投资人民币结算业务管理办法 [OL]. 中国人民银行官方网站，2011 – 10 – 14.

观审慎管理的通知》①，开始在全国范围内实施全口径跨境融资宏观审慎管理。中国境内除政府融资平台和房地产行业之外的非金融企业，以及经中国人民银行、银保监会和证监会批准设立的各类法人金融机构，均可在以其资本或净资产为基准计算的跨境融资风险加权余额上限内自主开展本外币跨境融资。

在自贸区全口径跨境融资业务方面，上海自由贸易试验区的分账核算境外融资管理模式探索了跨境融资规模与资本实力挂钩并可逆周期调节的新型管理模式，改变了外债逐笔审批核准的前置管理模式，实现了本外币跨境融资的全覆盖。2016 年 1 月，中国人民银行扩大了全口径跨境融资宏观审慎管理试点，选择 27 家具有系统性、重要性的金融机构和注册在上海、天津、广东、福建四个自贸区的企业先行先试。② 对试点企业和金融机构，中国人民银行、国家外汇管理局不实行外债事前审批，建立宏观审慎规则下基于微观主体资本或净资产的跨境融资约束机制。本外币跨境融资宏观审慎管理体系的建立，为 2016 年 4 月全口径跨境融资宏观审慎管理打下坚实的基础。

在境外项目人民币贷款方面，2009 年 11 月，中国人民银行先后批准国家开发银行、中国进出口银行、中国工商银行等 9 家银行开展境外项目人民币贷款试点，取得了良好的社会效益。2011 年 1 月，中国人民银行在规范境外直接投资人民币结算试点管理时明确，境内银行可向境内机构在境外投资的企业或项目提供人民币贷款，可直接发放，也可通过境外分行或代理行发放。③ 2011 年 10 月，为更好地满足市场需求，规范业务操作，在总结试点经验的基础上，境外项目人民币贷款业务正式推广到全国，所

---

① 中国人民银行. 关于在全国范围内实施全口径跨境融资宏观审慎管理的通知 [OL]. 中国人民银行官方网站，2016 – 04 – 30.

② 中国人民银行. 中国人民银行关于扩大全口径跨境融资宏观审慎管理试点的通知 [OL]. 中国人民银行官方网站，2016 – 01 – 22.

③ 中国人民银行. 境外直接投资人民币结算试点管理办法 [OL]. 中国人民银行官方网站，2011 – 01 – 06.

有境内银行都可以按规定开展境外项目人民币贷款业务。①

在境内企业境外放款方面，2004 年 10 月 18 日，国家外汇管理局颁布了《关于跨国公司外汇资金内部运营管理有关问题的通知》，首次对跨国企业内部的外汇拆借作了系统性规定，但对"境外放款"限制颇多。② 2009 年 6 月 9 日，国家外汇管理局颁布了《关于境内企业境外放款外汇管理有关问题的通知》，大幅度明确并放宽了管理尺度，"符合条件的各类所有制企业"均可对外放款，但境外放款的对象依然有限，必须是境内企业的境外子公司（包括全资附属企业或参股企业）。③ 2012 年 11 月 19 日，国家外汇管理局颁布《关于进一步改进和调整直接投资外汇管理政策的通知》，增加放款主体及对象，允许外商投资企业向其境外母公司放款。④ 2014 年 1 月 10 日，国家外汇管理局颁布《关于进一步改进和调整资本项目外汇管理政策的通知》，继续增加放款主体及对象，允许境内企业向境外与其具有股权关联关系的企业放款。境内企业可以直接或以委托贷款的方式通过结算银行将人民币资金借贷给境外企业。境内放款人应注册成立 1 年以上，与借款人具有股权关联关系。实行本外币一体化的宏观审慎管理，境外放款余额上限为最近一期经审计的所有者权益的 0.3 倍，放款利率必须大于零，放款期限原则上为 6 个月至 5 年。

在资金池业务方面，2015 年 9 月 5 日，《中国人民银行关于进一步便利跨国企业集团开展跨境双向人民币资金池业务的通知》发布，满足条件的跨国企业集团可以根据自身经营和管理需要，在境内外成员企业之间进

---

① 中国人民银行. 中国人民银行关于境内银行业金融机构境外项目人民币贷款的指导意见 [OL]. 中国人民银行官方网站，2011 – 10 – 24.

② 国家外汇管理局. 关于跨国公司外汇资金内部运营管理有关问题的通知 [OL]. 国家外汇管理局官方网站，2004 – 10 – 18.

③ 国家外汇管理局. 关于境内企业境外放款外汇管理有关问题的通知 [OL]. 国家外汇管理局官方网站，2009 – 06 – 09.

④ 国家外汇管理局. 关于进一步改进和调整直接投资外汇管理政策的通知 [OL]. 国家外汇管理局官方网站，2012 – 11 – 19.

行跨境人民币资金余缺调剂和归集。① 跨国企业集团可以指定境内成员企业或财务公司作为开展跨境双向人民币资金池业务的主办企业，即境内主办企业。境内主办企业应按照《人民币银行结算账户管理办法》等银行结算账户管理规定申请开立人民币专用存款账户，专门用于办理跨境双向人民币资金池业务，账户内资金按单位存款利率执行，不得投资有价证券、金融衍生品以及非自用房地产，不得用于购买理财产品和向非成员企业发放委托贷款。主办企业可以选择 1～3 家具备国际结算业务能力的银行办理跨境双向人民币资金池业务，与其签订办理跨境双向人民币资金池业务协议。对资金净流入流出额设置上限，并根据宏观形势进行动态调整。银行还可以为资金池专户办理日间及隔夜透支。跨国企业集团可以按照本通知和自由贸易试验区相关政策分别设立跨境双向人民币资金池，同一境内成员企业只能参加一个资金池。

另外，从 2008 年开始，中国人民银行积极推动货币互换。货币互换协议帮助与中国进行人民币结算交易的各国调整中央银行内的人民币头寸，从侧面增加了人民币结算的接受程度，有力推动了人民币跨境计算的规模。截至 2018 年 5 月末，中国人民银行已与 37 个国家和地区的中央银行或货币当局签署了双边本币互换协议，协议总规模达 3.37 万亿元人民币。

总体来看，现行对外直接投资和外商直接投资人民币结算业务保持与现行对外直接投资和外商直接投资管理制度衔接，突出监管部门间的信息共享和监管合作，在有效防范风险的基础上便利银行和企业开展业务。开启人民币外商直接投资（FDI）有利于提供人民币的投资渠道，建立起人民币回流机制。由于人民币的回流主要通过中国经常项目的进口以及 FDI两大渠道，而中国的进出口基本处于顺差状态，通过经常项目交易进行人民币回流较为困难，故人民币 FDI 就成为一个重要的人民币回流渠道，推动了人民币的流通，促进了人民币国际化。而人民币对外直接投资

---

① 中国人民银行. 中国人民银行关于进一步便利跨国企业集团开展跨境双向人民币资金池业务的通知［OL］. 中国人民银行官方网站，2015 - 09 - 05.

(ODI)，在推动"一带一路"倡议的同时可推动人民币国际化进程。

## 二、 人民币结算的基础设施

### (一) 人民币跨境清算渠道

人民币跨境清算渠道包括中国现代化支付系统（CNAPS）、针对跨境业务的人民币跨境支付系统（CIPS），以及针对离岸人民币和香港金融管理局的人民币离岸支付系统，即香港清算所自动转账系统（CHATS）。

通过中国现代化支付系统（CNAPS）进行人民币跨境清算的模式主要包括清算行模式和代理行模式。[①]

在清算行模式下，港澳清算行直接接入中国现代化支付系统（CNAPS）上的大额支付系统（HVPS），其他清算行通过其总行或者母行接入大额支付系统，所有清算行以大额支付系统为依托完成跨境及离岸人民币清算服务。近年来，人民币跨境清算行加速布局。为支持港澳人民币业务发展，中国人民银行于2003年和2004年分别决定为香港和澳门的银行办理个人人民币业务提供清算安排，并选择中国银行（香港）有限公司、中国银行澳门分行分别作为香港、澳门的人民币业务清算行，向境外银行和境外企业提供跨境人民币结算和清算服务。2009年，为顺应市场需求，促进贸易和投资便利化，配合跨境人民币业务试点工作，中国人民银行分别与中银香港和中国银行澳门分行先后修改了《关于人民币业务的清算协议》，进一步放宽港澳地区业务的范围。此后，中国人民银行又陆续与新加坡、英国、德国、韩国等国的中央银行达成一致，建立人民币清算安排。截至2018年2月末，我国在24个国家和地区建立了人民币清算安排，辐射中国港澳台地区、东南亚、西欧、中欧、东欧、中东、北美、南美、大洋洲和非洲等地（见表3-1），进一步促进贸易投资便利化，为引导境外主体使用人民币进行贸易结算和投融资活动发挥了重要推动作用。

---

① 霍颖励. 人民币走向国际化 [M]. 北京：中国金融出版社，2018.

2018 年 2 月，中国人民银行授权美国摩根大通银行担任美国人民币业务清算行，这一决定使摩根大通成为在美国的第二家人民币业务清算行，也使之成为首家非中资人民币清算行。2017 年，在各人民币业务清算行所在国家和地区中，中国香港的人民币支付金额占比最高，达 75.68%。

人民币清算中心的人民币支付金融占比见图 3 - 1。

表 3 - 1　境外人民币业务清算行分布情况（截至 2018 年 2 月末）

| 序号 | 国家和地区 | 时间 | 清算行 |
|---|---|---|---|
| 1 | 中国香港 | 2003 年 12 月 | 中国银行（香港）有限公司 |
| 2 | 中国澳门 | 2004 年 9 月 | 中国银行澳门分行 |
| 3 | 中国台湾 | 2012 年 12 月 | 中国银行台北分行 |
| 4 | 新加坡 | 2013 年 2 月 | 中国工商银行新加坡分行 |
| 5 | 英国 | 2014 年 6 月 | 中国建设银行伦敦分行 |
| 6 | 德国 | 2014 年 6 月 | 中国银行法兰克福分行 |
| 7 | 韩国 | 2014 年 7 月 | 交通银行首尔分行 |
| 8 | 法国 | 2014 年 9 月 | 中国银行巴黎分行 |
| 9 | 卢森堡 | 2014 年 9 月 | 中国工商银行卢森堡分行 |
| 10 | 卡塔尔 | 2014 年 11 月 | 中国工商银行多哈分行 |
| 11 | 加拿大 | 2014 年 11 月 | 中国工商银行（加拿大）有限公司 |
| 12 | 澳大利亚 | 2014 年 11 月 | 中国银行悉尼分行 |
| 13 | 马来西亚 | 2015 年 1 月 | 中国银行（马来西亚）有限公司 |
| 14 | 泰国 | 2015 年 1 月 | 中国工商银行（泰国）有限公司 |
| 15 | 智利 | 2015 年 5 月 | 中国建设银行智利分行 |
| 16 | 匈牙利 | 2015 年 6 月 | 中国银行匈牙利分行 |
| 17 | 南非 | 2015 年 7 月 | 中国银行约翰内斯堡分行 |
| 18 | 阿根廷 | 2015 年 9 月 | 中国工商银行（阿根廷）股份有限公司 |
| 19 | 赞比亚 | 2015 年 9 月 | 赞比亚中国银行 |
| 20 | 瑞士 | 2015 年 11 月 | 中国建设银行苏黎世分行 |
| 21 | 美国 | 2016 年 9 月 | 中国银行纽约分行 |
| 22 | 俄罗斯 | 2016 年 9 月 | 中国工商银行（莫斯科）股份公司 |

续表

| 序号 | 国家和地区 | 时间 | 清算行 |
|------|-----------|------|--------|
| 23 | 阿联酋 | 2016 年 12 月 | 中国农业银行迪拜分行 |
| 24 | 美国 | 2018 年 2 月 | 摩根大通银行 |

资料来源：中国人民银行《2017 年人民币国际化报告》及笔者整理。

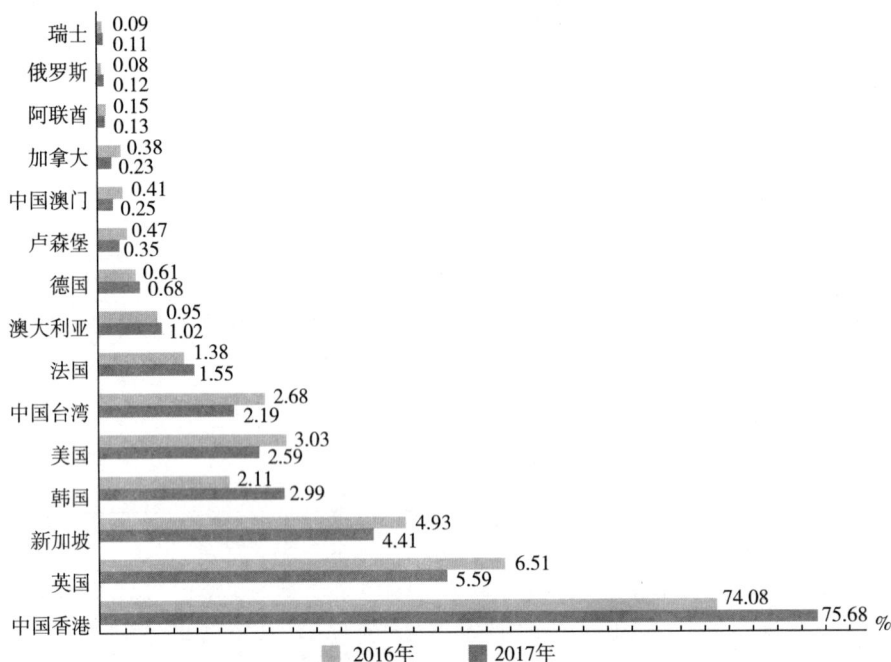

数据来源：Swift RMB Tracker。

**图 3-1　人民币清算中心的人民币支付金额占比**

在代理行模式下，境外参加银行可通过与已经加入大额支付系统并已
开办国际结算业务的境内银行签订代理结算协议，并在该行开立人民币同
业往来账户，利用国内现有的人民币清算体系实现人民币资金跨境清算和
结算。境内代理银行与境外参加银行之间还可依法开展下列银行业务：一
是境内代理银行可对境外参加银行开立的账户设定铺底资金要求，并为其

提供铺底资金兑换服务；二是境内代理银行可为境外参加银行办理贸易和直接投资项下的人民币购售业务，境内代理行的购售限额由人民银行确定；三是境内代理银行可为在其开有人民币同业往来账户的境外参加银行提供人民币账户融资，用于满足账户头寸临时性需求，境内代理行对境外参加银行的融资额度与期限由中国人民银行确定。

通过人民币跨境支付系统（CIPS）也可以进行人民币跨境清算，人民币跨境支付系统的投产运行可进一步便利境外投资者，支撑人民币国际化进程。2012 年初，为了满足人民币跨境使用的需求，进一步整合现有人民币跨境支付结算渠道和资源，提高人民币跨境支付结算效率，构建人民币跨境信息管理系统，人民银行决定组织建设人民币跨境支付系统（Cross–Border Interbank Payment System，CIPS），满足全球各主要时区人民币业务发展的需要。

2015 年 10 月，人民币跨境支付系统一期上线运行。CIPS 一期服务时间覆盖欧洲、亚洲、非洲、大洋洲等人民币业务主要时区（运行时间为 9 时至 20 时），参与者遍布全球六大洲，具有突出的渠道优势，能为外向型企业在全球主要市场的贸易、投资提供便利结算，发挥本币优势，便利企业开展人民币投融资业务。CIPS 一期的上线标志着人民币国内支付和国际支付统筹兼顾的现代化支付体系建设取得重要进展，对推动人民币成为全球主要的支付货币、推进人民币成为特别提款权（SDR）篮子货币发挥了积极作用。

2018 年 3 月 26 日，人民币跨境支付系统二期投产试运行。此前，CIPS 一期采用实时全额结算方式，并采用国际通行的 ISO20022 报文标准，主要服务于跨境贸易结算、跨境直接投资和其他跨境人民币结算业务。而CIPS 二期采用试图体现节约流动性的混合结算方式，进一步支持人民币跨境和离岸资金结算。2018 年 5 月 2 日，CIPS 二期全面投产上线，向境内外参与者的跨境人民币业务提供资金清算结算服务，探索支持全球人民币使用的支付系统，在结算机制、流动性支持、服务时间、报文设计、参与者类型与管理等方面，力争覆盖全球金融市场，满足差异化需求。相较于 CIPS 一期，CIPS 二期着重探索之处有五个方面：一是在现有时序基础上进一步延时，扩大对全球各时区金融市场的覆盖范围；二是在现有的实时全额结算模式基础上引入定时净额结算机制，增加批量业务模式，满足参与者的差异化需求；三是参考国际标准，力争支持多种金融市场业务的资金结算；四是丰富参与者类型，外围接入境内债券结算系统、境外证券存管或结算机构；五是在 CIPS 一期仅支持境内直接参与者的基础上进一步扩展，可支持境外直接参与者，为引入更多符合条件的境外机构做好准备。后续 CIPS 二期仍将根据金融市场发展及风险情况，对系统、制度加以完善。[①]

据中国人民银行统计，2018 年人民币跨境支付系统处理业务 144.24 万笔，金额为 26.45 万亿元，同比分别增长 14.57% 和 81.71%，日均处理业务 5723.74 笔，金额为 1049.46 亿元。截至 2018 年 3 月末，CIPS 直接参与者规模从上线初期的 19 家增长至 31 家，间接参与者数量从 176 家扩展至 695 家，范围覆盖全球六大洲，87 个国家和地区，境外间接参与者数量占整体规模的 62%。从实际业务开展情况来看，目前全球已有 147 个国家和地区的 2266 余家法人金融机构通过 CIPS 办理人民币业务，CIPS 已逐渐成为人民币跨境结算清算的主渠道。

通过香港金融管理局的人民币离岸支付系统，即香港清算所自动转账系统（CHATS）也可以在香港离岸市场上进行人民币跨境清算。香港行间清算有限公司于 2007 年 6 月在原有香港清算所自动转账系统的基础上提供人民币实时全额结算服务，该系统可以进行银行之间的大额的行间支付，以支持人民币离岸清算。

但是目前，人民币跨境清算渠道方面还存在一定的不足，CNAPS、CIPS、CHATS 存在定位不清与业务重合的问题，CNAPS 允许外国银行加

---

① 李国辉. CIPS 二期投产　人民币国际化基础设施再度夯实 [N]. 金融时报，2018 - 05 - 27.

入结算系统，而 CIPS 又定位于跨境人民币结算，那么未来需要厘清资本项目开放后的资金结算应当通过 CHAPS 还是 CIPS。① 另外，CNAPS 与境内的支付系统仍存在一定的报文不兼容问题，代理行、离岸清算行和 CHATS 系统暂时还不能支持净额结算，对于流动性提出了较高要求。

（二）人民币账户管理体系

人民币账户管理体系包括同业往来账户、境外机构境内人民币账户（NRA）、境外机构自由贸易账户（FT）、离岸账户（OSA）以及各类专用账户。

在同业往来账户方面，境外银行因提供清算或结算服务需要，在境内银行开立的人民币同业往来账户按照《跨境贸易人民币结算试点管理办法实施细则》② 的有关规定办理。由于境内银行是中国人民银行跨境支付系统的直接参与者，并且建立了覆盖面较广的行内人民币清算系统，因此具备国际清算能力的境内银行可以与境外银行签署人民币代理结算协议，为其开立人民币同业往来账户。为境外参加银行开立人民币同业往来账户，境内代理银行应当与境外参加银行签订代理结算协议，约定双方的权利义务、账户开立的条件、账户变更撤销的处理手续、信息报送授权等内容。境外参加银行的同业往来账户只能用于跨境贸易人民币结算，该类账户暂不纳入人民币银行结算账户管理系统。但境内代理银行应在本行管理系统中对该类账户做特殊标记。截至 2018 年 3 月末，与我国发生人民币跨境业务的国家和地区达 242 个，发生业务的企业超过 34.9 万家，发生业务的银行超过 386 家，137 个国家和地区的境外银行在境内开立了 5 028 个同业往来账户。

在境外机构境内人民币账户（NRA）方面，经中国人民银行当地分支

---

① 梁静．人民币国际化"大动脉"——国际货币支付基础设施构建［M］．北京：经济管理出版社，2017.

② 中国人民银行．跨境贸易人民币结算试点管理办法实施细则［OL］．中国人民银行官方网站，2009 - 07 - 03.

行核准，境外企业可申请在境内银行开立非居民银行结算账户，直接通过
境内银行行内清算系统和人民银行跨行支付系统进行人民币资金的跨境清
算和结算。NRA 账户的开始使用可以追溯到 2009 年。2009 年国家外汇管
理局颁布《关于境外机构境内外汇账户管理有关问题的通知》（汇发
〔2009〕29 号)①，从当年 8 月 1 日起，境内中资和外资银行都可以开办人
民币账户 NRA。2010 年 9 月，中国人民银行发布《境外机构人民币银行
结算账户管理办法》，进一步明确了非居民账户用于各类跨境人民币业务
结算的相关规定。非居民账户为活期存款账户，该账户不得用于办理现金
业务，确有需要的，需经中国人民银行批准。也不得将账户内的资金转换
为外币使用，另有明确规定的除外。境内机构与境外机构境内人民币账户
之间的资金收支，按照跨境交易进行管理，境内收付款行应当按照人民币
跨境交易管理的有关规定办理。境外机构境内人民币账户向境外划转，以
及境外机构境内人民币账户之间的划转，银行可以根据境外机构的指令直
接办理，另有规定的除外。境内银行可以为境外机构境内人民币账户资金
办理包括进出口货物贸易、跨境服务贸易和其他项目结算项下的购汇汇出
业务，并按照有关规定报送结售汇和头寸统计相关信息。境内结算银行可
以向境外企业提供人民币贸易融资，融资金额以境内企业与境外企业之间
的贸易合同金额为限。境外机构可将境外机构境内人民币账户资金用作境
内质押境内融资。2011 年 10 月，为进一步扩大人民币在跨境贸易和投资
中的使用，规范银行和境外投资者办理外商直接投资人民币结算业务，中
国人民银行制定了《外商直接投资人民币结算业务管理办法》②。境外投
资者汇入的人民币注册资本或缴付人民币出资应当按照专户专用原则，开
立人民币资本金专用存款账户存放，该账户不得办理现金收付业务。境外

① 国家外汇管理局.关于境外机构境内外汇账户管理有关问题的通知 [OL].
国家外汇管理局官方网站，2009 - 07 - 13.
② 中国人民银行.外商直接投资人民币结算业务管理办法 [OL]. 中国人民银
行官方网站，2011 - 01 - 13.

投资者以人民币并购境内企业设立外商投资企业的，被并购境内企业的中方股东应当按照规定，申请开立人民币并购专用存款账户，专门用于存放境外投资者汇入的人民币并购资金，该账户不得办理现金收付业务。境外投资者以人民币向境内外商投资企业的中方股东支付股权转让对价款的，中方股东应当按照规定，申请开立人民币股权转让专用存款账户，专门用于存放境外投资者汇入的人民币股权转让对价款，该账户不得办理现金收付业务。银行应当认真履行信息报送义务，及时、准确、完整地向人民币跨境收付信息管理系统报送依据本办法开立的境外机构人民币银行结算账户、人民币资本金专用存款账户、人民币并购专用存款账户、人民币股权转让专用存款账户和人民币一般存款账户的开立信息，以及通过上述账户办理的跨境和境内人民币资金收入和支付信息。

在境外机构自由贸易账户（FT）方面，目前主要应用在自贸区人民币账户上，尤其是侧重金融的上海自贸。FT 账户始于 2014 年 5 月 21 日，中国人民银行上海总部颁布《中国（上海）自由贸易试验区分账核算业务实施细则（试行）》[①] 和《中国（上海）自由贸易试验区分账核算业务风险审慎管理细则（试行）》（银总部发〔2014〕46 号）[②]。其中规定，上海市金融机构可在试验区开展分账核算业务，建立自由贸易专用账务核算体系（Free Trade Accounting Unit，FTU）。FTU 即同业机构自由贸易账户，中国人民银行上海总部对 FTU 账户进行宏观审慎管理。金融机构在 FTU 账户的基础上，可以为不同主体建立区内机构自由贸易账户（FTE）、境外机构自由贸易账户（FTN）、区内个人自由贸易账户（FTI）、区内境外个人自由贸易账户（FTF）账户，形成 FT 账户族。FT 账户的特点主要有五个：一是分账核算。所谓分账核算，指的是对于 FT 账户族要

---

① 中国人民银行. 中国（上海）自由贸易试验区分账核算业务实施细则（试行）[OL]. 中国人民银行官方网站，2014 − 05 − 21.

② 中国人民银行. 中国（上海）自由贸易试验区分账核算业务风险审慎管理细则（试行）[OL]. 中国人民银行官方网站，2014 − 05 − 21.

建立独立的核算科目体系，业务及资金与其他业务及资金分开核算，编制独立的损益表、资金来源运用表以及业务状况表等报表，并进行专项报告，资金、敞口、杠杆率、流动性和风险控制等单独进行运作管理，自求平衡。二是本外币合一。绝大多数情况下，FT 账户内人民币可以和外币进行自由兑换，自贸区账户与境内账户划转时，经常项目和直接投资相关业务资金可自由兑换，投融资创新业务可根据实际业务需求进行兑换，涉及特定高风险业务的自由贸易账户需要按中国人民银行上海总部规定进行兑换。三是汇率利率市场化。自贸区内资金拆借的利率实施市场化决定。另外，在汇率方面，由于自贸区金融机构因兑换服务而产生的本外币头寸只能区内或境外进行平盘，所以形成的市场化汇率将更接近离岸汇率CNH，未来也可能形成自贸区内的汇率。四是"一线放开，二线管住，有限渗透"。所谓一线，指的是 FT 账户与境外账户进行的划转，"一线放开"意味着自贸区资金可以自由出入境。二线指的是 FT 账户与境内人民币账户的划转，"二线管住"意味着自贸区和境内资金要受到一定的管制，跨二线只能采用人民币进行划转。五是 FT 账户内资金性质视同境外，与境内往来按照跨境交易进行管理。截至 2017 年 6 月 15 日，已有 55 家金融机构设立了自贸区分账核算单元，包含银行、券商、财务公司、中央结算公司等金融基础设施及各种类型的金融机构。

在离岸账户（OSA）方面，目前主要应用在香港人民币离岸账户上，新加坡、伦敦、台湾等地也有一定的离岸账户。最早依据 1997 年中国人民银行制定的《离岸银行业务管理办法》[1] 以及 1998 年国家外汇管理局制定的《离岸银行业务管理办法实施细则》[2] 对当时离岸业务的灰色地带进行监管。直到 2002 年，才批准浦发、招商、平安、深发展四家银行开

---

① 中国人民银行. 离岸银行业务管理办法 [OL]. 中国人民银行官方网站，1997 – 10 – 23.

② 国家外汇管理局. 离岸银行业务管理办法实施细则 [OL]. 国家外汇管理局官方网站，1998 – 05 – 13.

展离岸银行业务，业务范围不包括人民币，仅包含可自由兑换的货币，严格分离离岸账户与境内账户，离岸账户自行平衡。此后离岸银行业务的管理一直处于停滞状态。随着业务发展，境外设有分支的各个中资银行开始出台自身的离岸账户管理办法，在香港离岸人民币市场逐渐形成的情况下也开始开展离岸人民币业务，并接受监管部门的监管。如 2017 年 5 月 9 日，国家税务总局、财政部及 "一行三会" 联合发布《非居民金融账户涉税信息尽职调查管理办法》（国家税务总局公告〔2017〕第 14 号)①，于当年 7 月 1 日正式实施，该管理办法要求拥有中国国籍、在华工作等情况的个人，以及在中国注册、业务在中国等情况的企业申报使用的离岸金融工具，这一规定促使各大中资银行清理自己的离岸账户。

**（三）人民币跨境结算监管体系**

在人民币跨境结算方面，主要由中国人民银行和国家外汇管理局对于人民币跨境结算进行监督和监管。

中国人民银行建立了人民币跨境收付信息管理系统（RMB CrossBorder Payment&Receipt Management Information System，RCPMIS），对跨境人民币结算进行信息采集和事后监管。RCPMIS 一方面收集来自商业银行的，包含流量和存量的跨境贸易资金流信息；另一方面，收集来自海关的跨境贸易货物流信息，通过将资金流信息与货物流信息进行比对，人民银行得以通过 RCPMIS 系统对贸易的真实性进行核实和监管。

RCPMIS 不断地完善和发展，随着 2009 年跨境贸易人民币结算试点工作的首次开展，RCPMIS 在 2009 年 7 月 6 日首次上线，在部分城市进行试点运行。之后，2010 年 9 月 8 日中国人民银行颁布的《中国人民银行关于印发〈跨境人民币收付信息管理系统暂行办法〉的通知》（银发〔2010〕

---

① 国家税务总局. 非居民金融账户涉税信息尽职调查管理办法 [OL]. 国家税务总局官方网站，2017－05－19.

79 号)① 进一步详细规定了各商业银行接入 RCPMIS 系统的方式及要求，2017 年 7 月 30 日进一步颁布了《中国人民银行关于印发〈人民币跨境收付信息管理系统管理办法〉的通知》（银发〔2017〕126 号)② 又进一步进行了修订。目前，RCPMIS 建立起统一的 RCPMIS 数据库，拥有管理平台和服务平台两个业务平台，包含跨境收付、跨境货物贸易、跨境服务贸易、跨境购售、跨境担保、跨境投资、人民币同业往来账户、跨境资金划转、账户余额、债权债务、跨境贸易融资、跨境账户融资、跨境拆借 13 个业务模块，为多样化的跨境结算提供信息服务并进行监管。

另外，国家外汇管理局建立了国家外汇管理局网上服务平台（以下简称 ASOne 系统），对贸易外汇收支进行信息收集并进行监管。外汇指定银行和企业用户需要通过国家外汇管理局应用服务平台进行信息申报，对于影响贸易外汇收支与货物进出口一致性匹配的信息（如超过规定期限的预收货款、预付货款、延期收款以及延期付款），还应当在规定期限内向国家外汇管理局报告。

通过现代化的信息系统，人民银行与国家外汇管理局可以对跨境结算的真实性进行验证，确保经常项目下资本流动的真实性。现代化的信息系统是中国经常项目开放的重要基础设施。

### 三、 人民币结算的未来发展

未来，人民币结算将进一步发展。

人民币跨境结算的管理方面，随着资本项目的不断开放，以及离岸市场的有序形成，企业与个人的跨境结算限制有望进一步放开。目前，在经常项目下实现了自由可兑换，资本项目下的自由可兑换也在逐步推进。目

---

① 中国人民银行. 中国人民银行关于印发《跨境人民币收付信息管理系统管理暂行办法》的通知 [OL]. 中国人民银行官方网站，2010 – 03 – 08.

② 中国人民银行. 中国人民银行关于印发《人民币跨境收付信息管理系统管理办法》的通知 [OL]. 中国人民银行官方网站，2017 – 12 – 19.

前，对外商直接投资 FDI，对外直接投资 ODI 都有一定的规定，在证券投资方面也有 QDII 和 QFII 制度进行一定的限制。未来，可能会进一步放开 QDII2，允许个人投资海外证券资产，进一步扩大资本项目的开放范围，放开人民币跨境结算的范围，有力扩大人民币的使用范围，推动人民币国际化进程。

人民币跨境清算渠道方面，即人民币跨境支付系统（CIPS）方面，将在 CIPS 二期的现有基础上进一步发展。在未来，需要进一步提升人民币支付系统的效率和可靠性。另外，加强 CIPS 系统与交易所、中央托管机构等金融基础设施的连接也是未来的发展方向，通过连接，未来的跨境证券交易可以通过 CIPS 进行资金流的划转，通过中央托管机构进行证券的划转，证券交割与资金支付同步进行，实现跨境证券交易的券款对付（DVP），降低交易风险，提升交易效率，由此，可以极大地增加人民币在国际上的投资与储藏属性，提升人民币竞争力，有力推动人民币国际化的进程。

人民币账户管理体系方面，未来可以在进一步加强 NRA 账户的基础上发展自贸区 FT 账户，发挥自贸区作为"在岸的离岸市场"的作用，最终形成有效的境内境外跨境账户结算整体体系，在便利跨境结算的同时进行有效监管。

人民币跨境监管体系方面，可以在现有系统的基础上进一步加强，在原有资金流与交易流相对应的情况下，进一步通过信息技术手段加强在货物贸易、服务贸易、外商投资、对外直接投资、证券投资等方面的真实性审查。另外，可以进一步对外开放接口，提高系统接收数据的自动化程度，便利个人与企业进行申报，促进跨境结算的有序进行。

总体而言，人民币跨境结算已经取得很多的成就，但是在未来仍有广阔的发展空间，完善的人民币跨境结算系统是人民币国际化的基石，也是人民币国际化进程不可或缺的一部分。

# 第二节　人民币计价

国际货币有交易媒介、价值尺度和价值贮藏三大职能，而人民币在国际贸易中的计价能力则是体现人民币作为国际货币在价值尺度方面的职能，是人民币国际化的重要一环。对外贸易采用人民币进行结算可以帮助出口企业防范汇率风险，争夺人民币定价权，节约商品购置成本等。所以，研究人民币计价的发展历程与发展现状以及人民币计价的未来发展显得尤为重要。

## 一、人民币计价发展历程与发展现状

### （一）经常项目下人民币计价情况

经常项目下人民币的计价情况主要分为两类，一种是基本的货物以及服务贸易，另一种是原材料和基础商品市场，包含农产品期货、工业原材料期货、工业金属期货、贵金属期货等市场。

对于基本的货物以及服务贸易，人民币计价伴随着跨境贸易的人民币结算同步推行。人民币跨境贸易结算自 2009 年 7 月 1 日公布《跨境贸易人民币结算试点管理办法》① 开始以来，对外贸易中人民币计价的比例不断提高。尤其是在 2014 年初开启贬值进程到 2016 年末结束贬值进程这段时间内，由于外贸交易回款时间长，采用人民币计价可以在人民币贬值的大趋势下利用更少的外国货币兑换人民币进行付款，从而使人民币计价的比例得以快速提升。通过人民币计价，中国的进出口企业可以有效地规避汇率风险，便利进出口贸易。

在货物和服务贸易方面，尽管人民币计价随着人民币跨境结算的发展有所突破，但是仍然呈现出两大特点。

---

① 中国人民银行. 跨境贸易人民币结算试点管理办法 ［OL］. 中国人民银行官方网站，2009 - 07 - 01.

一是人民币结算与人民币计价偏离。当前的国际贸易中，存在人民币计价、人民币结算和外币计价、人民币结算这两种业务模式，从而使人民币计价滞后于人民币结算。根据陈雄（2013）的测算，截至 2012 年末，全国累计办理跨境货物贸易人民币结算 34075 亿元，其中人民币计价、人民币结算金额为 14915 亿元，外币计价、人民币结算金额为 19160 亿元，人民币计价与结算的偏离度为 56.23%。

二是人民币计价主动权偏弱。根据国际贸易计价货币的选择理论，学者们指出：若一种货币的交易成本越低，则该种货币更可能成为国际计价货币；若一国的宏观经济稳定，货币供应量正常，汇率稳定，则该种货币更可能成为国际计价货币；若一国出口商品中异质化商品较多，即工业制成品和高科技含量商品比重较大，则该国货币更可能成为国际计价货币。

从中国银行发布的《2017 年度人民币国际化白皮书》① 的调查结果来看，我国企业在涉外经济中面临汇率变动对本方不利时，完全接受对方报价的比例有一定程度的下降，由 2013 年的 32% 减少至 27%。有 19% 的受访境内企业表示，在面临汇率波动时坚持以人民币计价，由对方承担汇率变动风险，这个比例较 2016 年小幅上升一个百分点，且为连续第五年上升（见图 3-2）。这反映了人民币的计价货币职能正在不断提升。人民币计价职能的增强与中国出口产品结构变化有关。近年来，中国高新产品出口占比保持在 29% 左右的较高水平，出口产品技术含量的提升，为企业坚持人民币计价提供了有力支撑。

但从总体上看，人民币计价的主动权仍较弱。目前，当汇率变动对本方不利时，完全接受外方报价的比例仍处于较高水平。随着近年来我国劳动力成本的不断上升，东南亚、南亚等地区更低的劳动力成本使我国传统劳动密集型产品出口承压，竞争力进一步下降，影响我国出口产品计价主动权。

在原材料和基础商品市场，人民币的计价功能也在不断完善。中国已

---

① 中国银行的市场调查涵盖全球 3134 家工商企业以及 118 家金融机构，其中境外工商企业 702 家，境外金融机构 97 家，覆盖 25 个境外国家和地区。

是绝大部分大宗商品的最大消费国。从 1990 年 10 月 12 日成立郑州商品交易所开展农产品期货交易以来，相继成立了上海期货交易所、大连商品交易所开展工业原材料、工业金属等品种的交易。当前，中国期货市场的商品期货品种基本覆盖了农产品、金属、能源、化工等主要产业领域。接近 20 年的发展，中国的商品期货市场日渐成熟，在橡胶、黑色（螺纹钢、线材、热轧卷板）等品种上已经逐步获得了定价权，内盘商品交易价格开始引导外盘商品交易价格。

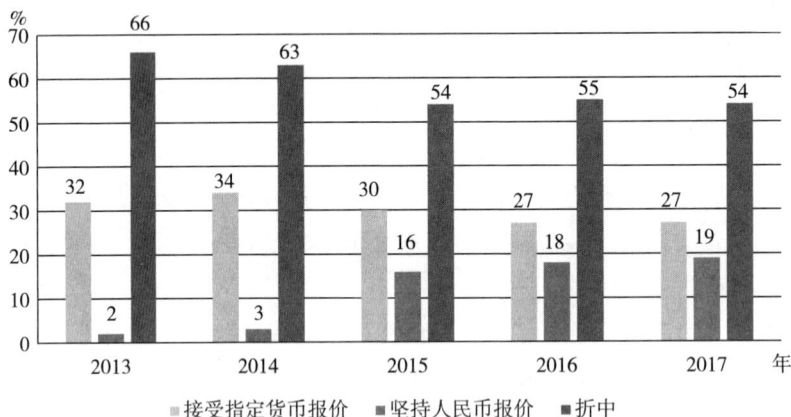

数据来源：中国银行《2017 年度人民币国际化白皮书》。

**图 3 - 2　人民币汇率波动时境内企业定价策略**

尽管近年来大宗商品领域人民币定价权有所强化，但总体而言，我国原材料及大宗商品计价水平仍处于较低水平。根据中国银行发布的《人民币国际化白皮书》（2015）对原材料及大宗商品、中间产品、制成品三个类型行业进行的调查，得出以下结论：我国的原材料和大宗商品在国际市场很大程度上被迫接受外方报价，人民币定价主动权极弱；中间产品和制成品也在较大程度上被迫接受外方报价，但有一定的人民币定价主动权（见图 3 - 3）。从事原材料及大宗商品的客户在交易中接受外方定价的比例最高，人民币的国际计价货币功能还处于较低水平。

近年来，人民币在大宗商品领域的计价职能有所突破。人民币计价的商品的定价权能够降低中国企业跨国商品交易的成本，同时推动人民币国际化的进程。

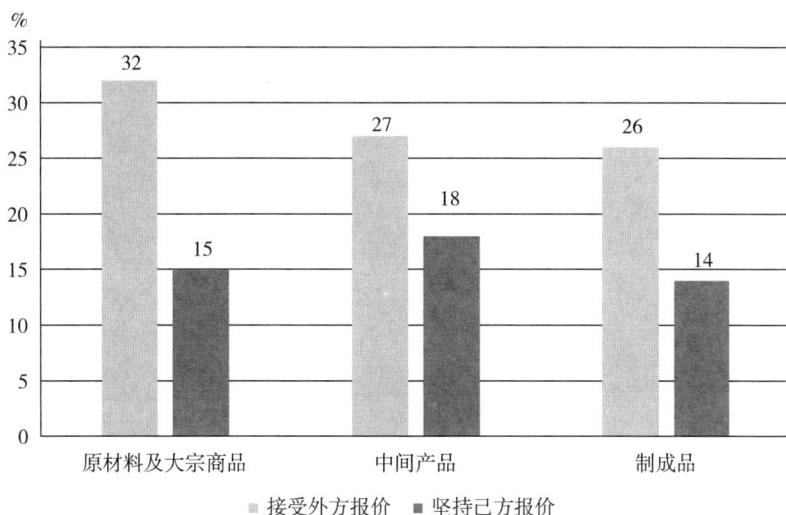

数据来源：中国银行《2017 年度人民币国际化白皮书》。

**图 3 - 3　不同商品类别的人民币定价主动权**

2002 年 10 月上海黄金交易所采用人民币计价的黄金现货及期货交易品种开启了黄金人民币计价的过程。经过几年的有序发展，从 2007 年起，上海黄金交易所的交易量连续 10 年位居全球场内黄金现货场所之首。2017 年上海黄金交易所黄金竞价市场交易成交量达 3.02 万吨，成交金额为 8.32 万亿元，其中黄金现货合约成交量 6649.02 吨，期货合约成交量 2.35 万吨，另外，黄金询价市场成交量达 2.29 万吨。[①] 2016 年 4 月 19 日，上海黄金交易所还发布了"上海金"人民币计价黄金基准价格，进一步推动了人民币在黄金交易计价中的作用，有利于依托黄金这个全球关注的贵金属商品交易品种，通过人民币计价，推动人民币国际化。

---

①　上海黄金交易所. 上海黄金交易所 2017 年年报［OL］. 上海黄金交易所官方网站，2018 - 04 - 28.

2018 年 3 月 26 日，上海期货交易所子公司上海国际能源交易中心采用人民币计价的原油品种正式上线。原油作为最为重要的能源产品和化工原材料，是世界上交易量最大、最为重要的商品期货品种，开展以人民币计价的石油期货交易意义深远，未来一个活跃的、以人民币结算的石油期货交易市场可以有力地推动人民币国际化，帮助人民币成为国际货币。1971 年美国与沙特阿拉伯签订协议，逐步确立了石油采用美元进行结算的系统，在布雷顿森林体系崩溃之后通过石油计价与结算加强并巩固了美元作为国际货币的地位，所以人民币进行原油计价与结算意义深远。另外，在 2018 年，中国石化签署首笔以上海原油期货计价的实货长期合同，① 并且计划签署更多此类合约，人民币原油计价发展稳步进行。

此外，我国是全球最大的钢铁生产国，多年来也是全球铁矿石的最大消费国和进口国，但与之不匹配的是，我国虽于 2013 年推出铁矿石期货，却没有掌握铁矿石定价权，国际铁矿石交易大多采用长协定价机制，其询价样本小、过程不透明等问题饱受诟病。为此，2018 年 3 月 27 日，大连商品交易所公布了铁矿石期货特定品种的相关规则，迈出国际化步伐。在此规则中，铁矿石期货核心清算模式保持不变，仍以人民币计价结算。为适应国际交易习惯，铁矿石期货允许境外客户以美元作为保证金参与交易。2018 年 5 月 4 日起，大连商品交易所的铁矿石期货正式引入境外交易者，这标志着以人民币结算的铁矿石期货全球化贸易正式启动。这是中国继 2018 年 3 月末推出以人民币结算的原油期货后第二个迈出国际化步伐的期货品种。

在海外市场，2012 年 11 月 29 日香港联合交易所收购伦敦金属交易所（LME）获得英国金融服务管理局（FSA）批准，并于 2014 年 12 月推出了以人民币计价的首批伦敦铝、伦敦锌及伦敦铜三个期货小型合约②；

---

① 中国证券网. 中石化联合石化签署首笔以上海原油期货计价的实货长期合同 [OL]. 中国证券网，2018 – 03 – 28.

② 中国银行. 伦敦离岸人民币市场月报 [OL] 中国银行官方网站，2015 (5).

2015 年 7 月 28 日，伦敦金属交易所宣布接受人民币作为抵押品，这是中国在进军伦敦大宗商品市场上的里程碑事件，为该交易所今后推出人民币计价产品奠定了基础。

（二）资本项目下人民币计价情况

资本项目下人民币的计价情况主要分为两类，一种是外商直接投资 FDI 与对外直接投资 ODI 中人民币计价的情况，另一种是证券投资与金融市场中人民币计价的情况，包含股票、债券、信贷、保险、衍生品等市场。

在外商直接投资 FDI 与对外直接投资 ODI 中，人民币计价往往与人民币结算结合较为紧密，而人民币计价的证券市场与金融市场方兴未艾。

在股票市场，境外注册企业可以在香港发行人民币计价的 H 股，同时在内地的 A 股市场，中国存托凭证（CDR）也在筹备之中。2015 年 5 月，上海证券交易所、中国金融期货交易所与德意志交易所集团就共同建设离岸人民币金融工具交易平台达成战略合作协议，在法兰克福合资成立"中欧国际交易所股份有限公司"，主要研发和上市交易以离岸人民币计价的证券和衍生品。2018 年 10 月 5 日，青岛海尔公布在中欧国际交易所 D 股市场上市及股份公开发售计划，成为在中欧所上市的首家企业。

另外，在基金方面，离岸市场人民币计价基金近年来获得越来越多的关注。2010 年 8 月 31 日，海通香港推出了境外首只人民币计价基金——海通环球人民币收益基金；2012 年 2 月 15 日，全球首只人民币黄金 ETF 在港挂牌交易；2013 年 4 月，台湾首只人民币计价基金——复华伞型人民币基金 2013 年 4 月初获主管机关审核通过；2015 年 5 月，中国证监会与香港证监会就开展内地与香港基金互认工作正式签署《中国证券监督管理委员会与香港证券及期货实务监察委员会关于内地与香港基金互认安排的监管合作备忘录》，同时发布《香港互认基金管理暂行规定》。

在债券市场，熊猫债、点心债、木兰债、自贸区债等国际债券近年来取得较大发展。国际债券是国际货币的价值贮藏职能的重要体现。在 SDR 货币篮子评估中的"可自由使用"标准中，国际债券余额是在国际经济交易中广泛使用的三个主要评价指标之一，国际债券新发行数量则是三个辅助评价指标之一（IMF，2015）。

境外机构在中国发行的以人民币计价的债券称为"熊猫债"。从2005年国际金融公司（IFC）和亚洲开发银行（ADB）在中国银行间债券市场分别发行人民币债券11.3亿元和10亿元的熊猫债开始，熊猫债市场发展稳健，2016年出现井喷式增长，2017年，熊猫债券发行35期，发行总额共计719.00亿元，发行期数和发行总额同比下降40%以上。① 机构在香港发行的人民币计价债券称为点心债券（Dim Sum Bonds）。在2015年人民币贬值态势下迎来的点心债发行高峰之后，2017年共有133笔离岸点心债发行，共计371亿元，较2016年同比降低近64%。② 与点心债类似，澳门特区发行的离岸人民币债券称为"莲花债"。在木兰债方面，2016年8月，世界银行（国际复兴开发银行）在我国银行间债券市场成功发行第一期SDR计价债券（木兰债），从而丰富了我国债券市场交易品种，对于增强国际货币体系的稳定性和韧性具有积极意义。2016年10月，渣打银行（香港）股份有限公司也在我国银行间债券市场成功发行1亿木兰债。在自贸区债券方面，2016年12月，上海市财政局通过公开招标方式，在中央结算公司，面向中国（上海）自由贸易试验区内已开立自由贸易等账户的区内及境外机构投资者，成功发行一期总额为30亿元的上海市政府债券，即首只自贸区债券。

从BIS公布的国际债券存量（见图3-4）和国际债券发行量（见图3-5）来看，美元和欧元是国际债券中最重要的两种计价货币，这两种货币在国际货币中的地位远远超出其他货币。

---

① 联合资信．2017熊猫债发行量明显下滑，2018有望企稳［OL］．新浪财经网站，2018-01-24．

② 中国银行．中银稳健增长（R）2017年年度运作情况报告［OL］．中国银行官方网站，2018-03-30．

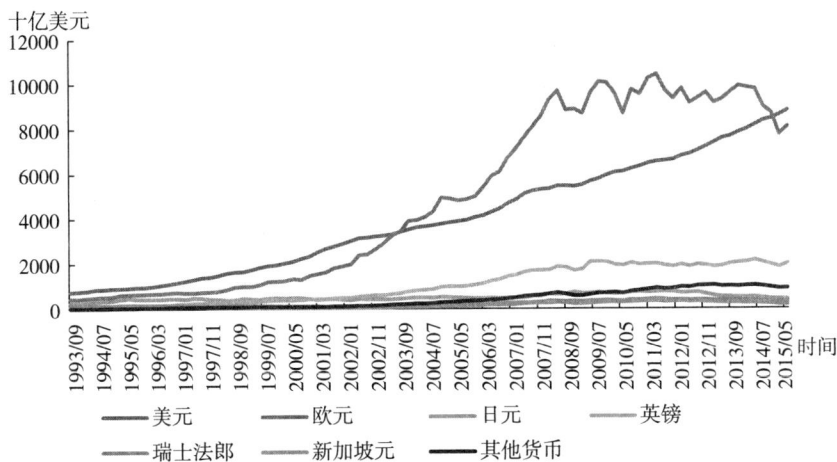

数据来源：BIS 国际清算银行。

图 3 – 4 国际债券和票据未偿余额

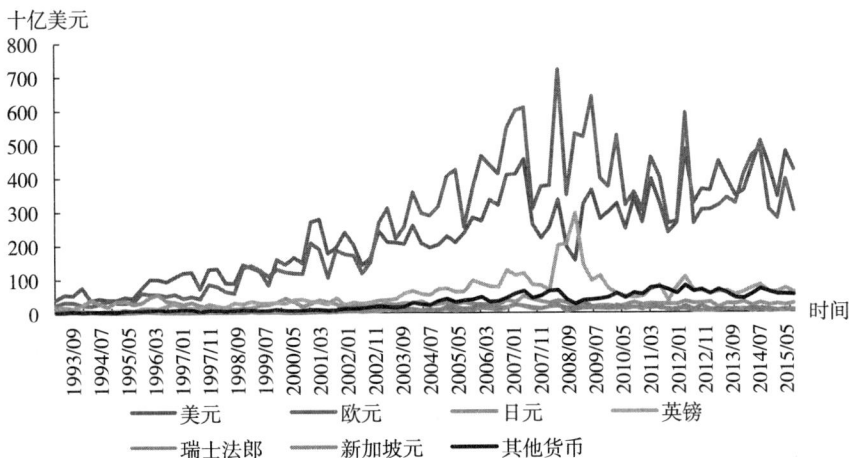

数据来源：BIS 国际清算银行。

图 3 – 5 国际债券和票据公布发行额

钟红（2017）利用 BIS 公布的国际债券相关数据，对影响国际债券币种结构因素进行了实证分析，结果表明，与国际货币交易支付职能密切相关的惯性效应和网络效应对国际债券计价货币币种结构具有显著的影响，与国际货币价值贮藏职能密切相关的、以汇率表示的货币外部币值稳定性而非通货膨胀表示的货币内部币值稳定性对国际债券计价货币币种构成密切相关。

## 二、 人民币计价的未来发展

纵观世界各国货币国际化的进程，日元与德国马克①在其国内的微观基础不同，以及在对外贸易和金融市场方面的货币国际化策略不同，导致两者在国际化货币中计价功能的程度不同。德国和日本虽然同为出口大国，但是德国出口的产品替代性较低，故德国国内的出口企业有着较高的议价能力，因而可更多地采用德国马克计价规避汇率风险，德国马克的国际化战略主要采用工业推动的模式。日本出口产品都使用美元，并且出口产品的替代性相对较高，导致日本在出口中以日元计价的比例较低，故而日元的国际化采用了金融推动的模式。德国以出口推动的货币国际化战略较为稳健，但是其需要自身特殊的工业地位作为基础，而且其货币国际化的程度受限于贸易较多的国家，并且在货币的储备职能上有所欠缺。日本以金融推动的国际化战略可以快速推进日元的国际化进程，享受到国际化货币带来的红利，但是与此同时，金融市场开放战略带来的资本高流动性也给监管带来了巨大的困难，产生了类似"黑字回流"等金融风险隐患。

中国人民币计价的未来的发展可以以史为鉴，参考日元与德国马克的国际化之路对自身的国际化战略进行修正。为了进一步扩大人民币计价的范围，一方面，中国可以通过加强工业产品的创新性，提高人民币计价的议价能力；另一方面，也可以吸取日本的教训，通过金融手段稳步谨慎地推进人民币国际化水平，在享受金融红利的同时防范金融风险。

---

① 刘玮. 国内政治与货币国际化——美元、日元和德国马克国际化的微观基础 [J]. 世界经济与政治，2014（9）.

# 第三节　本章小结

本章阐述了人民币在计价与结算方面的发展历程现状及未来，以及人民币在结算方面的金融基础设施。在人民币结算方面，针对人民币结算的发展历程与现状，从经常项目下的人民币结算和资本项目下的人民币结算两个方面阐述了人民币结算从试点到全面推广的历程，并且通过数据予以佐证。另外，本章还对人民币结算的金融基础设施进行了梳理，从人民币跨境清算渠道、人民币账户管理体系、人民币跨境结算监管体系三个方面进行切入，从政策沿革、目前不足、未来发展等方面立体化地对人民币结算的基础设施进行了梳理。最后则对人民币结算的未来发展进行了一定程度的探讨。在人民币计价方面，同样首先从经常项目下的人民币计价和资本项目下的人民币计价两个角度切入，对人民币计价的发展历程和发展现状进行了梳理，并对人民币计价的未来发展进行了思考。总体而言，结算与计价都是重要的货币职能，也是人民币成为国际货币的重要职能，所以，可以在了解目前人民币国际化程度的基础上，通过对于未来结算与计价方面发展的研究，助推人民币国际化研究。

人民币国际化
理论与实践
Theory and Practice of
RMB Internationalization

第四章

# 人民币国际化的条件、风险与约束

近年来，人民币在跨境贸易结算中的使用频率显著提升，资本项目开放有序推进，配套金融制度改革稳步实施，金融市场对外开放力度持续加大，人民币国际化进程取得了显著进展。在此背后，既离不开政治环境、经济实力、基础设施等方面的有力支持，也离不开来自政策层面的各项制度保障。故本章从政治环境、经济实力、国际贸易、金融市场和资本流动五个方面分别论述人民币国际化的条件。随着人民币国际化战略的推进，人民币使用范围拓宽，国际地位提升，各类风险接踵而来，来自内部和外部的约束对人民币国际化的进一步推进形成了阻碍。本章从汇率波动风险、货币政策可控性风险、金融系统波动风险和资本项目开放带来的海外市场影响风险四个方面论述人民币国际化过程中面临的风险。本章还将论述人民币国际化面临的内部和外部约束，包括人民币国际化面临的国内金融市场不完善、进出口溢价能力较低和国际货币体系限制三个方面。

# 第一节 人民币国际化的条件

## 一、稳定的政治环境

纵观各国货币的国际化历程，一国货币能否成为国际货币与其国家的政治稳定性有着非常紧密的联系。美国通过独立战争、南北战争确立了其三权分立的政治体制，在这一政治体制所催生的良好稳定的社会环境下，美国的经济、军事实力逐步踏上了世界顶峰，第二次世界大战结束时，美国是全球唯一拥有核武器的国家。在稳定的政治基础和强大的军事实力的保障下，美元于1944年通过布雷顿森林体系正式确立为全球唯一的国际货币地位。① 货币发行主体的政局动荡不但会影响国家的经济发展、对外贸易、海外投资等，而且会影响货币职能的履行，从而削弱人们对该国货币的信心。中国是世界上少数社会主义国家之一，沿着中国特色社会主义道路，取得了举世瞩目的发展成就。在优越的政治体制保障下，中国经历了几十年的快速发展，在经济增长、对外贸易、外汇储备等方面稳居世界前列，国际影响力不断增强。因此，中国稳定的政治环境为人民币国际化提供了坚实的基础。

## 二、强大的经济实力

在信用货币时代，各国的货币本质上是法定货币，本身没有内在价值，其价值来自政府提供的价值背书以及货币持有者对于货币的信任。近十年来，中国的经济规模依旧维持了较为快速的增长，在世界经济中的重要性也不断提升。中国的GDP总量在2013—2017年分别为59.5万亿元、64.4万亿元、68.9万亿元、74.4万亿元、82.7万亿元，按照不变价计算

---

① 刘玮.国内政治与货币国际化——美元、日元和德国马克国际化的微观基础[J].世界经济与政治，2014（9）.

的 GDP 增长率分别为 7.8%、7.3%、6.9%、6.7%、6.9%，总体保持较高的增长率。另外，中国 GDP 占世界 GDP 的比重也在逐步上升，2013—2017 年占比分别为 12.50%、13.36%、14.81%、14.81% 和 15% 左右。中国经济实力的强大能够为本币币值稳定提供良好的基础，同时可以以更大的资本市场规模和更多的对外经贸往来来更好地应对成为国际货币所面临的挑战，还可以在国际市场上获得更多的信任，从而成为被广泛接受的国际货币。但是，经济实力往往滞后于一国货币国际化的程度，国际货币存在较为明显的路径依赖。所以人民币在依托中国经济实力逐步国际化的过程中，会面临现有国际货币体系的约束。

### 三、 强劲的国际贸易

一国的贸易规模越大，就越能有效地推动该国对外贸易中使用本国货币，从而提升使用该国货币进行计价、结算和支付的比例，从而提高该国货币在国际市场上的认可度。因此，贸易规模能够有效推动该国货币在货币计价与支付职能方面走向国际化，推动该国货币成为国际化货币。中国在国际贸易份额中的占比日益增长使得人民币在国际贸易中的使用越来越广泛，人民币承担了更多的计价结算功能。近十年来，中国的贸易总量在全世界的占比排名处于领先地位。2013—2017 年中国的贸易总量分别为 4.16 万亿美元、4.30 万亿美元、3.95 万亿美元、3.69 万亿美元、4.10 万亿美元，分别占世界贸易总量的 10.95%、11.29%、11.88%、11.40%、11.48%。其中，中国的贸易出口额在 2013—2017 年分别为 2.21 万亿美元、2.34 万亿美元、2.27 万亿美元、2.10 万亿美元、2.26 万亿美元，世界占比分别为 11.66%、12.35%、13.76%、13.09%、12.77%。中国的贸易进口额在这五年分别为 1.95 万亿美元、1.96 万亿美元、1.68 万亿美元、1.59 万亿美元、1.84 万亿美元，世界占比分别为 10.26%、10.25%、10.02%、9.75%、10.22%。总体来看，中国出口额的总量和世界占比均高于进口额，是一个出口导向型的贸易国家。同时，目前中国的进出口结构还是以加工贸易为主，进口材料中原材料与基础工业品较多，多以美元定价，出口产品以电子产品、纺织品、化工品等产成品为主，标准品较多，专业化和差异化产品相对较少，中国进出口相对处于弱势。为了进一步提升人民币在贸易计价、结算中的地位，中国需要继续改善贸易结构，生产出更多拥有独立知识产权、具有一定比较优势的产品，提升中国在国际贸易往来中的地位与话语权。使用本币计价、结算是一项有利于国内生产商和贸易商的策略，能够更好地服务实体经济，促进贸易投资便利化，并促进人民币国际化的进程。

## 四、发达的金融市场

拥有发达的在岸金融市场和离岸金融市场是提升金融市场广度的重要一环，也是人民币国际化的重要条件。发达的在岸市场能够提供给国内乃至国际充足的投融资渠道，提升货币的供给与需求，尤其是发达的股票、债券、外汇、衍生品等市场，可以大力推动人民币国际化。发达的离岸市场则能够进一步拓宽货币在国际上的使用渠道，支撑国际市场上货币的流动性，特别是对于像中国这样在岸金融市场起步较晚、金融市场开放度有待提升的国家而言，发达的离岸金融市场是使其货币在国际市场上存在充足流动性的重要以及必要的一部分。目前，人民币已经初步建立了"在岸市场＋离岸市场"的架构。国内在岸金融市场逐步完善，香港、伦敦、新加坡、法兰克福、台湾及其他离岸市场作为补充的人民币离岸市场格局也初步形成，人民币国际化得到了稳步推进。未来，可以通过各方面的努力更好地建立发达的人民币在岸与离岸中心，稳步推进人民币国际化。对于在岸金融市场，需要推进金融体制改革，深入推进利率汇率市场化改革，深化金融机构和金融监管体制改革，深化多层次资本市场改革，完善现代保险制度。对于离岸金融市场，需要通过市场与政策的力量一同进行自身体系的建设，形成有效的利率汇率价格形成机制，高效的交易、支付结算、后台支持体系，人民币业务金融服务体系（存贷款、债券、同业拆借等），完善的风险监督控制体系。在岸金融市场与离岸金融市场的联动方面，构建两个市场高效的联结渠道，进一步增加"南向通""北向通"的适用范围与规模，同时建立两个市场之间有效的后台联结，推动离岸金融市场与在岸金融市场相互促进，有序发展。

### 五、 高效的资本流动

人民币国际化进程在一定程度上受到我国资本项目管制的影响。资本项目的开放是金融市场开放的重要一环，也是人民币国际化的必要条件。如果人民币不能在资本项目下实现可兑换，意味着人民币的自由流动受到了很大程度的阻碍，缺乏有效的使用方式以及较好的流动性，导致人民币的使用范围和接受范围都会受到限制，进而导致国际市场对于人民币的信任度降低。目前，国内对于资本项目的限制一定程度上制约了人民币国际化的进展。目前，境外机构在投资人民币证券期货市场方面还面临较大的困难，境外投资者参与我国金融市场交易的难度较高，降低了境外投资者长期持有人民币的意愿，阻碍了人民币有效回流制度的建立和完善，从而不利于人民币国际化进程的推进。但同时，如何保证在不发生系统性风险的前提下有序逐步开放资本市场，推动人民币国际化进程，是一个非常值得关注的课题。未来，资本项目的对外开放应当基本遵循循序渐进的策略：先开放长期投资，然后开放短期投资；先开放资本流入，然后开放资本流出；先开放直接投资，然后开放间接投资；先放松对于金融机构的管制，然后放松对于个人以及非金融机构的管制。

## 第二节　人民币国际化的风险因素

### 一、 汇率波动风险

人民币国际化是人民币使用范围在地理和职能两个维度的拓展，而汇率作为人民币的价格指标，很大程度上反映了人民币在国际化过程中相对其他货币的价值变化。人民币汇率不仅是人民币价值的度量，还会通过进出口和金融资产配置等途径对实体经济和金融市场产生重大影响。因此，人民币的汇率波动风险是人民币国际化过程中最值得警惕的风险之一。具体而言，人民币汇率波动风险主要体现在以下四个方面。

一是汇率制度改革过程中的汇率波动风险。人民币国际化要求人民币汇率能够灵活反映市场的供需变动，因此汇率形成机制改革是人民币的必要条件，也是人民币国际化过程的必经之路。而在汇率制度改革的过程中，若不能及时有效地控制和管理外汇市场参与者预期，将会引发汇率波动风险。例如，2015 年 "8·11 汇改" 就在全球范围内引起了轩然大波，由于缺乏有效的沟通协调和市场预期管理，人民币汇率出现恐慌性超调，2016 年末，人民币兑美元汇率中间价跌至 6.937。与汇改前相比，人民币兑美元累计贬值 13.4%。2005 年 1 月 1 日至 2018 年 1 月 1 日人民币汇率中间价走势见图 4 - 1，2005 年 1 月至 2018 年 1 月人民币实际有效汇率指数与美元兑人民币汇率见图 4 - 2。

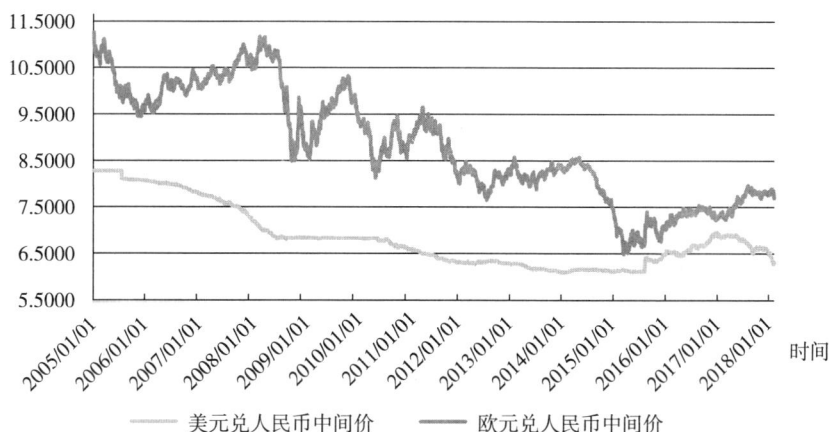

数据来源：Wind 资讯。

**图 4 - 1　人民币汇率中间价走势**

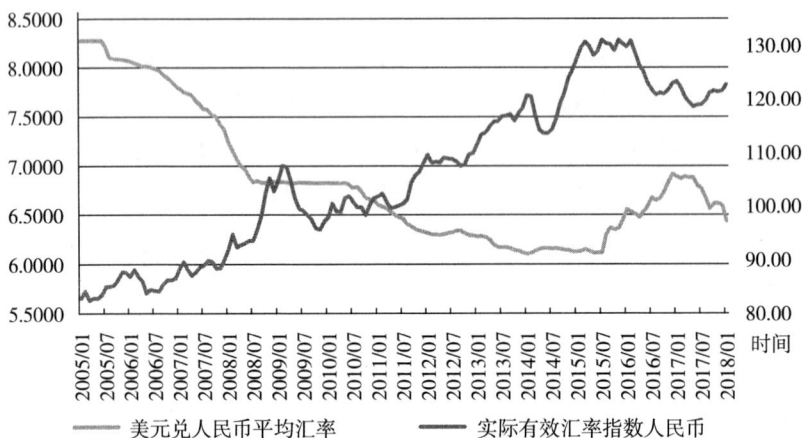

数据来源：Wind 资讯。

**图 4 – 2  人民币实际有效汇率指数与美元兑人民币汇率**

二是资本项目开放带来的汇率波动风险。完全实现人民币国际化意味着人民币的自由兑换，因此逐步开放资本项目是人民币国际化的重要环节。但是，随着资本项目的开放，跨境资本流动的规模在不断加大，速度也在不断加快，使外汇市场人民币供求关系容易在短期内出现失衡，导致汇率的剧烈波动。

三是货币替代带来的汇率波动风险。所谓货币替代风险，是指外国货币部分或者全部替代本国的货币职能和作用的风险。具体而言，若一国的经济陷入停滞，国际投资者对该国货币失去信心，会在市场上大规模抛售该国货币，转而持有安全性、收益性更高的货币；境内使用者也形成了本币贬值预期，进行挤兑换汇，使外国货币部分或全部替代本国货币的职能和作用，就形成了货币替代。货币替代过程中抛售货币的市场行为会导致该国的货币大幅贬值，形成汇率风险。

四是离岸市场带来的汇率波动风险。离岸人民币市场能够为国际投资者提供获得人民币资产的渠道，并对资本账户放松管制起到缓冲作用，但可能导致人民币汇率波动加剧。一旦投资者采取减持人民币资产的应对措施,离岸市场的人民币汇率波动将会通过离岸市场和在岸市场的联动关系传导至在岸市场,同时牵连人民币资产的定价,从而使国内金融机构及企业暴露在较高的汇率风险之下。随着人民币国际化的推进和政策的进一步放开,资本进出人民币在岸市场和离岸市场更加自由,投机活动将通过这一渠道进一步冲击我国汇率制度的稳定性。

2012 年 5 月至 2017 年 11 月离岸人民币市场(CNH)与在岸人民币市场(CNY)汇差见图 4 - 3。

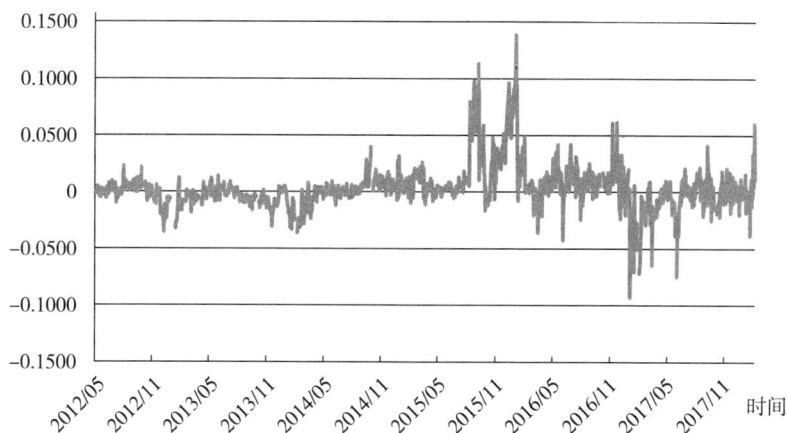

数据来源:Wind 资讯。

**图 4 - 3　离岸人民币市场(CNH)与在岸人民币市场(CNY)汇差**

为了应对汇率波动风险,需要进一步改革人民币汇率制度,保持人民币汇率稳定,可以从以下四个方面对人民币汇率制度进行改革。

一是进一步完善汇率形成机制改革。"8·11 汇改"以来,我国实行的是"收盘价 + 一篮子货币汇率变化"的汇率形成机制,这一汇率制度虽然释放了人民币币值高估的压力,基本达到有弹性的双向浮动的目标,但其前提是需要有效的资本管制和足够的外汇储备。所以,我国的汇率形成机制仍需朝着越来越市场化的方向改革,并适当分阶段扩大汇率浮动的区间,实现更市场化、更有灵活性的汇率制度。同时,应当减少对外汇收支系统的行政干预，为市场投资者提供更准确的价格信号。

二是完善货币当局汇率调控制度，提升汇率市场管理的有效性。预期管理与建立中央银行信用是汇率市场管理制度中的两个重要方面。良好的汇率预期管理可以安抚汇率市场的过度反应，合理引导汇率回归合理水平；良好的中央银行信用包括中央银行外汇政策的连续性、有效性等各个方面，可以使市场对于中央银行的调控行为更为信任，使中央银行在汇率市场调控中事半功倍。

三是积极培育外汇市场。应当积极推动金融市场中汇率避险金融产品的创新，为居民和非居民提供更为丰富的金融工具选择，防止离岸人民币对冲工具和以人民币计价的套期保值产品缺乏给人民币国际化产生阻碍，为境外市场主体更好地参与人民币国际化进程提供有利环境。除产品创新之外，建立一个有深度、有广度的外汇市场还应采取增加交易主体、放松交易限制等措施，外汇市场现货和期货创新功能的完善对于人民币国际化也有一定的推进作用。

四是加强离岸市场建设和管理。积极拓展离岸市场人民币金融产品的深度和广度，增加人民币境外使用渠道，支持人民币离岸市场在人民币国际化纵深发展过程中发挥更为积极的作用。随着汇率形成机制的改革，在岸汇率和离岸汇率关联越发紧密，应把离岸和在岸的人民币汇率纳入整个政策框架中，防范人民币资金的大规模异常跨境流动，同时关注离岸人民币市场发展过程中对在岸市场人民币汇率的影响，做好政策应对准备。

## 二、 货币政策可控性风险

根据"蒙代尔不可能三角"，当一国资本自由流动且实行固定汇率制度时，中央银行传统的宽松货币政策将失效。原因在于，在固定汇率和资本充分自由流动的条件下，若中央银行采取扩张性的货币政策，降低利率，会导致汇率下降，引发资本大量流出，投放的基础货币不会增加，货币政策失效。当前，我国采用的是限制资本的自由流动，也就是资本管制的方法，以达到货币政策的相对独立性以及汇率的相对稳定。但是，随着我国国际化进程的不断加快，国际市场对人民币和人民币资产的需求增加，这就要求我国放开资本管制政策，从而使人民币在国际市场上能够自由流动，实现其作为国际货币的支付、计价、交易的职能，人民币将不得不面临"三元悖论"的问题（见图4－4）。

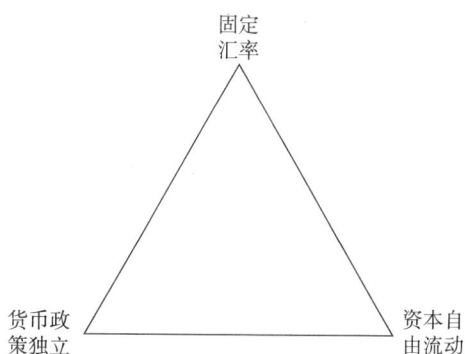

图4－4　"三元悖论"示意图

一是货币政策的自主性和独立性受限。根据"三元悖论"理论，独立的货币政策、相对稳定的汇率及资本的自由流动三者无法同时实现，然而货币国际化的特征客观上要求汇率稳定和资本能够自由流动，因此货币政策的自主性必然被削弱，从而使国家实现物价稳定、国际收支均衡等内外经济目标的调控能力有所减弱。另外，人民币国际化使政府在制定货币政策时不仅需要考虑国内因素，还要考虑对其他国家的影响，这也会降低宏观政策自由度。

二是货币政策制定难度增加，货币政策有效性削弱。随着人民币国际化的不断推进，人民币货币总量的外部流通和需求将显著增加，使人民银行对货币总量的统计和监测更为困难，从而增加了制定货币政策的难度和复杂性，也削弱了货币总量调控的有效性。另外，随着资本项目的逐步开放，人民币或将发生大规模的跨境流动，将会制约利率的调控作用和汇率平衡国际收支的能力。人民币国际化的推进需要资本项目自由化，而资本频繁地流入流出我国市场也将使货币政策的有效性大打折扣。

三是货币政策与财政政策不匹配风险增加。在人民币国际化进程中，存在货币政策与财政政策不匹配的风险。根据"三元悖论"，假设我国采取货币政策独立、资本自由流动以及浮动汇率的优化策略，则当我国采取扩张的货币政策时，会带来人民币汇率的升值，而人民币升值将削弱我国产品在国际市场上的价格竞争优势，并促使大量进口商品进入我国。从整体来看，扩张的财政政策在调节我国国内总支出的组成配比上有一定作用，但总支出的规模却并不会产生较大的变化，这意味着财政政策在一定程度上是无效的。

为了应对货币政策可控性风险，需要进一步优化货币政策，可以从以下两个方面对货币政策进行优化。

一是加快推进利率市场化改革。利率市场化的根本意义在于使利率能够充分反映资金的供求变化和投资项目的风险状况，实现资本在整个经济体中的优化配置，提高企业竞争力和市场活力。在开放的环境下，市场化的利率能够对货币政策和财政政策作出更迅速的反应，向境外人民币投资者传递更为准确的信号，有助于境外投资者降低风险。目前我国已放开存贷款利率上下限，还应当进一步推动形成利率风险结构、期限结构都由供求决定的环境，确定基准利率，使用完全市场化的手段进行调控。中央结算公司编制的中债价格指标体系有效促进了债券公允价格形成和市场透明度提升，支持了利率市场化和人民币国际化进程。中央结算公司于2017年成为指数行业协会（IIA）首家中国会员机构，有助于扩大中债价格指标产品的国际影响力与品牌竞争力，增强国际话语权。

二是完善开放环境下的货币政策与金融监管。在政策搭配上，应构建包括货币政策、汇率政策、财政政策和宏观审慎监管政策在内的多种政策的有效组合，提高宏观调控的整体有效性；在最终目标上，应建立以通货膨胀为主要目标，兼顾汇率稳定目标的多目标货币政策规则；在金融监管上，应通过资本监管和流量控制降低货币政策调控的复杂性；在国际货币政策协调上，应共同加强对跨境资本流动的检测，构建可信赖的宏观审慎监管的制度性框架。

### 三、 金融市场的波动性风险

在人民币国际化的进程中，我国金融市场与国际市场的联系越发紧密，使我国金融市场面临来自国际市场的冲击，具体包括以下三个方面。

一是非法资金流动的风险。人民币国际化让人民银行面临更高难度的现金管理和监测。人民币国际化使非法资金的跨境流动难以控制，在这个过程中可能会增加走私、洗钱、伪造人民币等非法活动，增加金融监管的难度，带来金融市场不稳定的风险。

二是资产价格波动引起的风险。从 2015 年 "8·11 汇改" 至今，人民币汇率逐渐进入双向波动阶段。人民币升值预期会导致资本流入，使资产价格拉升，形成泡沫，不利于金融系统稳定。而人民币贬值预期可能导致境外做空人民币与人民币计价资产，加大人民币贬值压力，同时带来资产价格波动风险，加剧我国金融体系的脆弱性。

三是国际系统性风险传导的风险。人民币国际化使我国金融体系更加市场化，与国际市场联系更为紧密，全球金融市场的波动会对我国产生更大的影响，从而使金融危机可能通过新的途径传导到国内。首先，当金融危机发生时，投资者出于规避风险的考虑，会大量抛售以人民币计价的资产，导致人民币资产价格大幅波动，进而波及我国的金融市场；其次，人民币将越来越多地参与国际经济活动，届时人民币利率对风险更加敏感，危机发生后我国货币当局须迅速变动基础利率来应对效应；最后，人民币国际化加强了我国与其他国家之间的联系，一旦其他国家发生金融危机，投资者会改变对我国经济的心理预期，认为我国的经济同样会受到影响，从而改变投资策略，引发 "羊群效应"。

为了应对金融市场风险，需要进一步加强金融监管，同时深化金融市场改革，保持金融市场健康平稳运行，守住不发生系统性金融危机的底线。

可以从以下三个方面对金融市场监管进行完善。

一是要明确开放经济下的监管目标和监管内容。人民币国际化与金融市场开放可带来诸如币值波动、国际收支失衡、政策工具失效等与封闭经济条件下截然不同的风险，只有明确监管目标，才能有的放矢，取得较好的监管效果。在监管内容方面，除传统的货币供应量和利率之外，应更多地关注汇率、本外币跨境流通规模等内容，并应加强对国际游资的监控，采取相应的应对措施。

二是建立信息收集与风险监测体系。应建立全口径跨境资金流动数据采集和监测分析体系，加强人民币跨境调运、反恐融资、反洗钱和反假识别。此外，应全面提高金融数据的可获得性和准确性，为系统性风险的监测、分析和评估提供全面及时的信息。同时，应加强金融监管当局内部及其与各经济部门之间的信息共享和政策协调，以加强监管合力，实现统筹协调目标。

三是加强国内协同与国际合作。在人民币国际化的背景下，国内市场与国际市场联系日益紧密，货币市场、外汇市场和资本市场之间的联动和风险传染性增强，局部风险放大导致系统性风险的可能性提升。因此，对内应当加强国内市场的内部协同，消除监管盲点，防止监管套利。

我国设立国务院金融稳定发展委员会，组建中国银行保险监督管理委员会，有力推进了现代金融监管体系以及货币政策和宏观审慎政策双支柱调控框架的构建。对外应当深化金融监管的区域和国际合作，在各国国情差异较大、金融发展水平各异的现实之上，应注重协调各国金融监管主体的监管方式和监管措施差异，推进双边和多边监管合作，建立多层次的金融监管国际合作机制、国际监管机构间的协调机制以及统一透明的信息披露机制。

另外，可以从以下三个方面对国内金融市场进行完善。

一是拓展国内金融市场深度。目前，我国多层次、有深度的资本市场仍未建立，债券市场持续发展壮大但存在信用违约风险，股票市场"散户居多"使投机因素占主导地位，衍生品市场发展创新步伐较慢。这需要进一步完善债券违约风险处置办法，丰富股票市场上市主体与品种，深化外汇市场衍生交易品种，增加外汇交易份额，降低二级市场流动性风险、资本管制风险，深化金融市场和金融体系。

二是提高我国金融市场的市场化程度。目前，我国金融体系中市场的作用尚未得到充分发挥，尤其在利率和汇率的决定中行政化管制现象仍然存在，实际的汇率形成机制和目标之间仍然存在差距，人民币汇率依然主要参考美元，与其他主要货币相比汇率弹性较低。未来需要进一步实施汇率、利率与其他金融市场的市场化制度改革，明确金融市场价格信号。

三是进一步完善金融基础设施建设。这一部分将会在本书第六章进行详细叙述。

## 专栏一： 中债担保品业务中心助力金融市场风险管理

作为金融市场流动性和风险控制中枢，担保品管理不仅被誉为新世纪最安全的金融创新工具，也是最优质的金融风险管理工具。安全、高效、便利及透明的担保品管理服务能够帮助金融机构显著降低融资成本、优化流动性管理和防范信用风险，有利于金融市场深化改革、创新发展和扩大开放。

为了响应市场更加精细化和高要求的担保品管理需求，依托债券市场中央登记托管机构的职责，中央国债登记结算有限责任公司（以下简称公司）于2010年将分散的担保品管理功能集中整合，正式推出了中债担保品管理服务；2016年中债担保品业务中心成立，逐步构建起了全功能、全领域和全球化的担保品管理服务格局。截至 2018 年末，公司管理的担保品余额近 14 万亿元，服务境内外客户超过 5900 家，是全球最大的债券担保品管理平台之一，服务水平和系统功能达到国际领先。根据服务对象和业务性质的不同，中债担保品管理的服务领域可以划分为政策类业务、市场类业务、跨境类业务，以及拓展创新型业务领域。

一、政策类业务

目前，中债担保品管理为货币政策、财政政策、外汇管理以及支付结算体系运行等多方面提供服务支持。

1. 货币政策

公司持续为中国人民银行开展公开市场操作等传统货币政策业务提供担保品管理服务，并从 2013 年相继为中国人民银行的常备借贷便利（SLF）、中期借贷便利（MLF）、定向中期借贷便利（TMLF）以及支农/支小/扶贫等一系列新型货币政策工具提供全方位的担保品管理，服务于货币政策的精准调控。

2. 财政政策

公司自 2014 年起开始支持各试点地区开展地方国库现金管理业务，通过建立担保品管理机制，帮助地方财政部门有效管控风险。目前，业务范围已覆盖全国 34 个省及计划单列市。

3. 外汇管理

公司从 2014 年起为国家外汇管理局的外汇管理业务提供担保品管理服务，包括外汇经营和外汇委托贷款等，通过集中管理担保品有效防控信用风险，确保资金安全。

4. 支付结算体系运行

2014 年起，公司为中国人民银行大额支付系统自动质押融资及小额支付系统质押额度管理业务提供担保品管理服务，帮助支付系统向市场机构提供流动性支持，保障清算体系稳健、高效运行。

二、市场类业务

1. 现货市场业务

2013 年起，配合新版回购主协议的发布，服务于现货市场的各类回购交易、双边借贷和远期交易。2018 年，中国人民银行正式在银行间市场推出三方回购交易，公司作为债券登记托管机构，为三方回购提供担保品选取、估值、替换、调整及违约处置等集中管理服务。

2. 债券充抵保证金业务

2015 年起，公司为中国金融期货交易所的债券充抵国债期货交易保证金业务提供担保品管理服务支持，并于 2016 年将业务模式延伸至债券充抵上海国际黄金交易中心保证金业务。2018 年，债券充抵保证金业务完成系统优化升级，业务运行效率进一步提升。2019 年 1 月，债券作为期货保证金业务的范围扩大至中金所所有的金融期货品种，进一步改善了期货市场的流动性。

3. 协议存款业务

2011 年，公司首次为邮储银行办理协议存款质押业务。此后，该业务模式已拓展至全国社保基金及基本养老基金下设的全部存款类业务，并已辐射至全国 10 余家地方社保资金管理，持续为国家社会保障体系提供精细化的风险管理机制。2018 年，公司将协议存款质押的业务模式引入保险资金管理领域，为保险资金的安全稳定保驾护航。

4. 同业授信业务

2018 年，公司与交通银行签署服务协议，首次将担保品管理机制引入同业业务领域，为其同业授信业务提供了更加高效、低成本的创新性风险管理手段，疏通了中小金融机构的融资渠道。

三、跨境类业务

响应国家金融开放战略，公司在跨境发行、跨境融资、货币互换和外币拆借等多个跨境金融领域深耕厚植，持续延展人民币债券担保品跨境使用的广度与深度。公司先后成功支持境内外金融机构办理货币互换质押、支持中资银行在境外发行"绿色资产担保债券"、支持境内外商业银行开展跨境融资等业务，并作为担保品管理人，积极发挥押品估值、盯市、调整及违约处置等期间管理职能。

四、拓展创新型业务领域

未来，中债担保品管理服务将进一步扩展广度、延伸深度。

一是继续拓展担保品管理机制在金融交易领域的运用。持续扩大担保品管理机制在多类交易中的运用范围，切实保障交易资金安全，提升交易效率。

二是提高担保品管理功能的使用效率。继续推动担保品第三方管理机制在各领域的使用效率，为市场提供统一、集中、全流程和自动化的管理服务，构建基于担保品业务的风险预警机制。

三是持续健全担保品违约处置机制。经过多年探索，公司已自主研发形成了一套完整的担保品违约处置体系，2019 年 6 月，公司正式发布《担保品违约处置业务指引（试行）》，为交易双方提供了违约时快速实现质权的渠道。目前，公司能够支持协议折价、变卖和拍卖全部三种处置模式，可灵活满足市场投资者的多种处置选择。同时，作为债券登记托管机构，由公司进行担保品的违约处置具有法律关系明确、操作流程清晰及业务环节少等天然优势，确保处置流程稳健、高效。

中央结算公司经过多年的研究与实践，博采众长形成担保品管理服务体系，充分发挥了托管结算集中化、专业化的优势，实现担保品运作的规模效应。同时，通过高效现金的担保品业务系统，以灵活化的参数管理实现包括自动选券、质押、盯市调整及解押等全流程管理，能够为市场参与者提供集中统一的一站式担保品管理服务，是中国债券市场的担保品管理者。

### 四、 资本项目开放带来的海外市场影响风险

在人民币国际化的进程中，我国金融市场与国际市场的联系越发紧密，使我国金融市场面临来自国际市场的冲击，具体包括以下三个方面。

一是从短期资本流入的角度来看，首先，大规模的资本流入会导致本国货币供不应求，形成本币升值风险，出口因此受到限制。其次，国内流动性过剩，利率水平被压低，生产企业过度借贷而导致经济过热风险，同时债券、股票、房地产等市场价格虚高，形成资产价格泡沫。再次，短期资本流动导致国内货币供给变动，削弱中央银行对货币政策的操控能力。最后，离岸人民币可能被投机基金用于投机攻击，容易引发货币危机。

二是从短期资本流出的角度来看，当资本大规模外逃时，资本项目产生巨额逆差，人民币面临贬值压力，政府动用外汇储备来稳定汇率，而外汇储备的大幅下降会使我国的信用评级降低，导致市场上对人民币贬值的预期加强，加速了国际资本的流出，反过来又会影响国际收支的平衡和汇

率的稳定，最终形成恶性循环。

三是新兴经济体更易受到短期资本流动的影响。新兴经济体原本的金融体系就较为脆弱，在遭受短期资本流动的冲击时更加难以应对。1997年的亚洲金融危机就是短期资本流动对新兴经济体冲击的典型案例。

为了应对海外市场影响的风险，需要应对中国资本项目开放带来的各方面风险，按照"服务实体，循序渐进，统筹兼顾，风险可控"的原则，有序推进人民币资本项目可兑换，保持人民币汇率稳定、中国金融市场稳定，从而稳步推进人民币国际化。具体可以参见本书第七章。

# 第三节　人民币国际化面临的约束

## 一、 国内金融市场有待完善

从货币功能角度来看，人民币国际化应当包含计价、贸易、资本与金融交易、贮藏、避险五个功能。其中，资本与金融交易是现阶段人民币国际化推进的重点领域，其核心在于建立一个完善的人民币金融市场，但是目前国内的金融市场仍不够发达，这体现在以下三个方面。

一是金融市场深度有待拓展。目前，我国多层次、有深度的资本市场仍未建立。债券市场和股票市场的发展不平衡，债券市场持续发展壮大但存在信用违约风险，股票市场"散户居多"使投机因素占主导地位，衍生品市场发展创新步伐较慢。李扬（2016）[1] 认为，在债券市场方面，尽管人民币定制的金融资产规模很大，但债券违约已经在各类主体中全面展开，市场是否已经整合到令外国投资者放心投资，还有待审视。鄂志寰（2017）[2] 认为，在股票市场方面，市场交易量和上市公司数量与伦敦证券交易所、纽约证券交易所和东京证券交易所相比存在较大差距，股票、

---

① 李扬. 金融体系落后对人民币国际化不利 [Z]. 2016 国际货币论坛.
② 鄂志寰. 人民币国际化如何"水到渠成" [N]. 中国金融报，2017 – 12 – 12.

股指、ETF 等衍生品交易尚未发展成熟。在外汇市场方面，我国外汇市场在全球外汇市场所占的份额较小，日均外汇交易量相比伦敦、纽约和东京三大外汇交易中心而言较少，外汇期货、外汇期权等金融衍生品种类较为缺乏。此外，二级市场流动性风险、资本管制风险等都一定程度上降低了人民币资产的吸引力，我国的金融市场和金融体系还远远不能满足人民币成为国际化货币的要求。

二是市场化程度有待提高。我国金融体系中市场的作用尚未得到充分发挥，尤其在利率和汇率的决定中行政化管制现象仍然存在。尽管我国近年来实施了一系列汇率制度改革，但是实际的汇率形成机制和目标之间仍然存在差距，人民币汇率依然主要参考美元，与其他主要货币相比汇率弹性较低，人民币汇率改革依然面临许多严峻的考验。

三是金融市场开放水平有待提升。境外投资者进入我国资本市场进行投资还存在一定程度的制度障碍。近年来，人民银行大力向境外国际组织、主权机构和商业性金融企业开放银行间债券市场，实现了银行间债券市场的全面开放，债券市场的国际关注度持续提升。但在股票市场和衍生品市场，实际的开放程度仍然比较低，QFII、RQFII 等渠道也受到相对较多的限制。此外，从直接投资的角度来看，外资企业在我国资本市场挂牌上市也存在诸多限制，这也在一定程度上制约了人民币国际化的进程。

## 二、中国进出口议价能力低

国际货币应当具有计价、交易、贮藏三个职能。其中，一国货币在国际上的计价和交易职能的扩展与一国进出口货物和服务的话语权息息相关。一个强势的出口方或者进口方能够要求在对外进行货物和服务交易时使用本国货币，从而推动本国货币的国际化程度。但是中国在进出口方面较弱的话语权对于人民币国际化也形成了约束和阻碍。

以日本、德国的进出口话语权对于本币在国际贸易计价和结算使用的影响为例。德国在进出口中的话语权较强。一是通过产业战略，德国制造业出口从标准化产品逐步转为专业化、定制化、差异化的产品，在国际上拥有较强的话语权和议价权，增加了德国马克在贸易计价和交易中的使用比例；二是德国制造业出口战略主要以扶持中小企业为主，大量中小企业不仅构成了德国制造业坚实的安全网，还由于其难以接触外汇衍生品市场，更希望采用本币进行结算，从而推动了德国马克在贸易中的使用。在进出口方面的议价能力推动了德国马克的国际化。相对于德国，日本在进出口中的话语权较弱。一是日本资源匮乏，大部分原材料依赖于从国外进口，故而在进口方面日本的话语权较弱，原材料基本是以国际货币也就是美元进行定价的；二是日本出口的产品较多的是标准化程度较高、差异化程度较低的电子产品和机械零部件，在国际市场上面临的竞争更为激烈，议价能力和话语权也较低。这导致日本企业在对外贸易的过程中，难以主张使用对自己而言风险较低的本币进行计价和结算，日元在国际市场上的计价与交易中使用较少；三是日本的经济体制以财阀形成的大企业为主导，对于大企业而言，其可以在国际市场上较为便利地使用外汇衍生品对冲企业面临的汇率风险，对于产品使用日元进行计价和结算的需求不高；四是日本出口的国家中发展中国家相对较少，较多出口到发达市场，这也导致了日本在出口中的话语权较弱。各方面原因相综合，日元的进一步国际化面临进出口议价能力低带来的约束。

中国的进出口结构与日本类似，主要是以加工贸易为主。进口材料中原材料与基础工业品较多（见图4-5），出口以电子产品、纺织品、化工品等产成品为主（见图4-6）。在出口方面，出口产品中标准品相对较多，专业化和差异化程度相对较低，进出口结构对于人民币的国际化使用存在一定的约束。但随着中国目前产业的升级，中国出口产品的技术含量及专业化和差异化正在逐步提升，相信未来中国在进出口方面的议价能力将会越来越高。

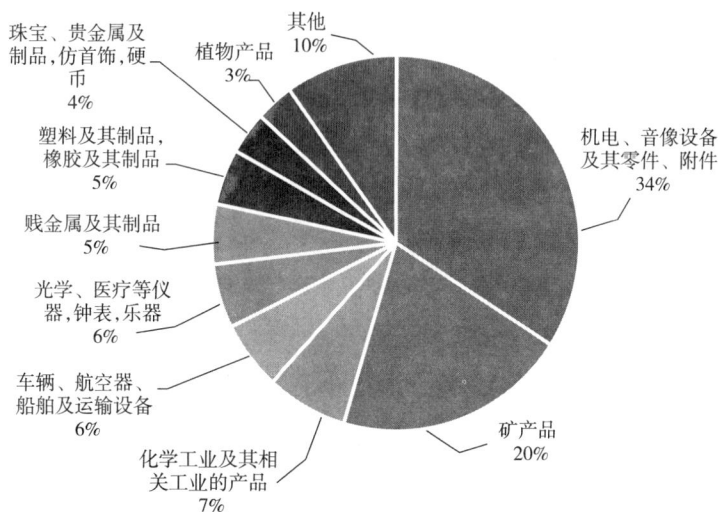

数据来源：中国海关总署。

图 4 – 5  中国 2017 年各分类进口金额占比

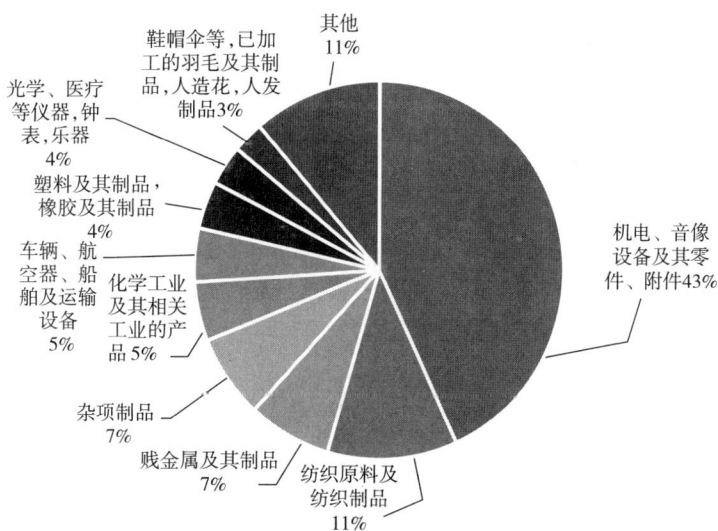

数据来源：中国海关总署。

图 4 – 6  中国 2017 年各分类出口金额占比

### 三、 国际货币体系的限制

我国推进人民币国际化战略有助于世界多元储备货币体系的建立。人民币崛起可以促进多元制衡国际货币竞争格局的形成，使广大发展中国家有机会选择更安全的国际储备货币，摆脱过度依赖美元造成的种种问题。但是，现行国际货币体系对人民币国际化形成了一定的约束。

一是当前美元、欧元、英镑等国际货币存在居先优势，这些货币大多由于历史原因成为当前广泛认可的国际货币。货币的网络效应使美元、欧元、英镑等货币获取了近乎垄断的国际货币地位。这些货币的广泛使用降低了其所属国的交易成本，而低交易成本又反过来巩固了其国际地位。当今的国际货币市场可以看成一个寡头垄断市场，任何新货币的加入都会遭到原有货币的阻挠，人民币要实现国际化首先需要突破现有国际货币格局的限制。

二是在东西方政治理念差异的背景下，大国间政治博弈的影响成为阻碍人民币国际化的一大因素。人民币国际化在一定程度上会削弱当今国际货币体系中部分国家的利益，无论是出于经济利益考虑，还是出于国际政治方面的考虑，这些国家对于人民币国际化进程都未必会抱有支持的态度，这对于我国来说蕴藏着较大的风险，需谨慎应对。此外，国际社会对人民币国际化态度不明朗，例如此前汇改曾被国际社会解读为竞争性贬值，因此人民币国际化在推进过程中还需要妥善应对国际社会的误读。

# 第四节　本章小结

本章从数据以及理论论证两个角度论述了人民币国际化的条件、风险和约束。

本章梳理了人民币国际化的五大条件，包括稳定的政治环境、强大的经济实力、强劲的国际贸易、发达的金融市场和高效的资本流动。对于每一个条件，又通过各国际货币历史经验及中国发展现状和未来的发展方向等三个角度系统性地进行了论述。人民币国际化面对四个方面的风险：一是汇率波动的风险，具体包括汇率制度改革过程中的汇率波动风险、资本项目开放带来的汇率波动风险、货币替代带来的汇率波动风险和离岸市场带来的汇率风险；二是货币政策可控性的风险，是指在"三元悖论"的分析框架下，我国货币政策的自主性、独立性、有效性和财政政策有效性削弱；三是金融市场动荡的风险，包括非法资金流动、资产价格波动和国际系统性风险传导带来的金融市场风险；四是资本项目开放带来的海外市场影响的风险，着重阐述了短期资本流动冲击对新兴经济体金融体系的影响。人民币国际化面临多个方面的约束：一是国内金融市场不完善对人民币国际化产生的限制，具体体现为金融市场深度有待拓展、市场化程度有待提高、金融基础设施水平有待提升以及金融市场有待进一步开放；二是中国目前的进出口议价能力低，需要通过产业升级，提升中国出口产品的技术含量、专业化和差异化，提升中国在进出口方面的议价能力；三是现行国际货币体系的限制，金融危机之后国际社会对于变革国际货币体系提出了诸多主张，而人民币国际化有助于形成多元化的国际货币体系，但受到当前国际化货币居先优势和大国博弈的约束。

　　上述五大条件、四大风险和三大约束需在人民币国际化过程中引起充分重视。了解人民币国际化推动所需要的条件，剖析当前人民币国际化面临的风险，了解人民币国际化受到的内部和外部约束，有助于在此基础上更好地统筹协调、稳步有序推进各项金融改革，严防过程中可能产生的金融风险，为推进人民币国际化提供良好的保障，并指明具体的方向。

# 人民币国际化
## 理论与实践

Theory and Practice of
RMB Internationalization

## 国际篇

# 货币国际化与
# 金融市场基础设施

# 人民币国际化
## 理论与实践
Theory and Practice of
RMB Internationalization

## 第五章

# 货币国际化的国际经验

人民币国际化是我国参与国际货币体系改革战略的基石，通过对国际货币中主导货币次序演化路径的历史考察，可以对人民币国际化战略目标和未来国际经济格局有一个更为清晰的理解。回顾 19 世纪中期以来的国际货币史，梳理各主要国际货币的历史进程，有助于更好地理解人民币国际化的当前状态以及未来演进。

## 第一节　英镑国际化的经验和教训

### 一、英镑国际化进程

自人类社会形成国家并在国家之间发生经济活动以来，持续时间最长的国际货币是超主权货币——黄金。当黄金在各个国家将其他商品排除出货币流通领域而承担起货币的职能以后，它在国际经济活动中也成为货币。

英镑国际化的历程大致可分为以下三个阶段。

第一，快速起步阶段。在人类历史上，第一种成为国际货币的主权货币是英镑。在欧洲国家中，西班牙、葡萄牙和荷兰的经济发展比英国起步较早，但英国依靠战争的方式摆脱了这些国家对它的约束。17世纪中后期，英国经历了"金融革命"，信贷工具、国债制度、银行网络相继产生，英国近代金融体系初步形成，英格兰银行也开始行使中央银行的职能。接踵而来的第一次工业革命又极大地促进了英国工业发展。国内产品供过于求，英国推行自由贸易政策，积极开拓海外市场，并逐渐成为当时世界上最大的工业品输出国。与此同时，工业革命进一步推动了英国金融业的发展，18世纪后半期，伦敦成为全球最大的金融中心，英国政府发行的债券在世界范围内广受欢迎。英镑随着海外贸易、对外投资和殖民活动源源不断地输出，在国际化道路上飞速前进。

第二，主导国际货币阶段。19世纪初，英国借助工业革命、海上霸权、殖民体系，成为世界上最大的工业品出口国，贸易收支处于超额顺差状态，当时的金银复本位制难以适应这种贸易格局变化。因此，英国于1821年以法律形式在本国确立了金本位制（英镑能够兑换金条、金币，取消对黄金出口的限制），成为世界上第一个实行金本位制的国家。由于当时英国在世界政治经济中处于核心地位，又是金本位制的积极倡导者，因此这一国际金本位制实际上是一个以英镑为中心、黄金为基础的制度，英镑处于国际关键货币的地位。国际金本位下其他货币自由兑换和黄金自由输出输入都与英镑发生紧密的联系，英镑在国际范围内成为黄金的替代物，国际金本位实际上演变为"黄金—英镑"本位，英镑成为真正的纸质黄金。金本位制度保证了英镑对黄金的有效替代，使英镑成为历史上最早的国际化程度最高的信用货币。英镑在其国际化鼎盛阶段，可以与黄金自由兑换而不受任何限制，这是后来各种国际货币所未能达到的。

第三，衰退阶段。英镑地位的动摇始于1873—1896年的欧洲经济大萧条，但英镑的真正衰落发生在第一次世界大战期间。由于战争原因，英国经济实力受到削弱，英镑一度放弃金本位，停止与黄金挂钩。战争结束后，为了缓解浮动汇率风险，规范国际经贸秩序，国际社会商定恢复金本位制。英国于 1925 年恢复了金本位制，但由于黄金不足，战后恢复的金本位制已是一种变形的金本位制，即金块本位制。在恢复金本位制的过程中，英镑的高估（1913—1920 年，英国物价上涨 150%，但英镑却只贬值 30%）导致英国国际收支困难和黄金大量流失，英国经济遭受重大打击。到了 1931 年，英格兰银行再也无法承诺英镑与黄金的兑换，宣布放弃金本位，英镑地位急剧下降。与此同时，法国、德国、美国、日本等国陆续完成工业革命，尤其是美国逐步发展成为可以与英国抗衡的重要力量，国际金本位制难以维持，英镑逐渐丧失了维持长达一个多世纪的国际本位货币地位，成为与美元、法郎地位相似的区域性货币。第二次世界大战进一步打击了英国的经济实力。第二次世界大战结束后，英国的殖民地纷纷独立，仍留在英联邦的国家也减少了对英国的依赖，英国的霸主地位已经完全丧失。第二次世界大战后建立的布雷顿森林体系，确立了“黄金—美元”本位制，英镑的流通范围进一步缩小，国际化程度进一步降低。20世纪 70 年代布雷顿森林体系崩溃后，多元化的国际货币体系形成，英镑重新进入国际货币体系，但由于英国经济实力所限，英镑的国际地位始终处于美元、德国马克、日元之后。

## 二、英镑国际化的经验

第一，英镑国际化的对外贸易基础。一方面，全球第一的国际贸易地位。1860 年，英国的工业总产值在全球占比近 50%。1870 年，英国的经济总量高达世界的 9.1%。海外殖民地为英国提供了大量的原材料和贸易市场，国内过剩产品得以通过跨境贸易的方式销往海外。英国拥有了雄厚的资金和领先的技术后，向相关国家进行大规模投资，又进一步巩固了贸易大国的地位。1880 年，英国的国际贸易总额在全球占比约为 40%。英镑被广泛使用，海外影响力大幅增加，保值能力和交易能力得到各国认可。另一方面，英镑的贸易计价、结算职能突出。18 世纪 50 年代，英国实现了从重商主义向自由贸易的转型。英国的全球自由贸易政策成为英镑国际化的直接推动力量。1860 年，英国和法国签订了贸易协定《科布登—谢瓦利埃条约》，随后和欧洲其他国家签署了类似的贸易协定，构筑了以英国为核心的全面区域贸易网络。以贸易便利化为理由，英国的大多数贸易伙伴国家被要求以英镑计价、结算。英国对外贸易的快速发展，大大强化了英镑的支付和流通等国际货币职能。

第二，英镑国际化的对外投资基础。对外投资是英镑国际化的推动力量。英国的对外投资可以分为两个阶段：第一个阶段是正式建立欧洲自由贸易网络之前，英国的对外投资主要是在欧洲大陆国家，投资方式很多是政府贷款，投资领域主要是在铁路、钢铁和煤炭等行业；第二个阶段开始于 19 世纪 80 年代，英国的对外投资以美洲等英属殖民地为重点，总额逐渐居于世界首位，第一次世界大战前夕已经超过 40 亿英镑，相当于英国国民财富的 1/4，占当时主要发达国家对外投资总额的一半以上。值得注意的是，英国对外投资获得高利润的同时也带来一定的负面效应。由于工业革命开始较早，英国很多老工业部门的设备陈旧，新技术未被充分利用，大量资本投资海外后，国内的技术装备不能得到及时的更新换代。美国和德国等后起的资本主义国家运用新的科学技术快速发展本国工业，新兴产业迅速赶超了英国。第一次世界大战前的 40 年，英国逐渐丧失了全球工业垄断的地位，丧失了"世界工厂"的地位。

第三，英镑国际化的金融合作基础。1694 年，英国成为世界上第一个建立中央银行制度的国家。1816 年，英国政府公布了《金本位制度法案》，率先实行金本位制，规定 1 英镑含 7.32238 克黄金，英镑与黄金可以自由兑换。1826 年，英国政府公布了《银行法》，鼓励设立股份制银行，逐步开始大力推动英镑的跨境贷款。1844 年，英国政府公布了《银行特许法》，将维护英镑的可兑换性确定为中央银行的重要职责，授权英国中央银行与他国中央银行开展货币互换等合作。同时，英镑国际化过程中，英国中央银行发挥了巨大作用。英国中央银行保持较低的黄金储备，充分借助货币发行权力以及货币政策影响英镑的市场利率和流动性，灵活调节国际收支，成功引导了各国对英镑的预期，奠定了英镑的国际货币地位。通过货币互换等金融合作，英国中央银行有效化解了多起英镑的贬值、支付等信用危机。英国和其他国家中央银行等金融机构之间的有效合作，提高了海外非居民使用英镑的积极性，增加了海外各国的英镑货币存量。

第四，英镑国际化中的政府角色。英国政府在成功推进英镑国际化过程中扮演了重要角色。一是政治经济基础。英国政府抓住了第一次工业革命的历史机遇，发展成为近代工业革命领袖。二是自由贸易。英国政府大力倡导自由贸易主义，将优势产品输出到国外，形成了以英国为核心的自由贸易体系。三是金融体系。英国政府建立了先进的金融机构体系，将积累的财富以资本的形式对外投资到各国。四是中央银行作用。英国政府确定了中央银行推进英镑国际化的重要职能。

# 第二节　美元国际化的经验和教训

## 一、　美元国际化进程

美元国际化过程经历了近 50 年的时间，历史推进可以概括为四个阶段：第一次世界大战前的准备阶段、第一次世界大战到第二次世界大战的较量阶段、布雷顿森林体系阶段、牙买加体系阶段。

第一，第一次世界大战前的准备阶段。19 世纪，美元不仅基本上在美国境外没有流通，而且在美国自己的对外贸易中也没有发挥作用。1870 年，美国经济规模超过了英国，到了 1912 年美国又超过了英国成为世界最大的出口国。这些变化为美元的国际化和崛起提供了经济实力的支持和准备。但美国经济实力的提升，并不意味着美元可以自动地实现国际化。相反，当时美国仍然继续依靠伦敦进行贸易融资，且美元没有发挥任何国际作用。在美国经济规模和对外贸易量均超过其竞争对手——英国的情况下，这就显得有些不同寻常了。

导致这一境况的原因，首先在于美国没有中央银行来平稳和润滑金融市场，从而导致美国金融市场和美元缺乏吸引力及竞争力。其次，美国法律阻止美国银行从事贸易信贷。美国《1863 年国民银行法》和其他相关立法缺乏对国民银行从事贸易信贷的授权。而美国法院忧心银行介入新领域，也裁决认为国民银行若没有国会的授权，就不能从事贸易信贷业务。这一状况直到《1913 年联邦储备法》通过后才得以改变。最后，美国缺乏有广度和深度的金融市场，导致在美国进行贸易融资具有成本劣势。

经过筹划，美联储于 1914 年正式运营，其具有区域结构、决策权是分散式的。美联储的建立不仅清除了美元国际化的一大障碍，而且为美国有深度和流动性金融市场的发育提供了条件。新建立的美联储执行货币政策，调节信贷供应以避免 1907 年危机中出现的利率陡升和市场信用枯竭的发生，所运用的手段包括购买贸易票据等。但买卖以美元计值的贸易票据，需要有此类金融工具的供给，这就需要美国银行走出去，为此《1913 年联邦储备法》授权具有 100 万美元以上资本的国民银行在海外建立分支机构，在不超过自有资金的 50% 的前提下，可以自由地买卖贸易票据。由此，困扰美元国际化的第二个难题得以解决。至于困扰美元国际化的第三个难题，即美国金融市场和美元的吸引力及竞争力问题，则需要在以后与英镑争锋的博弈中去实现。

第二，第一次世界大战到第二次世界大战的较量阶段。在第一次世界大战中，由于美国成为"世界工厂"和"粮仓"，美国出口急剧扩大，美国从战前的债务国变成了战后的债权国，从而为美元被广泛接受和信任提供了坚强的后盾。美元的崛起，除第一次世界大战提供的良机之外，也有美联储的作为。在此过程中，美联储加大对票据市场的推介，在美国具有盈余的外国商业银行和中央银行被吸纳进来，成为偏爱这类票据的投资者。如此，美元国际化所需要的美国金融市场的流动性以及对美元的信任问题得以解决。同时，美联储还积极利用第一次世界大战提供的契机，大力地向世界推销美元，这些金融活动在当时确实起到了增强美元地位和声誉的作用。

1929—1933 年发生的席卷全球的大萧条造成国际交易下降，随之而来的是美元国际地位的下降。大萧条前的 1927 年和 1928 年，外国在美国的贷款额均为 12 亿美元，但到了 1931 年和 1932 年分别下降到 2 亿美元和 70 万美元。由于外国人无法获得赖以购买美国货的美元，各国政府和中央银行持有用以偿债的美元储备因而大幅下降。与英国弃货币而保金融的对策不同，美国采取了保护美元地位的举措。纽约联邦储备银行短期内两次分别以 1 个百分点的幅度提高贴现率，旨在捍卫美元。受此影响，美元与英镑的汇率在短短一周内从 4.86 美元兑 1 英镑升值到 3.75 美元兑 1 英镑，英国的出口商品开始变得廉价。接着，英格兰银行为了支持经济，实行廉价货币政策，将贴现率削减到 2%。这一做法为英联邦国家和欧美国家所效仿，导致各国相继在 1933—1936 年放弃了金本位制。随着贸易、外国借贷的减少以及捍卫汇率的松懈，各国中央银行持有外汇的需求及意愿下降，各国抛售手中的外汇储备，导致外汇储备数量下降，进而导致美元和英镑作为国际储备的重要性降低，但相比而言，各国抛售的美元多于英镑。

纵观这一时期美元与英镑的竞争态势，20 世纪 20 年代，美元在与英镑并驾齐驱中占据上风。20 世纪 30 年代，英镑再占上风，美元退居次席，这主要是当时国际政治和国际关系格局使然，但美元并没有失去国际主导货币的地位，从而为第二次世界大战后美元崛起提供了基础。

第三，布雷顿森林体系阶段。在欧美国家中，唯有美国经历第二次世界大战而壮大。第二次世界大战结束时，美国工业总产值占整个资本主义世界的 50% 以上，坐拥世界黄金储备的 2/3，美元是世界上唯一自由交易的货币。在此背景下，为了重建战后国际货币秩序而于 1944 年 7 月在美国布雷顿林区召开国际会议，通过了以美国怀特方案为基础的《IMF 协定》，实行美元—黄金本位制，美元直接与黄金挂钩，每盎司黄金等于 35 美元，其他国家的货币与美元挂钩，规定与美元的比价，各国政府或中央银行随时可用美元向美国按官价兑换黄金。这种法定规定使美元等同于黄金，美元获得了超越其他货币的优越地位。而有可能与美元竞争国际主导货币的几种货币，第二次世界大战结束时这些货币的发行国要么缺乏开放的金融市场，如德国，要么缺乏金融稳定，如法国，要么二者皆失，如日本，因此，它们都无法与美元匹敌。在英联邦和英帝国之外，美元实际上是唯一的国际主导货币。

由于历史原因，第二次世界大战后英镑仍是美元的主要竞争对手。第二次世界大战期间，英联邦、英帝国和英镑区的国家向英国提供资源和战争物质，而换取的是英国的借据，从而为英国提供了无限的信用。第二次世界大战结束时，各国政府和中央银行持有的英镑超过美元约 1 倍。乍看起来，英镑仍是最主要的储备货币，但英国境外对英国债权的 2/3 是在英镑区少数国家和地区手中，且多数是战时积累所致。第二次世界大战后，英国的净负债是 150 亿美元，几乎是其黄金和外汇储备的 6 倍。如果允许这些对英国债权自由出售，英镑价值就会一泻千丈。因此，第二次世界大战结束后，英国实行货币管制，阻止这些国家和地区用手中的英镑购买商品或兑换成其他货币，但这妨碍了美国对外出口的扩大。1946 年，美国要求在其国会批准对英国贷款的 1 年内，英国取消货币控制。按照美国的条件，英国 1947 年 7 月 15 日实行了经常项目的自由兑换，世界各地英镑的持有者竞相将手中的英镑兑换成美元以购买美国商品。至此，各国拥有的美元储备上升了 3 倍多，从第二次世界大战后的 30 亿美元攀升至 104 亿美元，英镑与美元已不可同日而语。

1945 年第二次世界大战结束至 20 世纪 50 年代中后期，美元初步完成了国际化。其间美国积极推进美元国际化。通过"关税及贸易总协定"大幅削减贸易壁垒，通过大量输出美国商品抢占国际市场，扩张美元作为国际货币的地位；以向英国提供巨额灾后重建贷款为条件，取消英镑区的外汇管制，同时迫使英镑大幅贬值，进一步削弱英镑的国际地位；通过"马歇尔计划"贷款援助，增加西欧国家的美元需求。至此，美元已成为唯一可自由兑换的货币，在国际货币体系中建立了名副其实的美元本位。

第四，牙买加体系阶段。20 世纪 60 年代后，随着西方工业国家复苏，美国经济实力和国际地位相对减弱，布雷顿森林体系下"特里芬难题"的内在制度矛盾开始集中显现，1971 年尼克松政府"新经济政策"宣布美元与黄金脱钩，1973 年主要国家货币汇率与美元脱钩，布雷顿森林体系瓦解。IMF 于 1976 年承认浮动汇率的合法化，从此世界货币体系进入了牙买加体系时代。在随后的数十年里，美元的信用和地位虽然发生了巨变，如今已面临一系列信用危机，但由于国际社会迄今缺乏足以取代美元的替代货币，加上美国的竭力维护，美元至今在国际货币体系中仍处于霸主地位。

## 二、 美元国际化的经验

第一，经济实力是一国货币崛起的决定性因素。如前所述，经济实力通常被认为是一国货币能否国际化的首要因素。在该因素中，经济规模和对外贸易量被认为是两个重要指标。一国货币的国际地位，说到底是由一国实力决定的。纵观美元与英镑交锋的历史，美元之所以能够战胜英镑而独霸世界，归根结底是美国的经济实力使然。美国国内产值和对外贸易规模在 1870 年和 1912 年分别超过英国，美元国际货币地位的基础即得以奠定。英镑之所以退出历史舞台，是英国经济实力不济所致。不仅于此，经济实力还影响货币国际化的其他决定因素，特别是一国货币价值的信任度。一国货币对国际社会是否具有吸引力，能否获得国际社会的足够信任而成为国际货币，在很大程度上取决于该货币背后发行国的富强和牢靠。

货币发行国的经济状态和经济健康状况对于该国货币取得和维持国际货币地位至关重要。一国经济业绩如何，能否避免经济失误，特别是严重的金融和经济危机，事关国际货币的命运。英镑失去国际货币地位，是因为英国失去了大国地位，而英国失去大国地位在很大程度上是经济问题所致。无论是第一次世界大战后英镑衰落导致美元崛起，还是第二次世界大战后英镑彻底让位于美元，英国经济缺乏活力和竞争力是主因。美元之所以崛起并迄今称霸世界，不仅有两次世界大战提供的良机，也是美国经济相对于英国经济的规模和健康增长的结果。但也因如此，美国加剧的经济失衡和政策失误酿成的金融危机，必然使美元面临严重挑战。

需要指出的是，由于居先优势的存在，一国经济实力与其货币的地位变化并非呈线性。居先优势作为国际货币竞争中的一种重要现象，是已占据国际货币地位的货币在维护自身地位和排除竞争对手时所具有的优势。居先优势是网络外部性或规模经济决定的。在一种货币居于主导地位的情况下，任何单个主体会因其他主体使用该货币而在其交易中也使用该货币，否则，就会遇到不便和麻烦。如果某货币在贸易中广泛使用，则该货币极易在金融和外汇交易中使用，进而极易成为一些国家货币定值钉住的目标，从而加固或延续其主导地位，由此出现某国货币一旦成为国际主导货币，就会出现被更多使用的有利倾向。该货币占据居先优势后，与其竞争的其他货币就难以以与其发行国经济实力相匹配的进程赶超居先货币，从而产生一种滞后或惰性现象。美国经济规模超越英国是在 1870 年，对外贸易规模超越英国是在 1912 年，而美元获得与英镑并驾齐驱的地位却是在 20 世纪 20 年代上半期，独霸世界则是第二次世界大战之后的事。以此计算，美元因英镑的领先优势而滞后了少则 10 年，多则几十年。这说明领先优势也有丧失的时候，但其在国际货币竞争中的作用却不可忽视。

居先优势的存在并辅之以其他条件的配合，就可能出现后来赶超的货币与已具有居先优势的货币在一段历史时期内处于并存和对峙的状态，即两种或多种国际主导货币同时并存的现象。20 世纪 20—40 年代的美元与英镑就属于这种状况。因此，一个时期内只能有一种国际主导货币的观点并不完全符合历史事实。随着美国的衰落和多极世界的出现，两种或多种主导货币并存可能是今后国际货币体系的发展趋势，并对人民币国际化具有重要启示。

第二，政府推动不可或缺。一国对其货币国际化采取何种态度，学界的研究并非没有争论。总体而言，货币的国际化不是发行国民众或政府有意推动的结果，而是经济和金融扩展的非计划的副产品。

然而，对于货币的国际化，政府不作为甚至实行抵制的说法并不符合普遍的历史事实。上述美元与英镑交锋史表明，如果没有美国政府为推动美元发挥国际作用而建立美联储，如果没有美联储运用"有形的手"培育和壮大美国金融市场，如果没有美国政府在国际金融交锋中巧施谋略，那么美元至少需要历经更长的时间和波折才可能成为国际货币。美国 20 世纪初的金融改革显然在于提高美元的国际地位，最终目的是从美元的国际化中获益。美元的经验表明，对于货币的国际化，政府的作用主要有两个方面：一是创造货币国际化所需要的条件；二是精心谋划货币国际化方案。

第三，货币国际化所需要的金融市场建设极为关键。根据美元的启示，在经济实力基本具备的条件下，金融市场建设将会是货币国际化的关键因素。具有深度和广度的金融市场存在与否，通常决定一国货币国际化的命运。20 世纪 60 年代，随着"特里芬难题"的发作，美元地位开始动摇，德国马克之所以没有取代美元，除其经济实力、军事实力等原因外，还有一个重要原因是德国缺乏开放且具有广度和深度的金融市场。自 20 世纪 70 年代初开始，德国就施行较为严厉的资本管制，要求外国人购买德国证券需要经事先批准，德国政府担心外国资本流入从而引发其国内的通货膨胀风险。反观美国，自第二次世界大战后全今，美国一直拥有世界规模最大、品种最全、流动性最充沛的金融市场。基于此，国际资本于此进行交易和集中持有储备，而这反过来又进一步推动了美国金融市场的发展。强大的金融市场降低了融资成本，对国际资本的吸引力更强。同时，充沛的市场流动性也意味着金融工具买卖和变现不会引起过度的价差，不致引起外汇储备的损失。强大的金融市场是美元在信用动摇的情况下屹立不倒的重要原因。

# 第三节　马克及欧元国际化的经验和教训

## 一、马克国际化的发展历程

第一，马克国际化的起始期（1948—1961 年）。第二次世界大战后，由于通货膨胀日趋严重，希特勒时代的货币成为废纸。1948 年 6 月 20 日"德意志马克"正式发行，次年 5 月成为原联邦德国的法币。1954 年以前，原联邦德国实行较为严厉的外汇管制政策，其对外贸易实行许可制度，对用汇结汇均有严格规定。随着原联邦德国对外贸易快速增长，其经常账户积累了大量顺差，这为放松资本管制奠定了基础。德国自 1954 年外汇管制开始逐步放松，至 1958 年已正式实现经常项目可兑换，并于 1961 年自称实现了资本项目的自由化。在这一阶段，德国成功完成了币制改革，并在一定程度上开放其资本账户，开始了马克国际化的进程。但因德国金融市场相对封闭，德国对一定科目的跨境资本流动仍有很强的限制。

第二，马克国际化的调整期（1961—1980 年）。随着德国经济的发展，马克的国际地位不断上升，以及国际兑换马克的数量不断上升，使德国资本流入有着显著的增加。而在当时马克的固定汇率制度下，德国中央银行不得不收购外汇，被迫投放了较多的货币。这使德国的通货膨胀压力日益增大。为此，德国在马克国际化和稳定国内经济之间选择了后者，于是采取了一些资本管制的措施。1960—1968 年德国采取了一系列的限制非居民参与金融市场的措施，这实际上在一定程度上破坏了原来其自称的资本项目可兑换。直到 1969 年，国外资金流入的压力有所减弱，此时德国取消了对非居民参与金融市场的限制。但在 1971 年美元危机之后，跨境资金流入的压力又明显增大，德国再次恢复甚至增加了有关限制措施。

1972 年，IMF 将马克纳入国际储备货币范围，此后马克在全球外汇储备中的比重开始大幅提升。1973 年布雷顿森林体系崩溃，马克实行浮动汇率制；同时，为了德国经济，包括德国在内的西欧国家组成联合浮动体，这样既消除了固定汇率制度下美元贬值给马克带来的损失，又在一定程度上减少了马克快速大幅升值对德国经济的冲击。这个阶段，德国对资本账户开放进行了反复调整，马克的汇率制度也有较大的变化，这些措施在一定程度上为下一个阶段的马克国际化奠定了坚实的基础。

第三，马克国际化的推进期（1980—1998 年）。在浮动汇率制下，德国又逐渐开放其资本账户，至 1984 年末德国才彻底实现了资本账户的自由化。为了深化德国金融市场发展，自 1980 年起，德国放松了对证券交易的限制，鼓励银行参与证券交易。1986 年放松了对银行海外经营的限制，此后德国的银行海外业务开始迅速扩张。1989 年德国统一，马克在德国全境使用。20 世纪 90 年代，随着德国金融体系的健全和完善，德国的金融市场也蓬勃发展起来，为马克国际化创造了有利条件。1989 年德国取消了限制金融市场发展的一些规定；1990 年德期所（DTB）成立；1997 年德国提出第三次振兴金融市场法案，以促进股票市场、信托业及金融控股公司的自由化；1998 年欧洲期货交易所（EUREX）成立。这些举措和便利条件大幅增强了以马克计价的金融工具的吸引力，使马克在国际金融市场上的比重逐步上升，推动了马克国际化的迅速发展。

## 二、 马克国际化的经验

第一，稳步增强的经济实力。经济实力强大不是一国货币国际化的充分条件，但却是不可缺少的必要条件。经济实力越强，抵御外部冲击的能力就越强，金融市场的稳定性就越好，该国货币自然也就越稳定。第二次世界大战后，德国经济迅速发展，占世界的比重大幅提高。1980 年德国经济规模成为欧洲第一大，在世界范围内仅次于美国和日本，经济实力是马克国际化的基础。

第二，持续增长的国际贸易规模和长期巨额的贸易顺差。与经济实力相同，国际贸易规模也仅是货币国际化的必要因素之一。国际贸易规模的优势会使本币在国际结算中具备更多优势，帮助提升本币的国际地位。1980—1990年，德国出口贸易规模保持稳定增长；1990年德国统一，重建民主德国的资金和物资需求增长，德国经常账户出现恶化的情况，但很快德国便满足了这些需求，重新恢复国际贸易增长。德国国际贸易的发展，还帮助促进了德国金融业的国际化。1975—1990年，在海外的德资金融机构由68家增加到225家，这成为马克国际化的重要基础。此外，一直以来德国的经常账户几乎处于顺差状态，这为德国积累了充足的外汇储备，为马克的稳定提供了有力保障。

第三，有利的贸易结构。在德国的进出口贸易结构中，不仅出口规模占比大，且出口贸易的竞争力也较强，而出口贸易更容易以本币计价。自1980年起，德国的进口商品以马克计价的约为50%，而同期出口商品中约有82%以马克计价。由此可见，德国具有竞争力的出口贸易是马克走向国际化的重要条件。

第四，对外稳中有升的汇率水平。币值稳定是货币国际化的基本条件，马克价值的稳定对外表现在其稳中有升的汇率水平上，为其在国际社会中树立了良好的形象。1973年布雷顿森林体系崩溃，马克开始实行浮动汇率制度。在"三元悖论"的三个目标中放弃了固定汇率，选择了独立货币政策和资本自由流动。德国一方面让马克汇率自由浮动，允许马克升值；另一方面，又借助欧洲区域内的货币联动机制，降低投机资本对马克汇率的冲击。

第五，对内极低的通货膨胀率。马克价值的稳定对内表现在其较低的通货膨胀水平上。马克自1948年开始使用到2002年退出的50多年间，除两次石油危机时期通货膨胀率较高外，其余年份通货膨胀率大多保持在3%以下，而同期日本的平均通货膨胀水平为4.7%，美国的通货膨胀水平约为德国的2倍，且波动剧烈。长期以价格稳定作为首要目标的货币政策有助于降低通货膨胀预期，提高马克的国际声誉，推动马克的国际化进程。

中央银行的独立性是马克保持较低通货膨胀水平的重要原因。第二次世界大战后德国颁布的《联邦银行法》规定，德国中央银行制定货币政策不受政府的干涉，德国中央银行一直将稳定币值作为货币政策的首要目标，有效地将通货膨胀水平保持在较低的水平上，为马克币值的稳定奠定了坚实的基础。此外，德国多年低通货膨胀的另一个重要原因归功于工资增长适度。完善的劳动工资制度使产品的人工成本保持在与劳动生产率增长相一致的合理水平上，从而将物价增长控制在较低水平。稳定的币值为马克赢得了良好的国际信誉，也有利于马克发挥国际计价单位、价值贮藏和交换媒介三种国际货币的职能，使其成为仅次于美元的世界第二大强势货币。

第六，健全完善的金融体系和谨慎开放的资本市场。第二次世界大战后德国外汇储备的不断增加使德意志联邦银行逐渐放松了外汇管制。布雷顿森林体系崩溃后，德国开始实行浮动汇率制度，也逐渐放松金融管制。20 世纪 80 年代后期，德国金融市场迅速发展起来，金融机构数量逐渐增多，金融体系也更加完善和稳定。德国金融机构依靠先进的技术，创造出了多种金融工具供国内外投资者选择，进一步降低了金融市场的交易成本，使马克的使用范围不断扩大。德国金融市场的谨慎有序开放在一定程度上帮助马克在国际化进程中避免对本国经济造成不必要的外部冲击。

第七，欧洲货币合作带来的积极影响。欧洲各国有着相近的文化背景和一致的政治理念，这成为区域合作的基础。马克国际化的一个重要因素就是借助欧洲货币体系的成立，马克在欧共体内部计价、结算的货币单位中占有很大比重，马克的波动往往引起 ECU 的波动，因此在欧洲货币体系汇率机制的实际操作中，许多国家将马克作为重要的干预货币，马克逐渐成为欧共体国家事实上的"名义锚"，顺利地完成了从区域货币到国际货币的转变。

第八，德国中央银行的高瞻远瞩。马克得以稳步地走向国际化，原德国联邦银行的功劳是巨大的。在马克国际化的道路上，可以说德国中央银行出台的每一项货币政策都是及时的、有效的，并且能随着国际市场环境的变化而调整，具有很高的灵活性。而且，一直以来德国对于马克国际化的态度都是谨慎的，它们认为，与保持国内物价稳定和维护金融安全相比，马克国际化处于次要的从属地位。因此，可以用"无心插柳柳成荫"的说法来形容德国对于马克国际化的态度。

### 三、 马克国际化的新阶段——欧元时代

欧元是跨主权国家创造的信用本位货币，是欧元区内各国协调与合作的结果，是货币国际化的一种创新。欧元采取的国际化策略是，有计划地培养区域货币，然后由区域货币合作走向最终的国际化。相较于其他货币的国际化进程，欧元国际化进程是最短的，从诞生之初就实现了在欧洲地区的国际化，并很快发展成为全球性的国际货币。

欧元国际化经历了四个阶段：第一个阶段为从《罗马条约》生效到《马斯特里赫特条约》。1957 年 3 月，《罗马条约》签订后，欧洲政治家们改变了此前欧洲一体化的战略，转为以经济一体化为起点，通过实现货币一体化从而最终促成政治一体化。1967 年建立了欧洲经济共同体，建立货币联盟开始被提上议事日程；1971 年欧洲部长理事会通过了"魏尔纳计划"，决定正式实施欧洲经济货币联盟，其中重要的一项就是创立欧洲货币单元。纵观这一时期，欧洲经济一体化进程不断加快，为共同货币单元——欧元的产生打下了基础。第二个阶段为 1992—1999 年欧元启动前的欧元法律制度准备阶段。欧盟先后通过了《马斯特里赫特条约》《稳定与增长公约》，奠定了欧元的法律基础和框架。欧盟各成员国根据《马斯特里赫特条约》规定的趋同标准，采取了一系列的达标政策措施。第三个阶段为 1999—2002 年欧元货币和硬币的正式流通阶段。这是欧元国际化的初级阶段，欧元与成员国的货币汇率固定，欧元作为转账货币流通，欧

元区各国官方开始统一使用欧元计价和支付，各国证券交易所开始实现单一货币标价和交易。第四个阶段为 2002 年以后的欧元国际化取得实质性进展阶段。2002 年 1—3 月欧元取代了区域内原 12 种货币，成为区域内唯一合法货币。依靠货币主权联邦制的强制力和欧元区的经济实力，欧元成为完全的国际货币。

欧元国际化的前提本质上是德国马克的国际化，马克的国际化在 20 世纪 50 年代末开始，其后飞速发展的贸易规模使马克的地位不断提高，成为马克国际化的基础。德国马克国际化的另一大优势在于良好的货币信誉。在接受了历史上两次恶性通货膨胀的教训后，德国金融政策非常侧重于维持马克的币值稳定。德国政府对财政预算实行严格控制，尽量避免财政赤字。机制上德国中央银行完全独立于政府，避免了政府指挥中央银行印发货币弥补财政赤字的缺陷。相对稳定的货币政策有助于降低通货膨胀预期，并保持马克长期处于相对其他货币高估的状态。稳定的币值为马克赢得了良好的国际信誉，成为仅次于美元的第二大强势货币。在一定程度上，欧元的国际化也和德国马克的声誉联系在一起。

欧元的形成和发展创立了一种国家货币依靠区域货币合作走向国际化的有效方式，这不仅极大地推动了世界其他地区货币合作活动的开展，而且为许多国家的货币实现国际化目标提供了重要的参考模式。欧元国际化的一个特点是，通过让渡货币主权，放弃独立自主的货币政策，采用趋同的财政政策，形成区域共同体，以共同的政治、经济利益为基础，以相近的文化背景为纽带，为单一货币区内的各成员国创造贸易、投资等便利以及提高生产和信息传递的效率，降低金融风险，最终推动欧洲政治经济一体化。

## 第四节　日元国际化的经验和教训

### 一、日元国际化历程

日本的货币文化与中国相似之处最多，因此日元的国际化经验对人民币较为重要。从 20 世纪 50 年代起，日本通过扶植战略性产业、鼓励出口，获得了快速的经济增长。在此基础上，日元国际化之路大致可以分为三个阶段：消极应对阶段、繁荣发展阶段及亚洲化阶段。但总体来看，日元的国际地位与日本的经济地位仍不十分匹配，进入 21 世纪以后，日元国际化甚至出现了倒退现象，其中政策决策失误的教训尤为值得关注。

第一，消极应对阶段为第二次世界大战结束至 20 世纪 70 年代。日本第二次世界大战战败后，日本的外贸、外汇、教育全部由美军司令部掌控，外汇业务全由驻日外资银行代理。1952 年以后，日本部分恢复了对本国政治和经济主权，直至 1960 年日本大藏省（财政部）将日元列入对外结算指定货币，1964 年 4 月日本实现经常项目可兑换，1973 年 2 月实行浮动汇率制度。这个阶段，由于日本担心对外收支恶化、币值波动等因素，对日元的国际化始终保持消极态度。

第二，繁荣发展阶段为 20 世纪 70 年代后期至 1997 年亚洲金融危机之前。日元国际化起步于 20 世纪 70 年代初期。随着日本经济快速发展，海外对日元资产需求也水涨船高，日本实现了巨额的经常项目顺差，而美国则对日本出现了大幅贸易逆差。1980 年 2 月日本实现了资本项目自由化；1984 年 2 月日本开始进行金融自由化改革，并鼓励欧洲日元市场和建立东京离岸市场。该阶段，日本迫于美国的压力，加快了日元国际化进程，但是日元的急剧升值却对日本经济和金融造成严重的冲击。特别是 1985 年的"广场协议"，迫使日元兑美元汇率急剧升值，使日本经济增长停滞，金融资产泡沫破裂。因此，日元国际化陷入了僵局。

日本选择在该阶段发展日元国际化的主要原因在于：随着日本经济的快速发展，日本进一步融入全球市场，从而增强了国际市场对日元的需求。同时，日本在经常项目下积累了大量顺差，开始逐步放松对经常项目和资本项目的限制，并且进行汇率形成制度改革，这些因素都促使日元部分地行使了国际货币的职能。不过日本初期的态度并不积极，主要是担心日元国际化后经常项目可能会恶化，以及可能受到的外部冲击。

自 20 世纪 80 年代起，日本开始重视日元国际化问题。1980 年，原则上取消了外汇管制，日元基本上实现了自由兑换。1983 年，日本专门对日元国际化问题进行研究。1985 年，日本放松了对欧洲日元贷款和欧洲日元债券的有关限制。1986 年设立了东京离岸金融市场，而且日本对居民和非居民原有的资本流动限制措施取消。然而，1985 年"广场协议"后日本不当政策的实施，导致日元国际化有所停滞。日本在美国的压力下过快地推进了日元国际化并且推进金融自由化，日元大幅升值吸引了大规模热钱流入，但出口产业却因货币升值丧失竞争力。之后日本为了刺激经济采取低利率政策，进一步导致了流动性泛滥和资产价格泡沫。到了 20世纪 90 年代，日本泡沫经济破灭，经济一度出现负增长，并持续衰退，落入"失去的十年"，日本中央银行开始执行零利率政策。多年零增长和零利率使日本失去了作为储备货币的吸引力。

第三，亚洲化阶段为 1997 年亚洲金融危机至今。亚洲金融危机后，欧元的成功对日元的国际化造成了一定的冲击，使日元的国际化基本处于停滞状态。为此，1999 年日本提出将东亚自由贸易区建设和日元国际化紧密结合起来。日本也利用亚洲金融危机后东亚各国亟须资金支持的契机，大力推动东亚区域内的金融和货币合作，形成了日元亚洲化战略。这一阶段，日本采取了积极的态度，将日元的国际化战略向亚洲区域化战略转化，取得了区域性的突破。虽然日本采取了这一系列措施，尝试进一步推动日元国际化，但从全球角度来看，日元的国际化战略在收缩，日元在全球金融市场上的使用程度依然较低，日元国际化并不顺利。

## 二、 日元国际化的经验

第一，本币的国际化需要建立在独立货币主权的基础上。纵观日元国际化发展路径，日本不是货币主权完全独立的国家，而是长期依附于美国，因此必然决定了日元国际化受美国利益的影响。特别是在美国的安排下签订的"广场协议"，实际上对日本经济造成重创，客观导致日元国际化停滞。所以，一国货币的国际化之路不但要有强烈的主管意愿作为支撑，更需要货币主权的完全独立。

第二，本币国际化应先易后难，可以把货币区域化作为突破口。日元国际化受阻后才重新重视区域化，这种本末倒置的做法动摇了日元在国际上推广的基础。日元成功"重返亚洲"后，表明了一种货币的区域化是其国际化的重要支撑。亚洲金融危机之后，日本从亚洲区域合作寻求突破口，把合作项目、国际贸易和金融合作结合起来，以基础设施建设、双边贸易、技术服务和旅游合作为载体，实现金融和货币合作，促进货币区域化，为本币国际化打下基础。

第三，本币国际化需要稳定的金融体系和稳健的汇率政策。日元的急剧升值虽然短期吸引大量热钱涌入日本，但是日本金融体系无法承载日元快速升值所造成的热钱快进快出，对实体经济和金融资产造成的冲击是难以弥补的，甚至是毁灭性的。

# 第五节　货币国际化的国际借鉴

回顾国际货币体系中各主要货币的国际化进程，可以总结出以下经验与教训。

## 一、　强大的经济实力尤其是贸易实力是货币国际化的基础

根据历史经验，一国政治经济实力与其货币的国际地位存在很大的相关性。例如，英国经济在 1870 年占到世界经济总量的 9.1%，其技术、经济、社会、政治和军事各方面综合实力强大，此时英国经济处于顶峰，英镑的国际地位也达到顶峰。同样，第二次世界大战后，美国成为综合实力最为强大的国家，其黄金储备达到全球黄金储备的75%，经济总量占世界经济总量的近50%，进出口额分别占到世界进出口额的21%和12%，这也是在布雷顿森林体系的相关谈判中美国提出的怀特方案最终取代英国提

出的凯恩斯方案的重要原因。

而布雷顿森林体系的瓦解，美元国际地位的下降也与美国经济尤其是对外贸易全球地位下降息息相关。1960 年美国对外负债（210 亿美元）第一次超过本国的黄金储备（178 亿美元），第一次美元危机爆发。随后，在 1968 年美国第一次出现贸易逆差，截至 1972 年末，美国国际收支逆差累计 886 亿美元，美元泛滥导致美元信用丧失，美元危机再次爆发，布雷顿森林体系崩溃。马克、日元的国际化依赖德国和日本的经济实力开始推进。1973 年，日本和德国的经济规模占全球经济的份额分别为 7.7% 和 5.9%，到 20 世纪 80 年代，德国和日本的对外贸易额分别约占世界贸易额的 10% 和 8.5%，马克和日元也开始在国际货币体系中占有一席之地。

**二、 主动性的政策选择至关重要**

货币国际化进程在遵循市场的客观规律之外，政策推动的作用不容忽视。美元国际化进程中政府主导的作用常被忽视。美元国际化初期，美联储要求联储储备系统各地区分支购买承兑汇票，推动建立了美元承兑汇票市场。1945 年第二次世界大战结束至 20 世纪 50 年代中后期，美国又实行了一系列推动美元国际化的政策。一是通过"关税及贸易总协定"大幅削减贸易壁垒，大量输出美国商品，抢占国际市场，提升美元在国际市场上的计价份额；二是以向英国提供巨额灾后重建贷款为条件，取消英镑区的外汇管制，同时迫使英镑大幅贬值，进一步削弱英镑的国际地位；三是通过在欧洲实施"马歇尔计划"、在日本实施"道奇计划"，为其他国家提供美元，使这些国家的出口得以恢复，进一步提高美元的国际地位。这些政策帮助美元在国际货币体系中建立了本位货币地位。

美元危机后，在日元和马克国际化进程中，日本和德国的相关政策推动也起到相当大的作用。20 世纪 80 年代，日本自由化金融市场于 1986 年建立了日本离岸市场，日元国际化进程因此加快。到 1990 年，日本进出口总额中，按日元结算的进口和出口比重分别为 14.5% 和 37.5%，成为第三大国际货币。德国在 1980 年开始取消或放松金融市场管制，在 1985 年"广场协议"后通过上调利率以维持币值稳定，在两德统一后积极推进建立统一货币联盟，这些举措都大大推进了马克国际化的进程。

### 三、 贸易顺差国需完善货币输出机制

一国货币国际化将会不可避免地遇到特里芬两难问题。一种货币要成为国际货币，就要保持经常项目下的贸易赤字，让货币流出本国，但随着贸易赤字的增长，必然会导致境外本币泛滥，影响货币持有国对该货币的信心。20 世纪六七十年代，美国通过贸易逆差持续向外输出美元，但随着美元的流出和持续增长的贸易赤字，美元与黄金的可兑换性难以保持，最终造成美元危机。

如果保持贸易顺差，就无法通过赤字的形式对外输出货币，难以将本国货币推广到国际范围。日元国际化的基础是出口优势带来的经济地位提升，但作为贸易顺差国，日本无法通过贸易赤字的形式对外输出货币，而只能通过单向的日元贷款等金融资本渠道进行货币输出。为此，日本采取了设立本国开放性金融机构等多种方式推动日元输出。但在美元主导的国际货币体系下，这些政策在推动本币国际化方面的效果并不明显。真正使日元国际化显著提升的是 20 世纪 90 年代之后日元升值和低利率这一政策组合，在国际短期资本市场上，其他货币与日元之间的短期套利交易空前活跃。从指标上来看，这些政策显著提升了日元的国际化水平，但这一模式对日元国际化的长期影响，以及国际化在财务上的相关损益难以评估。

从根本上来看，一国的国际收支总是平衡的，经常项目逆差必然通过资本项目顺差来弥补，经常项目顺差必然伴随着资本项目逆差，国际化过程中，不管通过什么渠道流出的本币，最终都要采取某种方式回流，实现货币的循环。因此，一国必须结合本国的国际收支实际，设计出本币国际化过程中的货币循环链。

#### 四、 稳定的币值是货币成为储备货币的必要条件

从货币的支付职能、计价职能、价值贮藏职能来看，币值稳定是一种货币被广泛应用于国际交易的必要条件。总体而言，实现国际化的货币，其通货膨胀水平往往低于没有实现国际化的货币。

金本位时期的世界经济格局，保证了英国拥有稳定的国际收支体系，因此英镑是一种稳定的货币。之后，在美元国际化的过程中，美国的通货膨胀水平也远低于英国。德国则是维持货币稳定的典范，德国中央银行完全独立于政府，避免了政府指挥中央银行印发货币弥补财政赤字的缺陷。相对稳定的货币政策有助于降低通货膨胀预期，并保持德国马克长期处于相对其他货币高估的状态。稳定的币值为马克赢得了良好的国际信誉。在一定时期内，国际社会对马克的信心甚至要强于对美元的信心。欧元以马克作为关键货币，因此欧元国际化很大程度上也与德国马克的声誉联系在一起。

这里需要指出的是，2008 年国际金融危机之后，上述局面开始有所变化，发达经济体纷纷放弃原有的货币政策规则，推出规模空前的量化宽松政策，以往关于货币国际化前提的理论判断有所改变。从理论上说，这一局面或许为其他国家主权货币实现国际化提供了契机。

#### 五、 具有深度和广度的金融市场是成为国际货币的保障

19 世纪英镑战胜法郎成为国际货币的主要原因就是英国拥有一个高度发达的金融市场。到 19 世纪中期，英国已拥有高度发达的银行系统，是世界领先的境外投资国，英格兰银行管理其所有殖民地的资产和负债，由宗主国作为最终贷款人。美元在遭遇几次危机后仍然占据主导地位，重要原因之一就是美国仍然是世界上最大的经济体，仍然拥有世界上最大的金融市场。由于参与美国国库券市场的外国中央银行和政府非常多，美国国库券市场仍然是世界上流动性最充沛的金融市场，该市场上买入和卖出

债券的成本非常低。

20 世纪 80 年代日本国内金融市场的改革滞后于资本市场的开放，导致了国内和国际流动性的双重冲击，催生了资产泡沫，泡沫破裂后日本经济进入十几年的衰退期，日元国际化一度停滞。而德国则通过积极推进国内金融市场改革，控制马克升值，维持了金融市场的稳定，大大推进了马克国际化。通过依托马克推动欧洲的区域货币合作，在欧元区创造出更具广度和深度的统一金融市场。

### 六、 正确抓住货币升值带来的机遇

货币升值使一国货币更愿意被国外投资者持有，这对于货币国际化是一个机遇，但不同政策选择将导致截然不同的结果。自 20 世纪 70 年代初布雷顿森林体系崩溃以来，日元和马克试图成为能够替代美元的全球货币，逐渐走上了升值的道路。但日元和马克选择了两种截然不同的升值路径。马克的升值幅度非常稳定，即使是在"广场协议"之后，德国中央银行也没有大幅升值，汇率价格的小幅波动并没有伤害到国内经济。同时，德国马克借助 1979 年确立的欧洲货币体系中的汇率联动机制，得以将投机资本对马克的冲击分散到相对较弱的里拉、英镑等货币上。而日元在 20 世纪 70 年代末就开始升值，"广场协议"签订后更是升值了近 90%，导致日本国内出口部门受到巨大冲击，并吸引了国际投机资本的大量涌入。日元升值后日本政府又错误地使用了低利率的货币政策，试图对冲汇率对经济波动的影响，但最终并未对汇率走势形成实质性的影响，反而引发了国内通货膨胀和资产价格泡沫。

### 七、 充分利用离岸市场促进货币国际化

离岸市场的主要功能在于规避在岸金融监管，这在客观上有利于货币国际化进程的推进。但没有一个国家货币当局主动采取离岸方式推进本币国际化。

从历史上来看，正是随着欧洲美元市场的发展、美国银行海外业务的扩展而逐步实现了美元的国际化，并在相当长的时期内形成了美元独霸国际货币市场的局面。而欧洲美元离岸市场并非人为推动产生的，是国际政治和经济因素共同作用的结果。一方面，20 世纪 60 年代，第二次世界大战后马歇尔计划导致大量美元流入西欧，东欧国家为避免美国监管把美元存在欧洲银行，形成了欧洲美元的供给；另一方面，美国加强了金融监管和资本监管，如 1965 年实施外国信贷和汇兑法案等，为规避美国国内的严格监管，外国企业转向欧洲美元市场拓展美元融资渠道，对欧洲美元的需求就此形成。美元离岸市场在美国之外建立了美元的循环渠道，对推动美元被外国官方和私人部门广泛接受和使用起到了重要作用。日元也走过类似的国际化发展道路。日本 1986 年建立了日本东京离岸市场（JOM），此后日本与东亚之间的资金流动急剧扩大。从中国香港对海外银行的负债占比来看，1985 年日本金融机构只占 10%，但 1986 年日本离岸市场建立后，日元资金比例迅速上升，到 20 世纪 90 年代中期一度接近 70%。但是大量从日本流向海外的金融资金并没有被亚洲的金融机构和企业用于各类交易，而是通过日本的海外金融机构回流至日本，日本离岸金融市场的建立主要是开拓了日本银行和企业筹措资金的渠道，对扩展日元国际化使用的效应并不显著。

# 第六节　本章小结

本章对英镑、美元、马克（欧元）、日元的国际化历程以及经验进行了梳理和总结。各国货币国际化的路径并不完全相同，其国际化程度也并非完全一致。综合而言，英镑和美元在一定程度上可以认为是完全意义上的国际货币，而马克（欧元）和日元则是在美元占据优势的国际货币体系之下部分意义上的国际货币。目前，人民币国际化的世界环境并未发生改变，美元依旧是占据主导优势的国际货币。鉴于此，我们应合理地设定人民币国际化的长期目标，并可以在当前重点吸取德国、日本的发展经验与教训，在国家经济实力、国际贸易、金融市场、币值稳定与升值机遇以及离岸市场等方面进一步深化发展。

# 人民币国际化
## 理论与实践
Theory and Practice of
RMB Internationalization

## 第六章

# 金融市场基础设施的国际经验

根据国际清算银行支付结算体系委员会（CPSS）和国际证监会组织（IOSCO）制定并发布的《金融市场基础设施原则》中的定义，金融市场基础设施（FMI）是指机构（包括系统运行机构）之间，用于清算、结算或记录支付、证券、衍生品或其他金融交易的多边系统。该原则中定义了五大类金融基础设施，分别为支付系统（PS）、中央证券存管系统（CSD）、证券结算系统（SSS）、中央对手方（CCP）和交易数据库（TR）。

金融市场基础设施在金融市场的运行中起到不可或缺的作用，而一国货币各项职能的发挥又离不开金融市场基础设施的作用。债券市场是一国优质资产的聚集地，因而通常是一国金融市场国际化的主战场。本章主要聚焦于债券市场，比较各国债券市场基础设施发展的经验。鉴于交易数据库主要侧重于数据的传送，而货币的流通、支付通常只涉及前四大类金融基础设施，因此本章中不涉及交易数据库方面的内容。

# 第一节　美国金融市场基础设施

美国债券市场经历了 150 多年的发展，在清算体系、结算体系等方面形成了高效合理的制度安排，从而有效支持高规模、多品种、交易频繁的复杂交易体系平滑运行。美国债券市场在金融基础设施建设上的经验，非常值得我们借鉴。

## 一、　支付清算体系支撑美元成为国际货币

美国的金融基础设施支撑美元成为国际货币。在美元尚未成为国际化货币的时期，金融基础设施相对较为落后，主要是以地区间银行代理安排结合各地清算所进行美元清算与结算，这种方式效率较低。在 1916 年，美联储建立了联储票据清算所，支付效率提高，支撑了美元的初步国际化。20 世纪 70 年代，在信息技术不断发展的大背景下，美联储建立了 Fedwire 系统，纽约清算所也建立了清算所银行间支付系统 CHIPS，以满足美元国际化以及离岸市场美元支付的需求 。

## 二、　高效的托管结算体系是支持多层次市场发展的关键

债券的托管结算体系是债券交易的后台，是市场交易的技术核心，对交易的发生和风险防范起着极为重要的作用。托管结算系统运行的安全、效率和低成本一直是债券金融基础设施追求的目标。

美国债券市场的托管结算体系经过 100 多年的发展，基本具备高效运行的主要特点：

首先，美国债券市场的托管结算体系经历了由不同市场自行结算到集中化统一高效结算的过程，目前已经建立了债券中央托管机构，对投资者和债券品种均有极大的吸引力和兼容性。起初的债券清算公司和存管机构

都附属于其所服务的市场，通常作为交易所的一个部门或附属机构而存在。1973 年，美国证券存管公司（The Depository Trust Company）成立并投入运行。1975 年，根据《1934 年证券交易法》的修正条例，美国证监会（SEC）直接监管结算机构。随着经济全球化以及货币、市场一体化的推动以及电子技术的发展，美国债券市场托管结算体系也出现了集中化的趋势，原有的系统进行了重新组合。整合后的美国债券市场以全美证券托管清算公司（DTCC）为核心，实现了债券全市场托管、结算一体化，形成了跨市场、跨品种结算的高效结算体系（见图 6-1）。

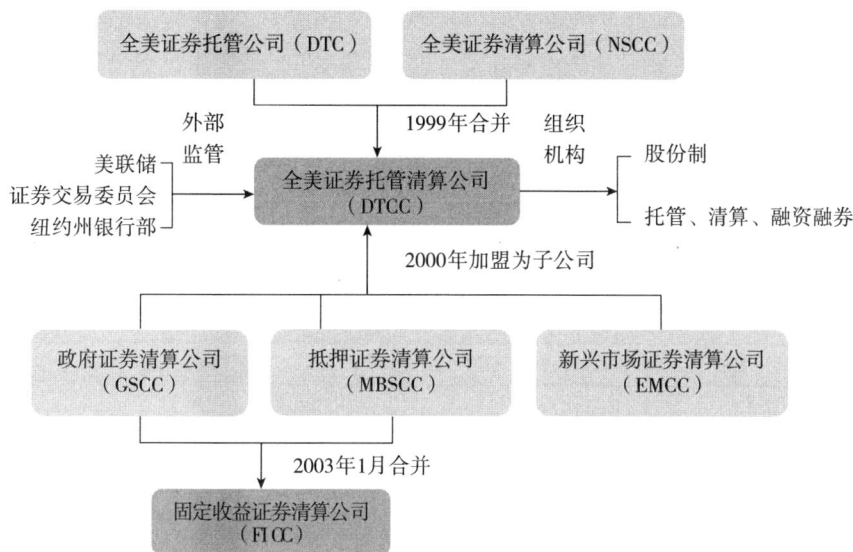

资料来源：海通证券研究所。

**图 6-1　全美证券托管结算公司结构**

其次，美国的托管结算系统具有高效运行的特点。市场参与者在 T+0 日能完成交易对盘确认，配对的交易数据直接进入托管结算系统；市场间接参与者在 T+1 日完成交易确认；市场实施净额结算，滚动交收。

最后，从运行的安全性来看，美国的债券结算系统实现了实时的、最终性的、不可撤销的券款对付结算模式（Delivery Versus Payment，DVP），债券系统整体及各个子系统都对风险应急与信息备份有充分且完善的考量。

# 第二节 欧洲金融市场基础设施

## 一、 德国支付清算体系

德国场外债券市场清算服务提供商主要有两家：Eurex Clearing AG 和 LCH. Clearnet。Eurex Clearing AG 是 Eurex 集团全资子公司，主要为 Eurex bond 平台的债券交易提供清算服务。LCH. Clearnet 集团由伦敦清算所 LCH 和法国的 Clearnet. SA 在 2003 年合并而成，为 MTS Germany 平台的债券交易提供清算服务。清算完成后的有关债券结算可通过 Clearstream Banking AG、Clearstream BankingLuxembourg、Sis（仅仅 Eurexbonds）或者 Euroclear Bank 来进行（见表6 – 1）。

表6 – 1　　　　　　　　　德国债券市场结构

| 交易平台 | Eurex Bonds GmbH | MTS Germany |
|---|---|---|
| 清算 | Eurex Clearing AG | LCH. Clearnet |
| 结算 | Clearsteam Banking AG | Clearstream Banking AG、Clearstream BankingLuxemburg 或者 Euroclear Bank |

资料来源：根据公开资料整理。

## 二、 德国托管结算体系

德国在 1993 年以前，证券交易与相关托管结算机构各自独立运作。1993 年以后，德国的后台托管、结算系统开始与前台交易进行纵向一体化整合。1995 年，德国交易所股份有限公司（Deutsche Börse AG，DBAG）收购德国证券托管结算股份有限公司（DKV）及德国证券国外托管结算股份有限公司（AKV），使之成为 DBAG 的子公司，改称为德意志交易所清算公司（Detusche Borse Clearing AG，DBC），负责德国境内有价证券的清算交割与托管，从而完成清算和结算体系的统一。

1999 年，为了提高德国托管和结算系统的国际竞争力，DBC 与卢森堡的 OCI（Old Cedel International）合并，成立 Clearstream International，即明讯国际，DBAG 与世达国际公司（Cedel International）分别持有该公司 50% 的股份。原 DBC 改名为 Clearstream Banking Frankfurt（CBF），成为 Clearstream International 业务的一部分。

2002 年，明讯国际进一步成为 DBAG 的全资子公司，专门负责托管和结算业务。明讯既可以为场内办理结算业务，也可为场外交易办理结算业务。与明讯系统连接的有多达 17 个交易平台，包括德国 8 个证券交易所、Eurex 系统、美国 BrokerTec 系统、欧洲 MTS 系统等。从功能上看，明讯成为 DBAG 的全资子公司后，专门负责为债券、股票、投资基金等提供交易后服务（Post – Trade Services），与交易所提供的前台服务整合在一起，构成集团化的、从交易到结算的垂直服务体系。明讯服务涉及全球 58 个证券市场，与 110 多个国家和地区的约 2500 个客户保持业务往来。通过其服务，明讯实际承担了托管（Custody）、保管（Safekeeping）、公证（Notary）、清算（Clearing）、结算（Settlement）等职能，并在 OTC 市场的债券借贷、三方回购、担保品管理等业务中担当了重要角色。

明讯国际下属子公司中最重要的两个中央证券存管类机构是明讯法兰克福（CBF）和明讯卢森堡（CBL），二者职能定位和分工不同，在托管流程和结构上也存在较大区别。

明讯法兰克福作为德国的中央托管机构，根据德国证券托管的规定，它要对托管客户的任何索赔负责。也就是说，托管客户对托管在明讯法兰克福的证券享有共有权。无论是对于托管客户还是对于托管客户的客户来说，明讯法兰克福的证券托管具有最终意义。明讯法兰克福的托管客户很广，包括注册在德国或国外的信贷机构、金融服务机构、注册在德国并提供上述服务的公共法律实体、外国中央托管机构、国内或国际证券清算机构、国际和超国界组织。

明讯卢森堡是国际中央托管机构，有关内容在下一节中详细介绍。

### 三、 欧洲支付系统和证券存管机构

在支付系统建设方面，在欧元诞生前，为了应对欧元带来的一系列支付需求，欧洲各国积极应用 Lamfalussy 报告，建立 RTGS 模式的大额支付系统以应对之后建立的欧洲货币联盟的需求。1999 年随着欧元正式诞生，欧洲建立了泛欧自动实时全额结算快速划汇系统 TARGET，在 2007—2008 年升级为 TARGET2，以满足欧元的支付需求。

在证券存管机构方面，欧盟境内没有统一的、经指定的中央证券托管机构承担欧盟成员国全部证券托管的业务，但是具有趋于统一化的趋势。欧洲境内共有 3 家较大的中央证券托管机构"分食"整个欧洲证券托管结算市场，分别是欧清集团（Euroclear Group）、明讯银行（Clearstream Bank）和 Nordic 公司。其中欧清银行为英国、爱尔兰、法国、荷兰、比利时和葡萄牙五国提供债证券托管服务，明讯银行为德国和卢森堡提供证券托管服务，Nordic 公司为芬兰和瑞典提供证券托管服务。[①] 欧清集团和明讯银行除为各国国内证券市场提供中央证券托管服务外，二者还是国际中央证券托管机构（ICSD），提供国际范围内的证券托管业务，它们通过与有关国家的机构签订双边协议扩大其规则影响范围。

（一）欧清银行

欧清银行（Euroclear）是一家比利时的金融服务公司，专门提供证券交易的结算和安全保护，以及证券的资产服务。它建于 1968 年，并作为摩根公司处理交易的一部分，随后发展到欧洲债券市场。欧清银行处理国内和国际证券交易，包括债券、股票、衍生品和投资基金，欧清银行作为国际中央证券托管机构（ICSD），为超过 90 个国家和地区的金融机构提

---

① 戴赜. 欧洲场外金融市场的监管 ［Z］. 中国人民银行金融市场司，2011 –
07.

供证券服务，同时欧清银行也担任比利时、荷兰、芬兰、法国、爱尔兰、瑞士和英国证券的中央证券托管（CSD）。普通投资者同样可以根据本地法律法规，直接在本地中央证券托管机构开立账户。欧清银行在 2000 年改为商业银行，并收购法国、英国、荷兰等多家清算公司，几乎覆盖了整个欧元区和世界上其他一些关键市场，提供多币种结算、全面托管、融资融券、担保、国际证券结算、直通式处理等多种服务，可以处理 30 多种货币的近 20 万类证券。

（二）明讯国际

除上述的明讯法兰克福之外，明讯国际旗下有一个主要的银行类子公司——明讯卢森堡（CBL）。明讯卢森堡和明讯法兰克福在设立基础、监管主体、功能定位和业务范围等方面存在差异（见表 6 - 2），但是两者在职能定位上实现了错位发展和互补合作。

表 6 - 2　　　　　　　　明讯卢森堡与明讯法兰克福差异对比

| | 明讯卢森堡 | 明讯法兰克福 |
| --- | --- | --- |
| 法律依据 | 卢森堡法律 | 德国法律 |
| 监管机构 | 卢森堡金融监管委员会 | 德国金融监管局 |
| 功能定位 | 国际中央托管机构<br>跨境托管结算 | 中央托管机构<br>本地托管结算 |
| 业务范围 | 全球业务，以场外交易为主 | 各国本地业务，以场内交易为主 |

资料来源：根据公开资料整理。

明讯卢森堡一方面作为国际中央证券托管机构（ICSD）专门负责欧洲债券和国际证券，以场外交易（OTC）为主，业务范围包括发行登记、结算、证券托管、投资基金服务和全球证券融资业务；另一方面，明讯卢森堡作为卢森堡本地的中央托管机构，配合欧洲中央银行和卢森堡中央银行执行货币政策，促进当地经济发展。明讯卢森堡的托管体系为"多级托管"，客户在明讯卢森堡开立证券托管账户，其证券可以是其自营的证券也可以是其客户的证券，但明讯卢森堡并不真正托管这些证券，而是委托各国托管机构办理托管事宜，被委托的托管机构还要在各国的中央托管机构开立证券托管账户进行最终托管。

### 四、 泛欧洲结算系统 T2S

泛欧洲结算系统 T2S（TARGET2 – Securities）最初于 2006 年提出，这是一个单一的结算系统，T2S 被设计为一个多币种结算系统，将集中对欧元和其他参与货币计价证券进行结算。该系统于 2017 年建成并开始运行，使用这个系统的中央托管机构可以将传统的国内证券结算业务外包，彻底改变了系统中 21 个市场上的 23 家中央托管机构的运行模式。作为一个单一的 IT 系统，T2S 的范围仅限于结算服务，为欧洲所有证券提供结算服务，消除国内和境外的结算差异。T2S 横向整合证券基础设施价值链中最基础的部分——结算。

T2S 的重要特征在于其本身并不是 CSD，T2S 将为 CSD 提供服务。CSD 在参与 T2S 的过程中，除了将结算流程"外包"给 T2S，CSD 仍保留所有其他的功能以及它们与客户的关系。具体来说，为了使用 T2S，市场参与者需要与 CSD 之间明确法律关系。如只有 CSD 才能与 T2S 签合同，市场参与者在 T2S 中开设或者注销证券账户以及面向客户的服务等仍然要由 CSD 来负责。此外，交易后价值链的剩余部分，尤其是资产服务、公司行为以及税收和管理报告等需要各国具体实践的部分，仍为各国 CSD 的核心功能。

# 第三节　日本金融市场基础设施

日本于 1980 年修改《外汇与外贸管制法》放松外汇管制，同时进行资本项目自由化，这是日元国际化的起点。为了配合日元国际化，日本也进一步完善其金融基础设施的建设，于 1980 年建立了 FXYCS 系统，为跨境日元提供清算服务，具体包括外汇交易、日元证券交易、欧洲日元市场交易和进出口贸易的支付等 。

2003 年 1 月，日本实现了政府债券、短期贴现国债和短期政府债券的无纸化操作。2005 年 5 月，日本国债清算机构正式开始运作，作为政府债券市场的中央交易对手，负责撮合市场上买卖双方的交易并最终在日本银行 BOJ – NET 系统中完成结算和支付，其采用的是券款对付的结算方式。实际上，日本的国债清算系统从 2001 年起即升级为全额实时结算系统，这种交易和结算系统的优化，大大降低了国债交易的成本和结算风险。此外，引入"发行前交易"、利率互换交易、提升流动性拍卖等制度，使日本国债市场的流动性得到大幅提升。为了改善债券市场的结构，激活经济发展状态，日本金融基础设施在多方面作出努力，吸引国内外投资者参与市场交易。

## 一、 组建日本证券交易集团， 统一后台清算体系

虽然日本债券交易的主要市场是 OTC 市场，但交易所内的债券交易规模在增长，而且依附于债券的金融衍生品是交易热点。整合交易所清算体系，统一资源为整个债券市场提供服务是提升交易效率的有效方法。2003 年 1 月，包括东京证交所在内的 4 家证交所的后台清算系统统一合并到日本证券清算公司（Japan Securities Clearing Corporation， JSCC）。由 JSCC 负责权益和固定收益类产品的清算，结束了之前 4 家交易所分散清算的历史，形成了跨市场的清算系统。除上述产品的清算之外，2013 年 6 月之后，JSCC 还负责对指数期货和期权、个股期权、国债期货和期权等金融衍生品的清算；JSCC 的清算业务还延伸到 OTC 市场，负责 OTC 衍生品、OTC 国债交易的清算；JSCC 还负责为国外投资者提供服务。

清算与托管体系的平滑结合也是一个很大的挑战。JSCC 负责清算的各类产品的托管机构并不是一个，股票和可转债等品种的托管机构是日本证券存管中心（Japan Securities Depository Center， JASDEC），政府债券则由日本中央银行托管，基金由日本中央银行或商业银行托管。统一之后的

清算系统（见图 6-2）效率大为提高，能够承担更多的清算任务。JSCC
从交易所清算业务起步，逐步延展到 OTC 市场，特别是加大了发展迅速
的 OTC 衍生品市场上的清算业务。这既是对 JSCC 清算效率的考验，也促
使其获得更大进步。

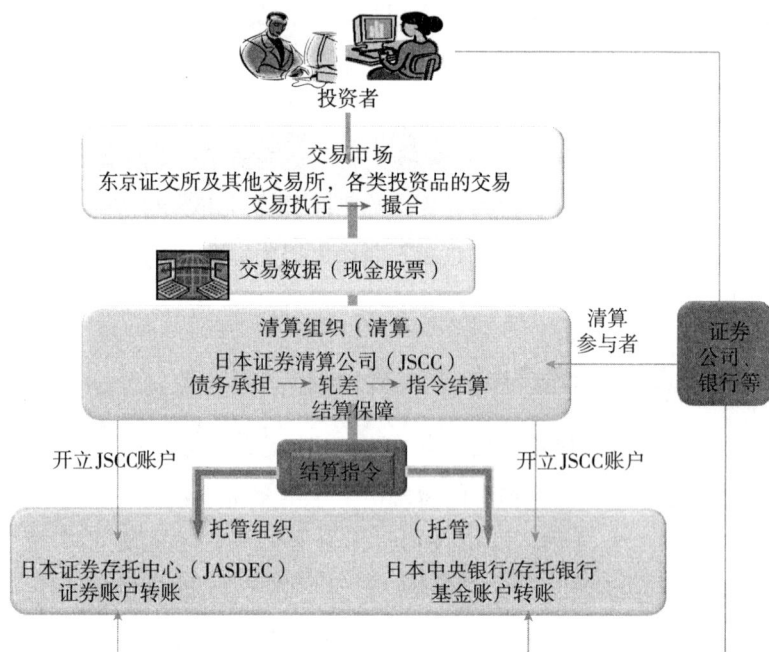

资料来源：中央结算公司。

**图 6-2　日本债券市场清算体系**

## 二、　证券托管机构与国际接轨

日本证券存管中心（JASDEC）主要是为各交易所内挂牌的证券，如
股票、市政债、武士债、短期公司债等证券提供可靠、便捷和高效的托管
服务。随着金融改革的深入，日本证券存托中心也在不断扩展其业务范
围，并且努力和国外先进机构保持一致。

JASDEC 的公司债簿记转让平台（Book-Entry Transfer System）和预

存管配合系统（Pre – Settlement Matching System，PSMS）都是采用下一代国际标准 ISO20022 来规划和设计的，以期更好地与国际债券市场对接。

JASDEC 深度参与亚洲债券市场倡议（Asian Bond Markets Initiative，ABMI）。在此倡议下，成员机构构建了一个"东盟 + 3 多币种债券保障框架"（ASEAN + 3 Multi – Currency Bond Issuance Framework，AMBIF）来实现债券跨国托管的流程标准化。JASDEC 在 ABMI 的多次圆桌会议中担任了重要角色，对亚洲债券市场的促进起到了一定作用，也使日本债券市场的开放进一步加速。

# 第四节 对我国金融市场基础设施建设的启示

从美国和欧洲的经验来看，统一的中央托管结算体系是建立安全高效金融市场的必备条件。美国债券市场经过多年发展，托管结算体系逐步由分割市场分离托管结算的局面，走向统一托管、集中清算的组织架构，并形成世界上最发达和最高效的债券托管结算体系。德国的托管结算体系在 20 世纪 90 年代完成了从分散到统一的转变，明讯通过其子公司明讯法兰克福承担了德国本土 CSD 的职能；近年来，T2S 平台进一步整合了欧洲各国 CSD 的结算职能，进一步提高了结算的便利性和安全性。我国的托管结算体系在建立之初就是一个相对集中的托管结算系统，在未来的系统建设中，应当继续保持结算的集中高效特性，避免无谓的行政分割。要进一步加强交易所市场和银行间市场的互联互通，从技术上解决我国不同债券市场的托管结算分割问题，提升债券市场的流动性、托管的统一安全性和结算的高效性。

日本金融市场基础设施的经验表明，增强债券市场的后台统一性，提高金融基础设施建设水平，有利于融入全球金融体系。我国债券市场存在较明显的体系分割，不仅存在银行间债券市场与交易所债券市场的分割，而且存在参与主体、交易产品、价格机制、托管、结算和资金清算制度以及市场监管制度等方面的分割。这种分割导致债券市场交易成本高、效率低、跨市场风险大，也降低了投资者对债券市场的热情，影响了债券市场作为金融市场重要组成部分的功能发挥。借鉴日本将几个交易所整合成为日本证券交易集团的经验，前台可以不同，但后台的登记托管结算系统完全可以统一起来，这样不仅使跨市场交易可以顺利实现，而且能够使各个交易系统的定价机制得以理顺，从而充分发挥市场的作用。建立统一、标准化的金融基础设施，才能和国际市场更好地衔接，才能实现国际化跨越，否则难以用零散的交易市场和后台托管结算系统和国外统一整齐的体系去对接和竞争。

# 第五节　本章小结

本章总结了美国、欧洲、日本在金融市场基础设施建设方面的经验。美国债券市场经历了 200 多年的发展，建立了以全美证券托管结算集团为核心、托管和清算一体化的、跨市场和跨品种结算的高效结算体系，保障了市场流动性、交易安全性和信息的公开透明性，从而吸引了大量的全球投资者；欧洲市场内不仅有国际中央证券存管机构，也有本土的证券存管机构，近年来 T2S 平台的推出整合了本土证券存管机构的结算职能，进一步提高欧元区结算的便利性。日本将几个交易所结算机构整合成为日本证券清算公司和日本证券存托中心，后台的清算和登记托管系统得以集中化，这样不仅可以实现跨市场交易，而且能够理顺各个交易系统的定价机制，从而充分发挥市场的作用。

人民币国际化离不开完善的金融基础设施的推动，如果说人民币国际化是"果"，那么金融基础设施就是"根"，是支撑整个体系不可或缺的基石。完善的金融基础设施对于人民币国际化的重要性主要体现在四个方面：一是只有完善有效的金融基础设施才能应对人民币国际化伴生的巨大交易量，满足市场参与者对交易的需求；二是只有完善有效的金融基础设施才能安全、稳定、有效地应对人民币国际化带来的包括跨境结算在内的一系列问题；三是只有完善有效的金融基础设施才能对人民币国际化伴生的一系列资本流动进行有效的监测并进行宏观调控；四是金融基础设施的完善可以提高金融市场的效率和活跃度，增加金融市场的广度，加大金融市场的深度，推动宏观经济发展。同时，高效、规范、完善的金融基础设施也有助于货币当局更好地监督、防范潜在的金融风险点，有效防控金融风险的发生。

# 人民币国际化
## 理论与实践

Theory and Practice of
RMB Internationalization

## 市场篇

# 人民币国际化发展与
# 资本市场开放

第七章

# 人民币国际化与资本项目开放

资本项目开放有助于人民币国际化的进程，但是通过资本项目开放推动人民币国际化也存在一定的风险。本章从资本项目开放的历程与现状、资本项目开放的必要性、资本项目开放的未来发展三个方面对资本项目开放带来的利弊进行分析。另外，还辩证地考察资本项目开放和人民币国际化之间的复杂关系。

## 第一节　中国资本项目开放的现状

早在 1996 年，中国就已经实施了经常项目下自由可兑换，经常项目的转移与支付不被限制。但是，资本项目开放的进程则远远晚于经常项目。

目前，中国资本项目的开放已经取得了一定的结果，有效推动了人民币国际化的进程。根据人民银行《人民币国际化报告 2017》，目前人民币在 7 大类共 40 项资本项目中，完全不可兑换的主要是非居民境内发行的股票、货币市场工具和衍生产品业务这 3 个项目；已实现可兑换、基本可兑换、部分可兑换的项目共计 37 项，占全部交易项目的 92.5%。① 而 IMF 在《2017 年汇兑安排与汇兑限制年报》中认为，中国资本项目开放中的 7 大类 11 大项均存在一定的管制（见表 7 - 1）。

表 7 - 1　　　　　　　　　中国资本项目开放情况

| 序号 | 类别 | 项目 | IMF 国际货币基金组织 |
|---|---|---|---|
| 1 | 资本和货币市场工具 | 资本市场证券 | 存在管制 |
| 2 | | 货币市场工具 | 存在管制 |
| 3 | | 集体投资类证券 | 存在管制 |
| 4 | 衍生工具和其他工具 | 衍生工具和其他工具 | 存在管制 |
| 5 | 信贷业务 | 商业信贷 | 存在管制 |
| 6 | | 金融信贷 | 存在管制 |
| 7 | | 担保、保险和备用信用支持 | 存在管制 |
| 8 | 直接投资 | 直接投资 | 存在管制 |
| 9 | 直接投资清盘 | 直接投资清盘 | 存在管制 |
| 10 | 不动产交易 | 不动产交易 | 存在管制 |
| 11 | 个人资本交易 | 个人资本交易 | 存在管制 |

数据来源：IMF 汇兑安排与汇兑限制年报。

但是，目前中国在资本项下的限制依旧较多，一定程度上制约了人民币国际化的进展，人民币支付结算和人民币资产持有状况始终落后于我国作为全球第二大经济体的经济地位。总体而言，目前中国的资本项目开放现状，具体体现在以下几个方面：在参与主体方面，在机构层面上开放程度较好，在个人层面上还是受到较多限制。在期限方面，在长期资本层面

---

① 中国人民银行. 人民币国际化报告：2017 [OL]. 中国人民银行网站，2017 - 10 - 17.

上开放程度较好，在短期资本层面上限制相对较多。在资本流向方面，境外向境内流入限制较少，境内向境外限制较多。在证券市场方面，在二级市场上开放程度较高，目前已经实现了银行间债券市场"全球通"、QFII、RQFII、沪深港通等一系列制度；在一级市场方面相对限制较多，尤其是国外非居民在国内发行证券受到较多限制。

# 第二节　资本项目开放的必要性

资本项目开放的利弊之辩由来已久，从大国货币国际化的角度而言，资本项目开放势在必行，但要结合自身经济发展需要稳健实施。资本项目开放的必要性可以从以下三个方面展开。

一是完善人民币汇率机制的需要。各种金融危机的惨痛经验都告诉我们，固定汇率和资本可自由流动是一对危险的组合。汇率市场改革进程下，国际资本流动的冲击会不断减小，促进真实汇率的形成。但是，资本项目开放和汇率的市场化改革互为条件和前提，只有资本项目开放达到一定的程度，汇率水平才可能对市场变化作出敏锐的反应。同时，这也是提高人民币国际地位的必经之路。

二是金融改革的需要。金融系统效率提升的客观要求使得我们的金融体系不得不进行行之有效的改革，这就意味着中国金融行业会更加开放，将会有越来越多的中资金融机构面临外资同业的冲击，中资金融机构的国际竞争将会逐渐加大。金融体系融入市场，将势必要求开放资本项目。

三是管制的成本和难度也在不断增加。我国经济在不断增长的同时已经融入了全球分工价值链之中，我国的对外经贸规模也长期处于世界前列，因此资本项目管制的成本和难度不断上升。当前，中国已经实现了经常项目自由化，在对外经济运行中，资本可以通过经常项目的各种渠道来绕开外汇管制。对于这些漏洞，堵住并不是办法，疏通才是解决之道。实现资本项目可兑换，更多的资源就可以用于"热钱"等难以监管而需要专业监管的项目上。

但是，开放资本项目也不可一蹴而就，资本项目的开放会使国内金融体系受到国际上的更多冲击，要保持中国金融系统健康运行，就需要较强的竞争力和综合能力来抵御国际金融风险。根据中国人民银行的观点，开放资本项目须具备四个前提条件。

第一，稳定的宏观经济状况。资本项目的开放会给经济发展带来更多机遇，但同时会面临更多金融风险。宏观经济环境的稳定是抵御外界冲击的根本条件。一方面，本国的经济增长保持稳定，并在长期内有持续增长的动力。与已经实现开放的国家相比，中国经济增长长期高于世界平均水平，符合经济持续、稳定增长这一条件，但在本质上还没有摆脱中国是发展中国家的现实。中国与发达国家在经济发展水平和质量上还存在明显的差距，特别是在经济发展方式上。因此，只有转变自身经济增长点，以科技创新带动经济，才能保障中国经济增长的长期持续性。另一方面，保持稳定的物价水平。资本账户在开放之后可贸易品的价格将逐渐与境外价格趋于一致。在国际物价水平的影响下，中国的物价体系将会受到境外价格因素的冲击。若国内物价水平不稳定，必然受到国际价格体系的强力冲击，进而会干扰国内价格水平，降低资源配置效率。因此，从长远来看，中国有必要将稳定物价作为经济发展的重点，适度控制通货膨胀水平。

第二，完善的金融监管体系。资本项目开放后，必然伴随更大规模的、更加频繁的国际资本流动。这将引发国内金融体系的大波动，若没有健全的金融监管体系作为支撑，该国内金融市场必然遭受严重的逆向选择和道德风险等问题，反而不利于该国经济健康发展。一方面，理性经济人都有逐利心理，部分投资者会倾向于以放松风险约束为代价投资于高收益领域，这会导致该领域资产价格虚高，将国民经济推向泡沫化。另一方面，资本项目开放后会为国内带来新的投资机遇，包括新的投资工具、新的投资机构和新的资金流入。这些新要素的加入会提升金融系统的竞争压力，也使金融交易更加复杂，从而风险也更难以预料。因此，完善的金融监管体系是开放资本项目的另一必要条件。以 2008 年国际金融危机为前车之鉴，不能在开放的同时过度放松金融监管，而应与国际接轨，营造更有效、更强大的监管体系。

第三，充足的外汇储备。国际上资本冲击会随着一国开放程度加深而不断扩大，保持国际清偿手段充足，不仅能够更好地应对随之而来的各种冲击，也可使投资者产生利好的心理预期。充足的外汇储备可更多地获得国际融资的机会，有利于该国保持良好信誉，减少投资者受不确定性影响而采取的短期投机行为。作为应对风险和冲击的物质保障，充足的外汇储备能够减轻维持国内经济稳定的压力，也能够更好地平衡国际收支调节的压力。

第四，稳健的金融机构。主要是要求金融机构建立起应对利率与汇率波动带来的对经营状况冲击的内控机制，保证机构核心盈利部门不会受市场行情影响而导致经营困难。如果大多数金融机构应对国际金融风险的能力较弱，那么取消资本项目的汇兑限制必然给国内经济造成较大冲击。但反观之，如不推进资本项目开放，则国内的金融机构就失去了培养自身竞争能力、提高抵御国际风险能力的环境。因此，仍需要综合考虑多方因素，找到开放的恰当时机，掌握资本项目开放的进度，使资本项目的开放与国内经济的发展互相推进。

值得注意的是，资本项目的开放不必等到所有条件均满足，根据目前的国际经验，也还没有满足所有条件才开放资本账户的先例。就中国而言，以上的四个开放条件我国还没有完全具备，仍存在需要完善的地方。因此应全面衡量多方因素，综合考量资本项目开放的风险与收益，逐步放松对资本项目的汇兑管制，在开放的过程中逐步完善我国的金融体系。

# 第三节　资本项目开放与人民币国际化

资本项目的开放在各个方面都有助于人民币国际化的进程。首先，人民币国际化能够帮助人民币实现其货币职能。资本项目的开放能够促进人民币的流动性，在加强人民币现有的交易媒介、价值尺度功能上进一步加强人民币的价值贮藏功能，增加人民币的投资渠道，实现人民币的有效回流。其次，货币国际化的一个重要体现就是货币可以自由流通和自由可兑换，这意味着人民币的国际化需要建立有效的人民币的流出与回流机制，而资本项目开放是人民币构建全球流动体系中重要的组成部分。

但是，通过资本项目开放推动人民币国际化也存在一定的风险。以德国和日本的货币国际化和资本项目开放为例。尽管德国和日本经济在快速崛起，资本账户在逐步自由化，其本币国际化程度也在不断提升，但两国具体路径并不相同。德国（联邦德国）尽管在 20 世纪 60 年代便宣布了资本账户的自由化，但一直以国内经济目标为重，实际上还存在管制的行为。德国马克随着德国出口贸易渠道向全球输出，在全球交易与分配中担任了重要角色。日本虽然也拥有优势明显的出口制造业，但其通过放开资本账户，积极鼓励境内外金融机构参与到日元的金融资产交易活动中来，以金融渠道对外输出日元为主。从德国和日本的经验来看，马克脱离固定汇率制度后缓慢升值，推动了其产业结构的国际化，增加了德国出口制造业的国际竞争力，进而进一步支撑马克的国际地位。而日元在"广场协议"的作用下急速升值，使日本经济增长陷入停滞状态。德国以贸易推动本币国际化与日本以金融推动本币国际化有显著的区别。不同的发展方向导致了不同的结果。日元的结算功能远不及马克，且其储备货币功能也随着经济泡沫破灭而不断被削弱。考虑到马克和日元的国际化程度，可以认为资本项目开放是货币国际化的必要但非充分的条件。不考虑其他因素，单纯依赖资本项目开放来实现人民币国际化是不可能的，人民币国际化的重点在于推进人民币发挥国际交易计价、结算功能。特别是在当前背景下，应当审慎对待资本项目开放。贸然开放资本项目，只会增加人民币的投机空间，不利于人民币国际结算地位的提升。

实际上，人民币国际化与资本项目开放是一个矛盾的两个方面，人民币国际化不等于资本项目开放，但要实现人民币国际化却必然要求资本项目开放。适时开放资本账户，帮助推动人民币国际化，否则人民币国际化进程就会迟滞；但盲目开放资本账户，有可能给中国经济造成不必要的损害。建立合理的人民币跨境流动通道，在合适的时间允许国外经济主体投资于国内货币市场和衍生品市场，并在此过程中提供完善的汇兑、结算、风险管理服务，从而进一步推进人民币国际化。

## 第四节　资本项目开放的未来发展

国际上资本项目开放主要有两种方式：渐进式和激进式。渐进式主张资本项目开放要遵循适合的顺序或次序，但对经常账户和资本账户开放顺序存在争议；激进式主张资本项目开放应当一步到位。

激进论认为，若一经济不存在价格扭曲以及外部性，那么一次性彻底开放是最有效的开放方式。因为，这种方式可以不附带任何成本地快速反映自由化的优势，不仅能够提高国内金融部门的效率，还能促使其完善经营机制和管理方式。IMF 于 1996 年鼓励世界各国采取激进的方式实现资本项目开放，通过"一揽子"改革的方式，一步到位地实现资本项目自由兑换，进而快速建立市场经济体制。

渐进论的其中一种观点认为，资本项目开放应当滞后于经常项目开放，而且资本项目开放应当是经济市场化的最后一步。具体的渐进式开放分三步：第一，从本国货币的经常项目开放过渡到本国货币的资本项目开放；第二，以国内金融自由化为基础，逐步推进本国货币的资本项目开放；第三，资本可按流入、流出的顺序依次开放。原因主要有四个：第一，由于达到金融部门均衡所需时间少于经济部门均衡所需的时间，因此，经常项目先开放可以有效解决价格扭曲的问题，为实现资源优化配置、促进跨境资本流动营造良好的经济环境，这样金融部门才能利用价格机制来放松管制，实现储蓄的合理配置，最终达到提高实体经济生产效率的目的。第二，一国资本项目先开放会吸引大量国际资本流入，这样国际收支顺差进一步加大，迫使实际汇率面临上行压力，最终将导致出口降低。而经常项目先开放会增加贸易逆差，这恰恰可以缓解之前的国际收支失衡问题。第三，由于资本流动速度显著快于产品流通速度，即资本流动具有更强的传导性，加之其规模无法准确控制和预测，因此，若一国贸然开放资本项目，那该国经济很容易遭到国际游资的冲击，影响其稳定发展。第四，资本按流入、流出的顺序依次开放有利于吸引外资，能有效避免资本外逃。这也是大多数国家选择经常项目先开放、资本项目后开放的方式推行货币自由化的原因。

渐进论的另一种观点是，资本项目开放应先于经常项目开放，主张这种观点的原因主要是，资本项目开放能够吸引大规模的国际资本流入，这些资本可被用于调节经济，甚至可以通过利率机制或汇率机制解决市场价格扭曲，最终实现改善其经济结构的目的。虽然在短期内先开放资本项目后开放经常项目的方式会给一国经济造成巨大压力，但从长远来看却可以降低成本。

对于中国而言，资本项目开放的挑战和机遇并存，对中国经济金融系统也提出了各种类型的新考验。考虑到目前国内金融市场不发达，金融市场化程度较低，资本项目快速开放会造成突发的金融风险，对经济和金融稳定造成冲击。首先，资本项目开放会带来更大的资本流入、流出的冲击。大规模的资本流动冲击，会导致金融市场短期内价格及流动性出现问题，从而影响经济，短期内的资本冲击需要一个具有深度的金融市场来承接。其次，资本项目开放会带来金融监管方面更高的考验。资本项目开放使资本管制的难度进一步增加，资本项目开放带来的各类新金融产品也会提出新的金融监管要求，同时汇率波动的增加以及货币政策限制也会对宏观动态经济金融调控提出更高层级的挑战。

所以，现阶段的资本项目开放政策的制定应充分考虑人民币国际化的背景以及中国现有的经济金融体系的承载力，明确资本项目开放的底线，按照"服务实体，循序渐进，统筹兼顾，风险可控"的原则，有序推进人民币资本项目可兑换，提升跨境投资和交易的便利化，促进资源在全球有效配置，助力经济转型升级和稳定发展。

一是有序推动资本项目双向开放。中国人民银行于 2012 年发布报告，认为中国资本项目开放顺序应当遵守三个原则：其一，风险性原则，基于对资本项目开放的风险考虑，一般先开放风险小的资本项目，后开放风险较大的资本项目，合理控制风险；其二，符合政策目标要求，资本项目开放顺序应当符合经济发展战略；其三，条件约束原则，资本项目开放必须在条件成熟的情况下逐步放松管制，一国在金融体系尚不完善、风险监督和风险评价能力不足、金融中介效率不高的条件下应当放缓资本项目开放。落实到具体，中国人民银行认为，中国资产项目开放可分为短期、中期、长期三个阶段：在短期（1~3 年）阶段放松有真实交易背景的直接投资管制，鼓励企业"走出去"；在中期（3~5 年）阶段放松有真实贸易背景的商业信贷管制，助推人民币国际化；在长期（5~10 年）阶段加强金融市场建设，先开放流入，后开放流出，依次审慎开放不动产、股票及债券交易，逐步以价格型管理替代数量型管制。

二是稳步提升资本项目开放程度。资本项目的开放应当遵循全局统筹、循序渐进、防范风险的人民币国际化基本原则。从资本项目开放的目标来看，时任中国人民银行行长周小川在 2015 年第 31 届国际货币与金融委员会系列会议上首次提出人民币资本项目开放的目标为"有管理的可兑换"，即人民币资本项目可兑换实现之后，中国仍将视情况管理资本项目交易。资本项目的可兑换不是完全自由、不受约束的可兑换，因此人民币资本项目的可兑换要从中国实际出发，明确开放进程中要遵守的基本原则。当前资本项目开放的重点是，在风险可控的基础上推动部分可兑换的项目提高可兑换的水平，并且使目前完全不可兑换的项目逐步实现部分可兑换。

# 第五节　本章小结

　　本章从资本项目开放的历程与现状、资本项目开放的必要性、资本项目开放的未来发展三个角度切入，对资本项目开放的各方面进行了阐述。对于资本项目开放的历程与现状，本章使用中国人民银行及国际货币基金组织（IMF）的数据对于目前中国资本项目开放的情况进行了论述。对于资本项目开放的重要性，本章具体论述了资本项目开放对于完善人民币汇率机制、促进金融改革、提升监管水平的重要性。对于资本项目开放的未来发展，本章就中国未来资本项目开放的路线提出了合理化的建议。另外，本章还对资本项目开放和人民币国际化的辩证关系进行了讨论。

人民币国际化
理论与实践
Theory and Practice of
RMB Internationalization

第八章

# 人民币国际化与债券市场开放

债券市场的开放同股票市场的开放一样，对于人民币国际化都有着重要的推动作用。债券作为一种固定收益证券，违约风险、价格风险都较低，是国际市场上一个重要的投资标的。债券市场的开放能够为境外人民币提供回流渠道，提升人民币的储备货币职能。同时，债券市场的开放也是资本项目开放的重要一环，合理有序地开放资本项目也是人民币国际化的必经之路。本章介绍债券市场开放的历程、债券市场开放的金融基础设施建设及资本项目开放与债券市场开放，从而论证债券市场开放与人民币国际化之间的关系。

# 第一节　债券市场开放的历程

## 一、　境外机构进入银行间债券市场

我国银行间债券市场对境外投资者的开放是个渐进的过程。2005 年 5 月，人民银行批准泛亚基金和亚债中国基金进入银行间债券市场，打开了境外机构进入我国银行间债券市场的大门。随着人民币跨境使用的领域和范围逐步扩大，国内银行间债券市场对外开放的步伐不断加快。2009 年，为配合跨境人民币试点，人民银行对境外清算行小幅放开，允许其在存款余额的 8% 范围内，投资银行间市场。2010 年 8 月，人民银行发布《关于境外人民币清算行等三类机构运用人民币投资银行间债券市场试点有关事宜的通知》，首次允许境外中央银行或货币当局、港澳人民币清算行、境外人民币结算参加行三类机构在人民银行审批的额度内投资银行间债券市场。① 2011 年 12 月，证监会、人民银行和国家外汇管理局联合发布了《基金管理公司、证券公司人民币合格境外机构投资者境内证券投资试点办法》，推出人民币合格境外机构投资者（RQFII）制度。与 QFII 制度相比，RQFII 制度的投资范围由交易所市场的人民币金融工具扩展到银行间债券市场。② 2012 年 7 月，证监会发布《人民币合格境外机构投资者境内证券投资试点办法》，规定 QFII 可将获批的投资额度投资于银行间债券市场，随后扩展至 RQFII。③ 2013 年 3 月，人民银行发布《关于合格境外投

---

① 中国人民银行. 关于境外人民币清算行等三类机构运用人民币投资银行间债券市场试点有关事宜的通知 [OL]. 中国人民银行官方网站，2010 – 08 – 17.

② 中国证监会，中国人民银行，国家外汇管理局. 基金管理公司、证券公司人民币合格境外机构投资者境内证券投资试点办法 [OL]. 中国人民银行官方网站，2014 – 07 – 22.

③ 中国证监会. 人民币合格境外机构投资者境内证券投资试点办法 [OL]. 中国证监会官方网站，2014 – 02 – 27.

资者投资银行间债券市场有关事项的通知》，允许合格境外投资者（QFII）在获批的投资额度内投资银行间债券市场。2013 年 4 月，人民币合格境外投资者（RQFII）投资范围扩大至银行间固定收益产品。2015 年 5 月，人民银行发布《关于境外人民币业务清算行、境外参加银行开展银行间债券市场债券回购交易的通知》，规定境外人民币清算行和参加行可以在银行间市场开展债券回购交易。2015 年 7 月，人民银行发布了《关于境外央行、国际金融组织、主权财富基金运用人民币投资银行间市场有关事宜的通知》，境外中央银行、国际金融组织、主权财富基金三类机构在银行间市场的限制被大幅放开，审批制改为备案制，并取消额度限制，投资范围也从最初的债券现货拓展到债券回购、债券借贷、债券远期、利率互换、远期利率协议等交易。2016 年 2 月，人民银行发布 2016 第 3 号公告，进一步向境外私人机构投资者开放了银行间债券市场，包括商业银行、保险公司、证券公司、基金管理公司及其他资产管理机构等各类金融机构发行的投资产品，以及养老基金、慈善基金、捐赠基金等人民银行认可的其他中长期机构投资者，并对结算代理人的资格、服务和职责进行了详细界定。至此，银行间债券市场的准入几乎囊括了所有类型的境外机构（不包括境外对冲基金），而且符合条件的境外机构投资者可自主决定投资规模，没有投资额度限制，给境外机构投资者投资银行间债券市场提供了便利，开启了债券市场"全球通"。① 2016 年 4 月和 5 月，人民银行发布《境外央行类机构进入中国银行间债券市场业务流程》② 以及《境外机构投资者投资银行间债券市场备案管理实施细则》③，为境外机构投资者投资银行间债券市场提供了具体的操作指引。

---

① 中国人民银行. 中国人民银行公告〔2016〕第 3 号［OL］. 中国人民银行官方网站，2016 – 02 – 17.

② 中国人民银行. 境外央行类机构进入中国银行间债券市场业务流程［OL］. 中国人民银行官方网站，2016 – 04 – 14.

③ 中国人民银行. 境外机构投资者投资银行间债券市场备案管理实施细则［OL］. 中国人民银行官方网站，2016 – 05 – 27.

2017 年 2 月 27 日，国家外汇管理局发布《关于银行间债券市场境外机构投资者外汇风险管理有关问题的通知》，针对已参与中国银行间债券市场的境外投资机构，进一步开放了外汇衍生品市场。2017 年 3 月，李克强总理在两会答记者问中指出，准备 2017 年首次在香港和内地进行"债券通"。为了进一步开放资本账户，以创造更多的外汇需求，使人民币汇率更加平衡、更加市场化，并鼓励国内更多企业走出国门，从而减少贸易顺差和资本项目盈余，2017 年 6 月 12 日，全国银行间同业拆借中心发布了《全国银行间同业拆借中心"债券通"交易规则（试行）》（公开征求意见稿）。① 2017 年 6 月 21 日，中国人民银行发布《内地与香港债券市场互联互通合作管理暂行办法》，该办法自发布之日起施行。② 2017 年 6 月 26 日，中央结算公司发布《"债券通"北向通登记托管结算业务规则》，规范了"债券通"的登记托管结算业务。③ 2017 年 6 月 28 日，上海清算所（以下简称上清所）发布《银行间市场清算所股份有限公司"债券通"北向通业务指南（试行）》，进一步明确了登记托管、清算结算业务操作流程。④。2017 年 7 月 1 日，为推动银行间债券市场对外开放，促进信用评级行业健康发展，人民银行发布 2017 年第 7 号公告，明确了境内外评级机构进入银行间债券市场开展业务的要求，意味着包括惠誉国际、标准普尔、穆迪三大国际评级机构在内的境外评级机构也能以独资形式进入中国市场。2017 年 7 月 2 日，人民银行与香港金融管理局发布公告，决定批准香港与内地"债券通"上线。其中，"北向通"将于 2017 年 7 月 3 日上

---

① 全国银行间同业拆借中心. 全国银行间同业拆借中心"债券通"交易规则（试行）：公开征求意见稿 [OL]. 全国银行间同业拆借中心官方网站，2017 – 06 – 12.

② 中国人民银行. 内地与香港债券市场互联互通合作管理暂行办法 [OL]. 中国人民银行官方网站，2017 – 06 – 21.

③ 中央国债登记结算有限责任公司. "债券通"北向通登记托管结算业务规则 [OL]. 中央国债登记结算有限责任公司网站，2017 – 06 – 26.

④ 上海清算所. 银行间市场清算所股份有限公司"债券通"北向通业务指南（试行）[OL]. 上海清算所网站，2017 – 06 – 28.

线试运行。"北向通"，即境外投资者通过内地与香港债券市场基础设施的互联互通，投资于内地银行间债券市场的机制安排。"北向通"境外投资者的投资标的债券为可在银行间债券市场交易流通的所有券种，投资方式既可以通过参与银行间债券市场发行认购的方式，也可以通过二级市场买卖的方式。"债券通"等开放举措具有"通道式"的特点，对繁荣香港市场具有较强的促进作用，此类开放渠道的相关制度仍在探索完善中。2017年11月8日，人民银行发布《境外商业类机构投资者进入中国银行间债券市场业务流程》，这是对人民银行公告〔2016〕第3号文的补充文件，使中国在境外机构投资银行间债券市场从准入、备案、联网、开户、交易、清算结算、资金汇出等一系列细节形成了一套完整的法规体系。

2018年3月23日，彭博宣布将人民币计价的中国国债和政策性银行债券纳入彭博巴克莱全球综合指数，并于2019年4月1日正式实施，将用时20个月分步完成。完全纳入全球综合指数后，人民币计价的中国债券将成为继美元、欧元、日元之后的第四大计价货币债券。2018年6月12日，《中国人民银行、国家外汇管理局关于人民币合格境外机构投资者境内证券投资管理有关问题的通知》（银发〔2018〕157号）发布，取消QFII资金汇出20%的比例要求和QFII、RQFII本金锁定期要求，允许QFII、RQFII开展外汇套期保值，对冲境内投资的汇率风险，最大限度地激发了境外机构投资热情。2018年8月，"债券通"全面实现券款对付（Delivery versus Payment，DVP）的结算模式及交易前分仓功能。2018年9月26日，人民银行、财政部联合发布《全国银行间债券市场境外机构债券发行管理暂行办法》（中国人民银行财政部公告〔2018〕第16号），明确了境外机构在我国债券市场发行债券所应具备的条件和申请注册程序。2018年9月27日，富时罗素公司宣布将中国纳入其债券旗舰指数——世界国债指数（WGBI）的观察国家名单，2019年将进一步向全球客户咨询，并将在9月宣布是否正式将中国债券市场纳入世界国债指数。2018年10月，"债券通"实现交易后分仓功能。2018年11月22日，财政部发布

《关于境外机构投资境内债券市场企业所得税、增值税政策的通知》，暂免征收境外机构投资境内债券利息收入的企业所得税和增值税。2018 年 11 月 29 日，外汇交易中心和彭博在"债券通"和结算代理模式项下的合作获得人民银行批准，通过代理模式入市的境外投资者可在彭博终端上发送委托指令，经结算代理行确认后与对手方在交易中心系统达成交易；以"债券通"模式入市的境外投资者可通过彭博终端发送请求报价（RFQ），并与境内做市机构在交易中心系统达成交易。

2019 年 1 月 28 日，中国人民银行营业管理部发布公告称，对美国标普全球公司在北京设立的全资子公司——标普信用评级（中国）有限公司（以下简称标普）予以备案。同一天，中国银行间市场交易商协会也发布公告，接受标普进入银行间债券市场开展债券评级业务的注册。2019 年 2 月 1 日，中国银行间市场交易商协会发布《境外非金融企业债务融资工具业务指引（试行）》，这是首部发行熊猫债的业务指引，明确了信息披露、募集资金使用、中介机构要求等方面的核心制度安排。2019 年 4 月 1 日起，以人民币计价的中国国债和政策性银行债券开始被纳入彭博巴克莱全球综合指数，将为中国债券市场带来大量配置资金。

境外投资者投资银行间债券市场的相关政策见表 8 - 1。

表 8 - 1　　　　　境外投资者投资银行间债券市场政策梳理

| 时间 | 政策及公告 | 主要内容 |
| --- | --- | --- |
| 2005 年 | 《中国人民银行关于泛亚基金进入全国银行间债券市场开展债券交易的批复》（银复〔2005〕28 号）、《中国人民银行关于亚债中国基金进入全国银行间债券市场开展债券交易的批复》（银发〔2005〕36 号） | 人民银行批准泛亚基金和亚债中国基金进入银行间债券市场 |

续表

| 时间 | 政策及公告 | 主要内容 |
|---|---|---|
| 2009 年 | 中国人民银行《跨境贸易人民币结算试点管理办法实施细则》（银发〔2009〕212 号） | 允许境外清算行在其存款余额的 8% 范围内，投资银行间市场 |
| 2010 年 8 月 16 日 | 中国人民银行《关于境外人民币清算行等三类机构运用人民币投资银行间债券市场试点有关事宜的通知》（银发〔2010〕217 号） | 允许境外中央银行、货币当局、港澳人民币业务清算行和跨境贸易人民币结算境外参加行进入银行间债券市场 |
| 2011 年 12 月 | 证监会、中国人民银行和国家外汇管理局联合发布了《基金管理公司、证券公司人民币合格境外机构投资者境内证券投资试点办法》 | 推出人民币合格境外机构投资者（RQFII）制度，其与 QFII 制度相比，投资范围由交易所市场的人民币金融工具扩展到银行间债券市场 |
| 2012 年 7 月 | 证监会发布《人民币合格境外机构投资者境内证券投资试点办法》 | QFII 可将获批的投资额度投资于银行间债券市场，随后扩展至 RQFII |
| 2013 年 3 月 10 日 | 中国人民银行《关于合格境外机构投资者投资银行间债券市场有关事项的通知》（银发〔2013〕69 号） | 人民银行实质性推动 QFII 投资境内银行间债券市场 |
| 2015 年 5 月 | 中国人民银行发布《关于境外人民币业务清算行、境外参加银行开展银行间债券市场债券回购业务的通知》 | 已获准进入银行间债券市场的境外人民币清算行和境外参加行可以开展债券回购交易 |
| 2015 年 7 月 14 日 | 中国人民银行《关于境外央行、国际金融组织、主权财富基金运用人民币投资银行间市场有关事宜的通知》（银发〔2015〕220 号） | 大幅放开对境外中央银行、国际金融组织、主权财富基金三类机构在银行间市场的投资限制；将申请程序简化为备案制；取消对相关机构的额度限制；将投资范围从现券扩展至债券回购、债券借贷、债券远期、利率互换、远期利率协议等交易 |

续表

| 时间 | 政策及公告 | 主要内容 |
|---|---|---|
| 2016 年<br>2 月 17 日 | 《关于进一步做好境外机构投资者投资银行间债券市场有关事宜公告》（中国人民银行公告〔2016〕第 3 号，简称 3 号公告） | 允许私人机构投资者进入银行间债券市场，包括商业银行、保险公司、证券公司、基金管理公司及其他资产管理机构等各类金融机构发行的投资产品，以及养老基金、慈善基金、捐赠基金等人民银行认可的其他中长期机构投资者；对结算代理人的资格、服务、职责和退出条件进行了详细规定；简化管理流程 |
| 2016 年<br>4 月 14 日 | 《境外央行类机构进入中国银行间债券市场业务流程》 | 三种途径：中央银行代理、通过具有国际结算资格和结算代理资格的商业银行代理、直接投资。交易品种：债券现券、债券回购、债券借贷、债券远期、利率互换、远期利率协议等。是否有额度限制：无。资金是否可自由汇出：是。衍生品主协议：NAFMII 或 ISDA。费用：交易手续费、服务费、代理费用 |
| 2016 年<br>5 月 27 日 | 《境外机构投资者投资银行间债券市场备案管理实施细则》（中国人民银行上海总部公告〔2016〕第 2 号） | 针对 2016 年人民银行 3 号文制定的实施细则，结算代理人应按照 KYC 原则，履行好资质审核 |

续表

| 时间 | 政策及公告 | 主要内容 |
|---|---|---|
| 2017 年 2 月 27 日 | 国家外汇管理局发布《关于银行间债券市场境外机构投资者外汇风险管理有关问题的通知》，针对已参与中国银行间债券市场的境外投资机构，进一步开放了外汇衍生品市场 | 为满足境外机构投资者管理外汇风险需求，从 2 月 24 日起，银行间市场境外机构投资者可以在具备资格的境内金融机构办理人民币对外汇衍生品业务。各类境外投资者可以参与境内外汇衍生品市场，对国内外汇市场已有的衍生品类型不作交易品种限制，包括远期、外汇掉期、货币掉期和期权 |
| 2017 年 3 月 | 李克强总理在两会答记者问中指出，准备 2017 年首次在香港和内地进行"债券通" | 允许境外资金在境外购买内地的债券 |
| 2017 年 5 月 31 日 | 《内地与香港债券市场互联互通合作管理暂行办法》（公开征求意见稿） | 规范开展内地与香港债券市场互联互通合作相关业务。"北向通"业务于 2017 年 7 月 3 日上线试运行 |
| 2017 年 7 月 2 日 | 人民银行与香港金融管理局发布公告，决定批准香港与内地"债券通"上线 | 进一步提高了境外投资者投资内地债券市场的便利性，也为离岸人民币回流增添了新渠道 |
| 2017 年 11 月 8 日 | 《境外商业类机构投资者进入中国银行间债券市场业务流程》（中国人民银行公告〔2016〕第 3 号文的补充文件） | 中国在境外机构投资银行间债券市场的从准入、备案、联网、开户、交易、清算结算及资金汇出等一系列细节形成了一套完整的法规体系。中国债券市场的对外开放程度进一步深化 |
| 2018 年 3 月 23 日 | 彭博宣布将人民币计价的中国国债和政策性银行债券纳入彭博巴克莱全球综合指数 | 2019 年 1 月 31 日，彭博公司正式确认将于 2019 年 4 月起将中国债券纳入彭博巴克莱债券指数。完全纳入全球综合指数后，人民币计价的中国债券将成为继美元、欧元、日元之后的第四大计价货币债券 |

续表

| 时间 | 政策及公告 | 主要内容 |
|---|---|---|
| 2018 年<br>6 月 12 日 | 人民银行、国家外汇管理局《关于人民币合格境外机构投资者境内证券投资管理有关问题的通知》（银发〔2018〕157 号） | 取消 QFII 资金汇出 20% 的比例要求，取消 QFII、RQFII 本金锁定期要求，允许 QFII、RQFII 开展外汇套期保值，对冲境内投资的汇率风险，最大限度地激发了境外机构的投资热情 |
| 2018 年<br>8 月 | "债券通"全面实现 DVP 结算及交易前分仓功能 | 便利境外资产管理人的交易需求，提升交易效率 |
| 2018 年<br>9 月 26 日 | 人民银行、财政部联合发布《全国银行间债券市场境外机构债券发行管理暂行办法》（中国人民银行财政部公告〔2018〕第 16 号） | 明确境外机构在我国债券市场发行债券所应具备的条件和申请注册程序 |
| 2018 年<br>9 月 27 日 | 富时罗素公司宣布将中国纳入其债券旗舰指数——世界国债指数（WGBI）的观察国家名单 | 2018 年将进一步和全球客户资询，并将在 2019 年 9 月宣布是否正式将中国债券市场纳入世界国债指数 |
| 2018 年<br>10 月 | "债券通"实现交易后分仓功能 | 进一步便利境外资产管理人的交易需求，提升交易效率 |
| 2018 年<br>11 月 22 日 | 财政部发布《关于境外机构投资境内债券市场企业所得税、增值税政策的通知》 | 暂免征收境外机构投资境内债券利息收入的企业所得税和增值税 |
| 2018 年<br>11 月 29 日 | 外汇交易中心和彭博在"债券通"和结算代理模式项下的合作获得人民银行批准 | 通过代理模式入市的境外投资者可在彭博终端上发送委托指令，经结算代理行确认后与对手方在交易中心系统达成交易。通过"债券通"模式入市的境外投资者可通过彭博终端发送请求报价（RFQ），并与境内做市机构在交易中心系统达成交易 |

| 时间 | 政策及公告 | 主要内容 |
|---|---|---|
| 2019 年 1 月 28 日 | 人民银行对美国标普全球公司在北京设立的全资子公司予以备案。中国银行间市场交易商协会接受标普进入银行间债券市场开展债券评级业务的注册 | 这标志着标普已获准正式进入中国开展信用评级业务，这也是首家获得信用评级牌照的纯外资机构 |
| 2019 年 2 月 1 日 | 中国银行间市场交易商协会发布《境外非金融企业债务融资工具业务指引（试行）》 | 这是首部发行熊猫债的业务指引，明确了信息披露、募集资金使用、中介机构要求等方面的核心制度安排 |
| 2019 年 4 月 1 日 | 以人民币计价的中国国债和政策性银行债券开始被纳入彭博巴克莱全球综合指数 | 为中国债券市场带来大量配置资金。纳入首日，根据外汇交易中心的数据，中国债券市场被纳入彭博巴克莱全球综合债券指数当日银行间现券成交规模达 7599 亿元人民币，其中境外机构成交 185 亿元，占全市场比重的 2.4% |

资料来源：根据公开资料整理。

目前外资进入银行间债券市场有三种途径：直接投资、QFII 和 RQFII、"债券通"。从政策发展脉络来看，银行间债券市场开放力度不断加大，从初期的"特批机构""三类机构"到全面开放，体现了中国特色的渐进式开放道路，且对风险把控谨慎、到位。根据 2016 年人民银行 3 号公告，目前在我国境外依法注册成立的商业银行、保险公司、证券公司、基金管理公司及其他资产管理机构等各类金融机构，上述金融机构依法合规面向客户发行的投资产品，以及养老基金、慈善基金、捐赠基金等人民银行认可的其他中长期机构投资者，可根据公告的相关规定投资银行间债券市场。符合条件的境外机构投资者可自主决定投资规模，没有投资额度限制。在备案时，境外机构投资者应根据自身情况真实、准确地填报拟投资规模等信息。①

## 二、 境外机构进入交易所债券市场

与银行间债券市场相似，交易所债券市场也在逐步进行对外开放，甚至对外开放较银行间市场更早，2014 年以来交易所债券市场就已经基本对外资机构全开放。2007 年 9 月 21 日，上海证券交易所发布《关于合格境外机构投资者证券交易有关事项的补充通知》，QFII 获准参与交易所国债回购和企业债交易。② 2012 年 7 月，证监会发布《关于实施〈合格境外机构投资者境内证券投资管理办法〉有关问题的规定》，QFII 可投资交易所交易转让的股票、债券和权证，可以参与新股发行、可转换债券发行、股票增发和配股申购。③ 2013 年 3 月，证监会发布《人民币合格境外机构投资者境内证券投资试点办法》④ 和《关于实施〈人民币合格境外机构投资者境内证券投资试点办法〉的规定》⑤，RQFII 可投资交易所交易转让的股票、债券和权证，可以参与新股发行、可转换债券发行、股票增发和配股申购。2014 年 3 月 19 日，上海证券交易所发布《上海证券交易所合格境外机构投资者和人民币合格境外机构投资者证券交易实施细则》⑥，QFII 和 RQFII 投资范围新增了优先股、政策性金融债、资产支持证券、国

① 中国人民银行. 关于进一步做好境外机构投资者投资银行间债券市场有关事宜公告 [OL]. 中国人民银行官方网站，2016 - 02 - 17.

② 上海证券交易所. 关于合格境外机构投资者证券交易有关事项的补充通知 [OL]. 上海证券交易所官方网站，2007 - 09 - 21.

③ 中国证监会. 关于实施《合格境外机构投资者境内证券投资管理办法》有关问题的规定 [OL]. 中国证监会官方网站，2012 - 07 - 30.

④ 中国证监会. 人民币合格境外机构投资者境内证券投资试点办法 [OL]. 中国证监会官方网站，2013 - 03 - 01.

⑤ 中国证监会. 关于实施〈人民币合格境外机构投资者境内证券投资试点办法〉的规定 [OL]. 中国证监会官方网站，2013 - 03 - 01.

⑥ 上海证券交易所. 上海证券交易所合格境外机构投资者和人民币合格境外机构投资者证券交易实施细则 [OL]. 上海证券交易所官方网站，2014 - 03 - 19.

债预发行交易等新品种（见表 8 - 2）。

表 8 - 2 　　　　　　境外投资者投资交易所债券市场政策梳理

| 时间 | 政策及公告 | 主要内容 |
|---|---|---|
| 2007 年 | 上海证券交易所发布《关于合格境外机构投资者证券交易有关事项的补充通知》 | QFII 获准参与交易所国债回购和企业债交易 |
| 2012 年 7 月 | 证监会发布《关于实施〈合格境外机构投资者境内证券投资管理办法〉有关问题的规定》 | QFII 可投资交易所交易转让的股票、债券和权证，可以参与新股发行、可转换债券发行、股票增发和配股申购 |
| 2013 年 3 月 | 证监会发布《人民币合格境外机构投资者境内证券投资试点办法》和《关于实施〈人民币合格境外机构投资者境内证券投资试点办法〉的规定》 | RQFII 可投资交易所交易转让的股票、债券和权证，可以参与新股发行、可转换债券发行、股票增发和配股申购 |
| 2014 年 3 月 | 上海证券交易所发布《上海证券交易所合格境外机构投资者和人民币合格境外机构投资者证券交易实施细则》 | QFII 和 RQFII 投资范围新增了优先股、政策性金融债、资产支持证券、国债预发行交易等新品种 |

外资进入交易所债券市场主要有两种渠道：QFII 和 RQFII 通道。在可投资范围上，交易所债券市场外资可投资的资产范围已扩展至国债、地方政府债、公司债、企业债、可转换公司债、分离交易可转换公司债、可交换公司债、中小企业私募债、政策性金融债、次级债、优先股、资产支持证券等。在交易所债券市场上，除信用债质押回购和部分品种的质押式回购等交易外，交易所债券市场品种基本已对外资全开放。

### 三、 人民币跨境债券投资产品、 渠道的创新与探索

（一） 自贸区债

自贸区债指的是在 12 个自由贸易试验区进行发行、登记、托管及交

易的债券。自贸区债券的发行，有利于进一步推动自贸区金融市场发展和中国债券市场的国际化进程。

2013年，《中国人民银行关于金融支持中国（上海）自由贸易试验区建设的意见》（银发〔2013〕11号）①首次提到："区（自贸区）内企业的境外母公司可按国家有关法规在境内资本市场发行人民币债券。"其中首次提出自贸区债券。之后，2016年9月8日，中央结算公司发布《中国（上海）自由贸易试验区债券业务指引》②，进一步落实了自贸区债券在发行、登记、托管及交易方面的细则。

2016年12月8日，上海市政府在中国（上海）自贸区通过中央结算公司公开招标的方式，发行了30亿元人民币地方政府债券，期限3年，成为第一只自贸区债券。发行结果显示，境外机构投资者反应积极、踊跃认购，认购倍数达到2.78倍，中标利率为2.85%，体现出自贸区债券这一品种的受欢迎程度③。此次上海自贸区地方债券发行后，外资法人银行首次参与我国地方政府债券承销业务，汇丰、渣打和星展3家外资法人银行加入承销团，中标1.8亿元，自贸区债券依托境外银行机构及媒介的宣传，寻找潜在投资者，有效提升了自贸区债的分销率。

（二）熊猫债

熊猫债是指境外（包括港澳台地区）机构在我国境内发行的以人民币计价的债券。2005年10月，国际金融公司和亚洲开发银行作为国际开发机构先后获准在我国银行间债券市场发行了11.3亿元和10亿元人民币债券，开启了熊猫债发行的先河。接着，国际金融公司在2006年发行8.7亿元人民币债券，亚洲开发银行在2009年发行10亿元人民币债券，日本

---

① 中国人民银行.中国人民银行关于金融支持中国（上海）自由贸易试验区建设的意见 [OL].中国人民银行官方网站，2013-12-02.

② 中央国债登记结算有限责任公司.中国（上海）自由贸易试验区债券业务指引 [OL].中央国债登记结算有限责任公司官方网站，2016-09-08.

③ 解放日报社，上海市财政局国库处.首只自贸区政府债出台的背后 [N].解放日报，2017-06-23.

三菱东京日联银行在 2010 年发行 10 亿元人民币债券。

此后，熊猫债一直相对沉寂，直至 2013 年境外非金融企业在境内债券市场筹集人民币资金的渠道建立，境外非金融企业在银行间市场交易商协会注册后可在银行间市场发行熊猫债。2014 年 3 月，德国戴姆勒公司在银行间市场发行 5 亿元人民币债券，标志着熊猫债发行主体首次拓展至境外非金融企业。

2014 年 9 月，中国人民银行对境外机构在境内发行人民币债务融资工具跨境人民币结算事宜进行了规范。2015 年，随着利率市场化、汇率形成机制改革以及资本账户开放等方面重大改革措施的推出，人民币国际化进程开始加速，熊猫债的发行主体类型不断多元化，发行规模呈现出显著的增长趋势。

2015 年 12 月，韩国企划财政部在中国银行间债券市场成功发行 30 亿元人民币熊猫债券，这是境外主权国家首次在中国银行间债券市场发行人民币债券，是国际货币基金组织宣布将人民币纳入特别提款权（SDR）货币篮子后人民币国际化的另一个里程碑。

为统一熊猫债账户开立、资金存管、跨境汇划和数据报送的规则，2016 年 12 月，中国人民银行进一步完善境外机构在境内发行人民币债券跨境人民币结算业务政策框架，构建关于熊猫债的数据统计监测和宏观审慎管理体系。

2018 年 3 月 20 日，菲律宾在中国银行间债券市场成功发行 14.6 亿元人民币债券，境外投资人通过"债券通"参与了此次债券发行，境外获配占比为 88%。该笔债券是菲律宾进入中国银行间债券市场发行的首只主权熊猫债，也是东南亚地区第一只主权熊猫债券，不仅促进了中国债券市场的发展，也为东南亚地区及更多准备尝试在中国资本市场融资的国际主流发行人建立了样板。

发展熊猫债市场具有十分重大的意义。首先，熊猫债的出现能够进一步丰富债券市场的投资品种，进而满足不同投资者的需求；其次，熊猫债可以从发行端促进中国债券市场的国际化发展，进一步吸引境外投资者参与中国债券市场，推动人民币国际化的进程；最后，熊猫债市场有利于拓展"一带一路"沿线国家的外部融资渠道，深化中国与沿线国家金融合作的方式，促进资金的融通。

（三）SDR 债券

2015 年 11 月 30 日，国际货币基金组织（IMF）宣布将人民币纳入特别提款权（SDR）货币篮子，这是国际社会对我国改革开放成就和国际经济地位的认可，也对中国债券市场开放提出了更高的要求。2016 年 3 月，周小川在 G20 国际金融架构高级别研讨会上提出，要扩大 SDR 的使用，研究在中国境内市场发行 SDR 债券的可行性。

2016 年 8 月，世界银行（国际复兴开发银行）在我国银行间债券市场成功发行 20 亿特别提款权（Special Drawing Rights，SDR）计价债券，即木兰债（Mulan Bond），其结算货币为人民币。2016 年 10 月，渣打银行（香港）股份有限公司也在我国银行间债券市场成功发行 1 亿木兰债。

木兰债的推出，丰富了我国债券市场上的交易品种，促进了我国债券市场的开放与发展，是扩大 SDR 使用的标志性事件，对于增强国际货币体系的稳定性和韧性具有重要的里程碑意义。

（四）境外发行的人民币债券

境外发行的人民币债券根据发行所在地的不同，往往有不同的称谓，如人民币"点心债"是指各类机构在香港发行的以人民币为计价、结算单位的债券。香港金融市场机构把粤式点心的概念挪用到金融市场上，创造出"点心债"这一专有名词，用来称谓近年来兴起的香港离岸人民币债券。2007 年，为统筹利用两个市场、两种资源，国务院批准内地金融机构在香港发行人民币债券。① 国家开发银行、中国进出口银行、中国银行、中国建设银行及交通银行先后成功在香港发行人民币债券。2010 年

---

① 中国人民银行，国家发展和改革委员会．境内金融机构赴香港特别行政区发行人民币债券管理暂行办法 [OL]．中国政府网，2007－06－08．

以来，跨境人民币业务政策不断推出，助力"点心债"的发展。从 2012 年 5 月开始，境内非金融企业经批准可以赴港发行以人民币计价、期限在 1 年以上（含 1 年）、按约定还本付息的债券，也就意味着境内外金融机构和非金融企业均可以在香港发行人民币债券。2013 年以来，中国工商银行、国家开发银行、中国建设银行又先后赴伦敦试点发行 65 亿元人民币债券。2013 年 11 月 5 日，加拿大不列颠哥伦比亚省在香港成功发行 25 亿元 AAA 级离岸人民币债券（约 4.28 亿加拿大元），成为首个发行"点心债"的外国地方政府，从而推动人民币国际化再度进入实质性一步。2014 年开始，台湾、新加坡、伦敦、卢森堡等地均加入发行离岸人民币债券行列。2016 年 4 月，为把握与宏观经济热度、整体偿债能力和国际收支状况相适应的跨境融资水平，控制杠杆率和货币错配风险，实现本外币一体化管理，中国人民银行在总结前期区域性、地方性试点的基础上，将全口径跨境融资宏观审慎管理政策推广至全国范围，企业和金融机构均可按规定自主开展包括债券在内的本外币跨境融资，不需要事前审批。

2015 年 10 月 20 日，中国人民银行在伦敦采用簿记建档方式，成功发行了 50 亿元人民币央行票据，期限 1 年，票面利率为 3.1%。这是中国人民银行首次在中国以外地区发行以人民币计价的央行票据，有利于丰富离岸市场高信用等级的人民币金融产品，也有助于深化离岸人民币市场发展，对于推动跨境贸易和投资便利化具有积极意义。

2016 年 5 月 26 日，中国财政部成功在伦敦发行 30 亿元人民币国债，期限为 3 年，发行利率为 3.28%。这是中国首次在香港以外的离岸市场发行人民币国债，顺应了离岸人民币市场发展趋势，有助于伦敦人民币市场的进一步发展。

## 第二节　债券市场开放的金融基础设施建设

债券市场开放的渠道包括 QFII、RQFII、QDII、RQDII、银行间债券市场"全球通"、香港"债券通"等。关于 QFII、RQFII、QDII、RQDII 的制度安排将在第九章第二节股票市场金融基础设施中详细阐述,在此不加赘述。我们在本章主要探讨债券"全球通"、香港"债券通"和一些债券产品渠道上的创新,同时对于未来的金融基础设施建设提出一定的建议。

## 一、 银行间债券市场 "全球通"

"全球通"是指境外投资者采用"一级托管 + 结算代理"的直接入市投资模式。中国人民银行公告〔2016〕第 3 号(以下简称 3 号文)是银行间债券市场"全球通"的主要实施依据,3 号文规定:"商业银行、保险公司、证券公司、基金管理公司及其他资产管理机构等依法在境外注册成立的金融机构,上述金融机构依法合规面向客户发行的投资产品,以及养老基金、慈善基金、捐赠基金等中国人民银行认可的其他中长期机构投资者,在银行间债券市场开展债券现券等经中国人民银行许可的交易。"该文在登记、托管、结算、交易等方面也进行了一定的规定。

在交易结算方面,境外机构投资者应当委托银行间市场结算代理人(以下简称结算代理人)进行交易和结算。同时,结算代理人协助境外机构投资者开立、变更和注销人民币专用存款账户、债券账户、结算资金专户、债券交易账户等账户,并代理境外机构投资者进行债券交易和结算,同时帮助投资者完成付息兑付等公司行为。另外,人民银行对于结算代理人也进行了业务能力上的要求。

在托管方面,受托为境外机构投资者提供交易和结算服务的结算代理人可以为境外机构投资者提供资产保管、会计核算与估值、报表处理等资产托管服务。

银行间债券市场"全球通"模式与香港"债券通"模式后台结构的差异见图 8 - 1。

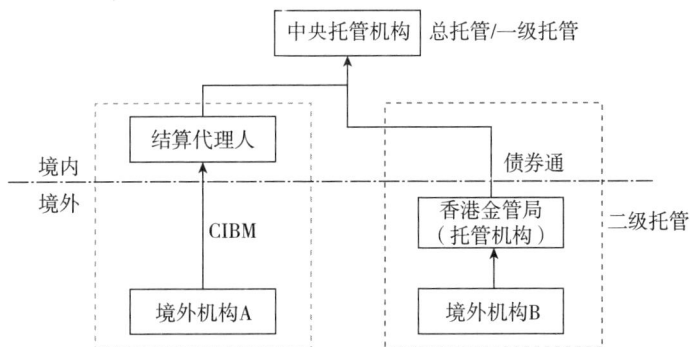

图 8-1 银行间债券市场"全球通"模式与香港"债券通"模式后台结构的差异

## 二、"债券通"

我国银行间债券市场于 2017 年开通"债券通""北向通",增加了境外投资者进入我国债券市场的渠道。根据内地债券市场与香港债券市场发展情况,目前仅开通"北向通"。在"债券通"的登记、托管、结算、交易等方面,中国人民银行在《内地与香港债券市场互联互通合作管理暂行办法》① 中进行了详细规定。

在托管方面,"债券通"采用了多级托管的模式,中央结算公司与上清所承担一级托管职能。以中央结算公司为例,由香港金融管理局(CMU)在中央结算公司开立名义持有人账户,名义持有境外投资者通过"北向通"投资的债券。CMU 应向中央结算公司上报境外投资者信息和其托管结算数据,同时 CMU 对上报数据的真实性、准确性、完整性负责。中央结算公司应及时、准确、完整地向人民币跨境收付信息管理系统(RCPMIS)报送跨境人民币收支信息。

在清算、结算方面,"债券通"下,投资者通过中国人民银行认可的

---

① 中国人民银行. 内地与香港债券市场互联互通合作管理暂行办法 [OL]. 中国人民银行官方网站,2017-06-21.

境外电子交易平台发送交易指令，平台进一步将指令传递给托管机构进行结算。结算中，债券过户通过境内托管机构的债券账务系统办理，资金支付通过人民币跨境支付系统办理，人民币与外汇皆可。另外，境外投资者如果使用外汇进行投资，可通过香港结算行办理外汇资金兑换，同时债券持有人应在一家香港结算行开立人民币资金账户，专门用于办理"北向通"下的资金汇兑和结算业务。

### 三、 未来债券市场进一步开放的金融基础设施建设

在证券结算系统（SSS）、中央对手方（CCP）、中央托管机构（CSD）方面，中国金融基础设施存在较大的改进空间。我国目前有多家金融基础设施机构，存在监管条线差异、产品相互重叠、协议规程不同等弊端，中央结算公司与上清所分别对银行间市场的债券进行清算、结算与托管；中证登对交易所市场的债券进行清算、结算与托管。这使得我国金融市场后台具有交易复杂、操作成本高、跨市场联通效率低等特点，降低了人民币资产对国际投资者的吸引力。交易报告库（TR）建设还处于起步阶段。

未来，债券市场的国际化需要证券结算机构进一步整合，提高效率。另外，金融基础设施的互联互通也是重要的发展方向。未来，可探索通过不同市场基础设施之间互联互通搭建跨境结算框架，扩大结算代理的适用性。通过发展境内 CSD 与他国 CSD、ICSD 的互联合作，打造债券市场开放升级版。该模式延续目前阶段行之有效、利益兼顾的一级托管账户体系，能够保持债券市场基本架构稳定，并通过探索与拥有众多机构客户的国际中央托管机构和境外中央托管机构互联，提高债券市场开放的效率，实现对境外投资者的批量引入。在该模式下，境外投资者既能继续使用境外 CSD 的业务操作平台和相关服务，保留了业务操作的便利性，又可直接在中国的中央托管机构开户用于债券托管，提高了托管资产的安全性。

## 专栏二： 中央结算公司便利境外投资者入市

中国债券市场存量规模持续扩大，目前已位居全球第二位。境外投资机构入市持续增加，截至 2019 年 6 月末，银行间债券市场境外机构持债规模达 1.72 万亿元（不含银行同业存单），占银行间债券市场总额的比例升至 2.6%，其中境外机构持有国债占余额的比重达 7.8%。同期，在中央结算公司开户的境外机构已超过 1200 户，共计持有债券 1.65 万亿元。中国债券市场的国际认可度不断提高，已被纳入国际主要债券指数。

中国债券市场开放始于 2005 年，泛亚基金和亚债中国基金被批准进入银行间债券市场。2010 年银行间债券市场投资主体拓宽至境外中央银行、港澳人民币清算行、境外参加银行，随后放开 RQFII、QFII 进入银行间债券市场的限制。2016 年中国人民银行 3 号文是中国债券市场全面开放的里程碑，扩大对全球投资者的开放准入，取消额度限制，实现"全球通"。2017 年，香港"债券通"开通，境外投资者可由香港与内地基础设施间互联的机制安排，间接进入境内债券市场。与此同时，主管部门推动境外投资者利息收入免税、信用评级行业开放和会计准则互认等配套制度改革，优化入市安排。目前，各类境外投资机构可通过"全球通"直接入市，也可通过香港"债券通"等多种渠道入市，交易已不受额度限制。

中央结算公司主动对接上海国际金融中心建设的国家战略，打造集聚"跨境发行中心、跨境结算中心、担保品中心、金融估值中心和上海数据中心"五大功能的上海总部，建设服务债券市场开放的前沿阵地。

一是持续推进金融基础设施跨境互联。2017 年 3 月 2 日，中央结算公司与全球最具影响力的金融基础设施之一明讯银行（Clearstream）在上海举行合作备忘录签署仪式，标志着中央结算公司和明讯银行启动跨境互联准备工作。2018 年 10 月 10 日，中央结算公司与加拿大最大的交易所集团 TMX 集团在北京举行合作备忘录签署仪式，标志着中央结算公司和 TMX 集团将建立联合工作机制，为北美投资者提供更低成本、更富效率的跨境债券投资服务。此外，中央结算公司还积极拓展与其他 CSD 等的互联合作。

二是结合国际惯例与市场需求，不断提升国际化服务水平。公司上线英文客户端和培训系统，便利境外投资者；接入 SWIFT 国际网络，完善跨境结算模式；与多家在沪知名高校联合设立上海财经大学中债国际研究所，持续开展国际研究；创建国际交流平台，积极宣传介绍中国债券市场开放，2017 年以来，公司在美国、英国、新加坡和中国香港等国家和地区，累计举办 10 余次债券市场宣传介绍和客户交流会。此外，公司积极推动多项业务创新，如支持银行间市场三方回购业务落地、担保品快速处置方案的推出；积极探索多项产品服务优化方案，如结算便利安排和代理借贷等，从而优化代理行产品线、盘活投资者持有债券、增加客户选择和实现多方共赢。

# 第三节　资本项目开放与债券市场开放

### 一、债券市场开放对于资本项目开放的意义

资本项目不应该贸然开放，应该具备一定的前提条件，其中金融市场特别是债券市场应该成为资本项目开放的重要一环。债券市场开放对于资本项目开放的意义有如下几个方面：

一是债券市场是金融市场的基础定价市场，可以为其他多层次市场提供定价基准，因而债券市场开放发展在国际金融中心建设中具有重要的核心地位。

二是就实际情况而言，债券市场是中国金融体系当中的基础市场、核心市场和基准市场。一方面，在中国多层次资本市场上，债券市场规模已经超过股票市场；另一方面，从大国金融中心发展经验看，债券市场发展是大国金融战略的重要支撑领域。一个成熟、开放的债券市场，可以强化对国际资本和金融要素的吸引与集聚，可以为经济社会发展提供低成本的融资支持，有助于夯实金融中心的市场基础。

三是从全球金融资产配置现状来看，境外投资者持有的金融资产中约70%是债券，国际投资者更倾向于持有避险型和定价型金融产品，人民币债券比股票在国际市场上将更具吸引力。

四是自贸区债券市场可以是境内债券市场的延伸，也是连接在岸和离岸市场的重要桥梁，应使境外投资人可以更加高效便捷、不受投资额度限制地进入自贸区债券市场，同时让境内外发行人可以在一个适当成熟的环境中面向全球投资人募集资金。与境内银行间债券市场的直接开放不同，自贸区债券市场开放旨在通过制度创新适应国际金融环境，法律、制度、税收、评级、定价、信息披露等各个环节将与国际接轨，为中国债券市场整体开放探索、积累可靠的实践经验。

总之，债券市场是中长期融资和投资的重要场所。一个功能全面、效率高、成本低的人民币债券市场将有助于境外主体解决其中长期人民币资金来源或满足其中长期人民币投资，为人民币成为国际组合资产投资的货币创造条件。

### 二、 债券市场开放在资本项目开放中的路径

中国人民银行于 2012 年发布报告①，认为中国资本项目开放顺序应当遵守三个原则：一是风险性原则，基于对资本项目开放的风险考虑，一般先开放风险小的资本项目，后开放风险较大的资本项目，合理控制风险；二是符合政策目标要求，资本项目开放顺序应当符合经济发展战略；三是条件约束原则，资本项目开放必须在条件成熟的情况下逐步放松管制，若一国在金融体系尚不完善、风险监督和风险评价能力不足、金融中介效率不高的条件下应当放缓资本项目开放。落实到具体，中国人民银行认为中国资产项目开放将分为短期、中期、长期三个阶段：短期（1～3 年）放松有真实交易背景的直接投资管制，鼓励企业"走出去"；中期（3～5 年）放松有真实贸易背景的商业信贷管制，助推人民币国际化；长期（5～10 年）加强金融市场建设，先开放流入后开放流出，依次审慎开放不动产、股票及债券交易，逐步以价格型管理替代数量型管制。

对于债券市场开放，中国人民银行认为，其开放顺序应当位居于直接投资、商业信贷、不动产投资、股票投资之后，位于 2017—2022 年的计划之中。

目前，债券市场开放的路径主要有以下四个方向：

一是投资者准入进一步放开，目前在债券全球通模式下，商业银行、保险公司、证券公司、基金管理公司及其他资产管理机构等各类金融机构可以参与银行间债券市场，但是非央行类机构和非清算行机构暂时仍只能

---

① 中国人民银行调查统计司课题组，盛松成. 我国加快资本账户开放的条件基本成熟 [J]. 中国金融，2012（05）：14－17.

进行现券买卖。未来，投资范围可以进一步放开。

二是境内外交易互联互通，"债券通"就是这一方面的重要制度安排。未来通过"债券通"进一步开放互联互通方向，开放"南向通"，进一步进行中央托管机构之间的跨境互联，逐步实现债券市场开放的渐进式改革路线图。

三是金融开放创新区域试点，目前开展的自由贸易试验区就是这一方面的重要制度安排。通过进一步推进自贸区债券发行，将自贸区建设成为债券在国际上发行交易的平台，打造在岸的离岸市场，成为资本项目开放的重要动力因素。

四是发行环节的国际化。目前，在境内主体赴境外发行债券与境外主体赴境内发行债券的业务中，发行服务机构正逐步走向国际化。可进一步放开发行熊猫债的主体范围，使得更多境外主体到中国境内的债券市场发行债券；也可考虑进一步简化发行债券的审批流程，提高债券发行效率。

总之，在资本项目开放中，中国将继续坚持渐进式改革的思路，逐步推动债券市场的开放，使资本项目开放稳步进行。

# 第四节　本章小结

本章主要研究了人民币国际化与债券市场开放之间的关系，分别介绍了债券市场的开放历程、债券市场开放的金融基础设施建设和资本项目开放与债券市场开放的关系。在第一节，分别从境外机构进入银行间债券市场、境外机构进入交易所市场和人民币跨境债券产品渠道三个角度，按时间线对中国债券市场的开放过程进行了梳理。第二节则在第一节的基础上，就债券全球通、香港"债券通"背后的债券金融基础设施的建设进行了梳理，并提出了未来可能的发展方向。第三节则分析了资本项目开放与债券市场开放之间的关系，包括债券市场开放对于资本市场开放的意义以及债券市场开放在资本项目开放中的重要性。总体而言，本章结合金融基础设施建设，详细叙述了债券市场开放、资本项目开放与人民币国际化三者之间的辩证关系，同时对于未来如何通过债券市场开放进一步推动资本项目开放与人民币国际化也进行了一定的探讨。

# 人民币国际化
## 理论与实践
Theory and Practice of
RMB Internationalization

第九章

# 人民币国际化与股票市场开放

股票市场的开放对于人民币国际化有着重要的推动作用。股票市场的开放能够为境外人民币提供回流渠道，增加人民币在国际上的流动性，帮助提高人民币在国际储备货币中的作用。同时，股票市场的开放也是资本项目开放的重要一环，合理有序地开放资本项目也是人民币国际化的必经之路。本章介绍了股票市场的开放历程、股票市场开放的金融基础设施建设，及资本项目开放与股票市场开放，从而阐述股票市场开放与人民币国际化之间的关系。

## 第一节　股票市场开放的历程

### 一、合格境外机构投资者投资境内证券市场

合格境外机构投资者（Qualified Foreign Institutional Investors，QFII）

制度，是一国在货币没有实现完全可自由兑换、资本项目尚未开放的情况下，有限度地引进外资、开放资本市场的一项过渡性的制度。这种制度允许把一定额度的外汇资金汇入并兑换为当地货币，通过严格监督管理的专门账户投资当地证券市场，包括股息及买卖价差等在内的各种资本所得经审核后可转换为外汇汇出，实际上就是对外资有限度地开放本国的证券市场。自 2002 年 QFII 业务在中国开展以来①，我国逐步建立了较完善的政策法规及业务管理机制，为人民币合格境外机构投资者（RMB Qualified Foreign Institutional Investors，RQFII）制度的推出提供了良好的经验借鉴。

在 RQFII 制度下，境外机构投资人可将批准额度内的外汇结汇投资于境内的证券市场。对 RQFII 放开股票市场投资，是从侧面加速人民币的国际化。2011 年 8 月 17 日，时任国务院副总理李克强在香港出席国家"十二五"规划与两地经贸金融合作发展论坛时表示，将允许以 RQFII 投资境内证券市场。证监会、人民银行、国家外汇管理局于 2011 年 12 月 16 日联合发布《基金管理公司、证券公司人民币合格境外机构投资者境内证券投资试点办法》，允许符合条件的基金公司、证券公司香港子公司作为试点机构开展 RQFII 业务。该业务初期试点额度约 200 亿元人民币，试点机构投资于股票及股票类基金的资金不超过募集规模的 20%。

随着人民币国际化的深入推进，RQFII 管理不断简化，试点国家逐步扩展到英国、新加坡、法国、韩国、德国、卡塔尔等国家。国家外汇管理局公布的数据显示，截至 2017 年 12 月 27 日，累计批准 196 家人民币合格境外机构投资者，获得可投资总额度为 6050.62 亿元（见表 9 - 1）。2017年 RQFII 可投资总额度累计增加 765.87 亿元，2016 年为 841.5 亿元。

---

① 中国证监会，中国人民银行. 合格境外机构投资者境内证券投资管理暂行办法 [OL]. 中国证监会官方网站，2002 - 11 - 05.

**表 9 - 1　　　截至 2017 年 12 月 27 日 RQFII 试点分布情况**

| | 国家或地区 | 授予额度（亿元） | 批准额度（亿元） | 批准机构数（家） | 获批时间 | 备注 |
|---|---|---|---|---|---|---|
| 1 | 爱尔兰 | 500 | | | 2016 年 12 月 21 日 | |
| 2 | 美国 | 2500 | 166 | 3 | 2016 年 6 月 8 日 | |
| 3 | 泰国 | 500 | 11 | | 2015 年 12 月 17 日 | |
| 4 | 阿联酋 | 500 | | | 2015 年 12 月 14 日 | |
| 5 | 马来西亚 | 500 | 6 | 1 | 2015 年 11 月 23 日 | |
| 6 | 匈牙利 | 500 | | | 2015 年 6 月 27 日 | |
| 7 | 智利 | 500 | | | 2015 年 5 月 25 日 | |
| 8 | 卢森堡 | 500 | 151.87 | 7 | 2015 年 4 月 29 日 | |
| 9 | 瑞士 | 500 | 70 | 1 | 2015 年 1 月 21 日 | |
| 10 | 澳大利亚 | 500 | 320.06 | 3 | 2014 年 11 月 17 日 | |
| 11 | 加拿大 | 500 | 86.53 | 3 | 2014 年 11 月 8 日 | |
| 12 | 卡塔尔 | 300 | | | 2014 年 11 月 3 日 | |
| 13 | 德国 | 800 | 105.43 | 3 | 2014 年 7 月 7 日 | |
| 14 | 韩国 | 1200 | 753.87 | 36 | 2014 年 7 月 3 日 | 初始额度 800 亿元<br>2015 年 10 月 31 日调增 |
| 15 | 法国 | 800 | 240 | 7 | 2014 年 3 月 28 日 | |
| 16 | 新加坡 | 1000 | 693.55 | 32 | 2013 年 10 月 22 日 | 初始额度 500 亿元<br>2015 年 11 月 17 日调增 |
| 17 | 英国 | 800 | 389.94 | 17 | 2013 年 10 月 15 日 | |
| 18 | 中国香港 | 5000 | 3056.37 | 82 | 2011 年 12 月 16 日 | 初始额度 2700 亿元<br>2017 年 7 月 4 日调增 |
| | 累计 | 17400 | 6050.62 | 196 | | |

数据来源：国家外汇管理局。

　　未来可以考虑进一步扩大 QFII 和 RQFII 额度，放开 QFII 和 RQFII 适用主体，便利更多的外资投资者进入中国股票市场，从而进一步扩大股票市场开放的程度。

## 二、 合格境内机构投资者投资境外证券市场

与 QFII 和 RQFII 类似，中国推出了合格境内机构投资者（Qualified Domestic Institutional Investor，QDII）制度和人民币合格境内机构投资者（RMB Qualified Domestic Institutional Investor，RQDII）制度，允许境内机构投资境外资本市场的股票、债券等有价证券投资业务的一项制度安排。

回顾过去几年，随着我国人民币国际化进程的稳步推进，为进一步推进资本项目开放、促进人民币汇率的市场化、创造更多的外汇需求，自 2007 年 7 月 5 日我国推出 QDII 制度，有控制地允许境内机构投资境外资本市场的股票、债券等有价证券，QDII 制度自此起施行。目前 QDII 产品主要分为银行系、基金系和保险系三个不同的系列。银行系 QDII 的认购门槛较高，可投资标的包括境外资本市场的股票和固定收益类产品，风险和收益较低；基金系 QDII 的认购起点相对较低，往往是 1000 元起步，而且投资灵活度很高，可以 100% 将资金投资于境外股票，因此其风险和收益较高；保险系 QDII 一般不对个人投资者开放，主要是以自有资金在海外资本市场进行投资运作。2007 年 10 月，南方全球精选基金、嘉实海外中国股票基金、上投亚太优势基金和华夏全球精选基金这 4 只首批 QDII 基金推出。2010 年 3 月 22 日，第二批 QDII 首发的国泰纳斯达克 100 指数基金正式发行，从主要投资于香港上市的国内企业到完全布局于全球知名高科技上市公司。随后，在市场风险等因素影响下，该制度一度停滞。2018 年 4 月，QDII 额度在时隔 3 年后再次放开。根据国家外汇管理局披露的 QDII 投资额度审批情况，2018 年 4 月各类机构新增 QDII 额度 83.4 亿美元，约 24 家机构获得新的 QDII 额度，其中 15 家基金公司分享其中 55.5 亿美元的额度。截至 2018 年 6 月末，各类机构 QDII 额度合计达

1033.33 亿美元。①

2014 年 11 月，为拓宽境内人民币资金双向流动渠道，便利人民币合格境内机构投资者境外证券投资活动，RQDII 机制被正式推出。与 QDII 的审批制不同，RQDII 以实际募集规模为准。不过，由于 2015 年以来跨境资金净流出压力的增加，2015 年末，RQDII 业务被暂停。2018 年上半年，随着 QDII 额度审批重新启动，中国人民银行于 5 月重启 RQDII 机制，发布了《关于进一步明确人民币合格境内机构投资者境外证券投资管理有关事项的通知》，进一步明确了其境外证券投资管理的有关事项，同时要求，"人民币合格投资者开展境外投资的，不得将人民币资金汇出境外购汇"。这意味着我国跨境投资管理进一步放松，这为人民币国际化再增添动能。

在此基础上，2013 年 5 月，国务院提出"建立个人投资者境外投资制度"。《国务院关于进一步促进资本市场健康发展的若干意见》② 提出，"稳步开放境外个人直接投资境内资本市场，有序推进境内个人直接投资境外资本市场"。2014 年 8 月，国家发展和改革委员会相关负责人表示，目前正在加快制定和出台《境外投资条例》及其实施细则，允许个人投资者开展境外投资。2014 年 10 月，在北京举办的"伦敦证券交易所北京 IPO 大会"也提出，未来将允许个人直接开展境外投资，包括证券投资、实业投资和房地产投资等，还将推动建立合格境内个人投资者（QDII2）机制，允许个人投资境外市场。③ 这将是人民币资本项目可兑换的重要突破，未来或将随着时间成熟而择机推出。

未来可以考虑与 QFII 和 RQFII 一致，逐步扩大 QDII 和 RQDII 的额

---

① 掌上基金.2018 年 7 月 6 日公募基金日报：基金公司积极"海淘"［OL］.雪球网，2017 - 07 - 06.

② 国务院.国务院关于进一步促进资本市场健康发展的若干意见［OL］.中国政府网，2014 - 05 - 09.

③ 胡芳.RQDII：海外投资的下一程［N］.国际金融报，2014 - 10 - 20.

度，放开 QDII 和 RQDII 的适用主体，便利国内投资者投资国外证券，从而进一步扩大股票市场开放的程度。

### 三、 内地与香港交易所互联互通

未来，中国将着重推动新一轮高水平的对外开放，其中资本市场对外开放是扩大服务业的重要方面，故建立上海与香港股票市场交易互联互通机制，进一步促进中国内地与香港资本市场双向开放和健康发展。沪港通包括沪股通和港股通两部分，投资者均采用人民币买卖对方市场股票。沪港通是中国资本市场对外开放的重要内容，有利于加强两地资本市场联系，推动资本市场双向开放，巩固上海和香港两个金融中心的地位，也有利于推动人民币国际化，支持香港发展成为离岸人民币业务中心。

在沪港通试点的经验基础上，深港通相关准备工作也开始筹备。2016年12月5日，中国证监会与香港证监会发布联合公告，标志着深港通正式启动。启动深港通，是内地与香港金融市场互联互通的又一重大举措，可以使投资者更好地共享两地经济发展成果，有利于深化内地与香港金融合作，推动人民币国际化进程。

经过长期的积极论证、探讨和进行准备工作，"沪伦通"正在稳步推进。2018年10月12日，证监会正式发布《关于上海证券交易所与伦敦证券交易所互联互通存托凭证业务的监管规定（试行）》。中国证监会和英国金融行为监管局 2019 年 6 月 17 日发布"沪伦通"《联合公告》，原则上批准上海证券交易所和伦敦证券交易所开展"沪伦通"。同日，"沪伦通"启动仪式在伦敦举行，在上海证券交易所上市的华泰证券股份有限公司发行的"沪伦通"下首只全球存托凭证（GDR）产品在伦敦证券交易所挂牌交易。

### 四、 内地与香港基金互认

2015 年 5 月 22 日，中国证监会与香港证券会发布联合公告，决定开展内地与香港公开募集证券投资基金互认工作（以下简称基金互认），自7月1日起正式实施。基金互认是"场外市场"的互通互联，每一只互认基金需经法定程序审核批准后才能跨境销售，两地监管机构关于"通过基金互认实现两地市场互利共赢"的出发点一致，并就稳步均衡推进互认基金准入工作以确保资金流出入保持基本均衡达成共识。在具体的基金规模和运作实际上，要求基金成立1年以上，资产规模不低于2亿元人民币，而且要求互认基金不以对方市场为主要投资市场，且在对方市场的销售规模占基金总资产的比例不超过50%。为支持内地与香港公开募集证券投资基金互认工作，中国人民银行、国家外汇管理局发布了管理操作指引。

### 五、 人民币跨境股票投资产品、 渠道的创新与探索

#### （一） 中国存托凭证 CDR

中国存托凭证（Chinese Depository Receipt，CDR）是与美国存托凭证（American Depository Receipts，ADR）相类似的一个制度安排。

所谓美国存托凭证 ADR，指的是在美国金融市场上交易的、代表非美国公司发行证券的可转让证券。ADR 的交易与美国本土股票基本没有差异，可以在美国市场的交易时间进行正常交易，通过向美国的经纪人发送指令进行买卖。

与之类似，中国存托凭证 CDR，指的是由存托人签发、以境外证券为基础在中国境内发行、代表境外基础证券权益的证券。CDR 目前主要依据中国证监会发布的《存托凭证发行与交易管理办法（试行）》进行监督和管理。[1] CDR 是一项帮助境外主体在中国 A 股市场进行筹资活动的制度安排。CDR 不仅能够帮助境外主体在中国 A 股市场进行筹资，同时能够推动中国 A 股市场的发展，在提升 A 股市场国际化水平的同时，倒逼国内股票市场制度建设，为 A 股投资者提供更多的投资选择，中国境内银行也

---

① 中国证券监督管理委员会. 存托凭证发行与交易管理办法（试行）[OL]. 中国证券监督管理委员会官方网站，2018 - 06 - 07.

能够通过 CDR 制度所要求的存券银行业务进行更好的国际化业务发展。另外，由于目前国内在资本项目上存在一定的限制，所以在 A 股募得的人民币资金难以兑换为外汇在国外进行投资，只能用于中国国内项目的投资。故 CDR 的主要适用对象有两种类型，一种是主体在香港上市的大陆企业，一般被香港市场称为"中概股"；另一种则是拥有海外 VIE 架构并在开曼群岛等地注册的科技创新企业。

另外，值得一提的是，在 CDR 的法律制度安排方面，目前仍面临较大的挑战，其中主要是法律的适用问题。美国存托凭证 ADR 主要采用的是行为地法，即按照法律行为的发生地确认管辖权的归属。在 CDR 中，《存托凭证发行与交易管理办法（试行)》（以下简称《办法》）规定，"存托凭证的发行和交易，适用《证券法》《关于开展创新企业境内发行股票或存托凭证试点的若干意见》《办法》以及中国证监会的其他规定。中国证监会依照上市公司监管的相关规定，对发行存托凭证的境外基础证券发行人进行持续监督管理。法律、行政法规或者中国证监会另有规定的除外。"即规定中国证监会有权对 CDR 发行的境外法人主体进行监管，主张对于 CDR 发行的境外公司的管辖权，这一主张可能导致与境外法律管辖权的冲突。故 CDR 的法律制度需要进行进一步完善。相信在未来，CDR 制能够逐步发展完善为一项推动中国股票市场以及国际化程度的重要制度安排。

（二）A 股纳入 MSCI 指数

摩根士丹利资本国际公司（明晟）（Morgan Stanley Capital International，MSCI）是美国的一家指数编制公司。在指数 ETF 基金逐渐流行的今天，MSCI 编制的指数为全球大量资产提供基准。MSCI 应用较为广泛的指数包括 MSCI ACWI（All Country World Index）Free Index SM 即 MSCI 全球基准指数、MSCI World Index SM 即 MSCI 发达市场指数、MSCI EAFE（Europe，Australia，FarEast）Index 即 MSCI 除美加外发达市场指数、MSCI EMF（Emerging Markets Free）Index SM 即 MSCI 新兴市场指数。这意味着

A 股纳入 MSCI 全球基准指数和 MSCI 新兴市场指数后，会带来一系列被动投资基金的资金进入中国 A 股市场，提升中国股票市场的国际化程度。

2017 年 6 月 27 日，明晟公司首次宣布将 A 股纳入 MSCI 指数，预计将纳入 A 股中约 222 只规模较大的股票，在此次纳入 A 股后，A 股约占 MSCI 新兴市场指数 0.73% 的权重。国际上的被动投资基金将主要通过 QFII 和沪港通、深港通的模式进入中国 A 股市场进行投资。

## 第二节　股票市场金融基础设施建设

我国积极开展证券市场互联互通，逐步推出直通式交易的互联互通机制。目前，中国股票市场上的清算托管机构主要是中国证券登记结算有限责任公司（以下简称中证登），另外，在银行间市场，中央结算公司与上海清算所分别负责不同金融产品的清算、结算以及托管服务。

### 一、 QFII 和 RQFII 的制度安排

《合格境外机构投资者境内证券投资管理办法》① 详细规定了 QFII 制度下境外投资者托管登记和结算方面的安排。

对于 QFII 而言，合格境外投资者应当委托境内商业银行作为托管人托管资产，委托境内证券公司办理在境内的证券交易活动。在托管登记方面，合格投资者需要在托管人处开立外汇账户和人民币特殊账户，向中国证监会和国家外汇管理局申请也需要经由托管人递送。托管人也应当帮助合格投资者保管其资产，帮助办理有关外汇和人民币资金结算业务。另外，托管人还需要监督合格投资者的投资运作，并及时向中国证监会和国家外汇管理局报告。QFII 制度下对于托管行要求较高，除了对于规模、业务能力方面的要求外，尤其对于外资商业银行的境内分行，要求在境内持

---

① 中国证券监督管理委员会. 合格境外机构投资者境内证券投资管理办法 [OL]. 中国证券监督管理委员会官方网站，2006 – 08 – 24.

续经营 3 年以上的才可申请成为托管人。在结算方面，合格投资者可以在证券登记结算机构（在国内股票市场上，即为中证登）申请开立证券账户（实名账户与名义持有人账户），同时应当委托获得证券登记结算机构结算参与人资格的机构进行资金结算。另外，合格投资者可以委托在境内证券公司等投资管理机构进行境内证券投资管理。

对于 RQFII 而言，《基金管理公司、证券公司人民币合格境外机构投资者境内证券投资试点办法》① 详细规定了 RQFII 制度下，人民币合格境外机构投资者托管登记和结算方面的安排。总体而言，香港子公司开展境内证券投资业务试点，应当委托具有合格境外机构投资者托管人资格的境内商业银行负责资产托管业务，委托境内证券公司代理买卖证券。尤其是在托管登记方面，境内托管人应当保管香港子公司托管的全部资产，办理香港子公司资金汇出入等相关业务，同时监督香港子公司的境内证券投资运作，向证监会、人民银行和国家外汇管理局报送相关业务报告和报表。

总之，无论是合格境外投资者还是人民币合格境外机构投资者，都需要委托国内的机构并通过国内机构帮助其进行证券的托管登记与结算。这一安排一方面能够帮助境外投资者更为便利顺畅地投资我国股票市场；另一方面，这也体现了我国对于开放外资进入我国证券市场进行投资的审慎态度，通过境内的托管人以及结算机构对于外资投资进行更完善的监督。

### 二、 QDII 和 RQDII 的制度安排

《合格境内机构投资者境外证券投资管理试行办法》② 详细规定了 QDII 制度下境内投资者托管登记和结算方面的安排。总体而言，境内机

---

① 中国证券监督管理委员会. 基金管理公司、证券公司人民币合格境外机构投资者境内证券投资试点办法 [OL]. 中国证券监督管理委员会官方网站，2013 - 03 - 01.

② 中国证券监督管理委员会. 合格境内机构投资者境外证券投资管理试行办法 [OL]. 中国证券监督管理委员会官方网站，2007 - 06 - 18.

构投资者开展境外证券投资业务，应当由境内商业银行负责资产托管业务，可以委托境外证券服务机构代理买卖证券。在托管登记方面，境内机构投资者应当在托管人处开立托管账户，托管基金、集合计划的全部资产。托管人应当安全保管基金、集合计划资产，并开设资金账户和证券账户，办理境内机构投资者的有关外汇和人民币资金结算业务。另外，托管人还应当对境内机构投资者对外投资实施监督，并应当及时向中国证监会、国家外汇管理局报告。条例中还对托管的规模和业务能力进行了进一步的规定，在结算方面，托管人应当为基金、集合计划开立结算账户和证券托管账户，用于与证券登记结算等机构之间的资金结算业务和证券托管业务。托管账户、结算账户和证券托管账户的收入、支出范围应当符合有关规定，账户内的资金不得向他人贷款或提供担保。

《中国人民银行关于人民币合格境内机构投资者境外证券投资有关事项的通知》[1] 详细规定了 RQDII 制度下合格境内机构投资者托管登记和结算方面的安排。总体而言，人民币合格境内机构投资者开展境外投资，应当在具有相应托管业务资格的境内托管银行处开立境内人民币托管账户。境内托管银行应当在境外托管人处为人民币合格境内机构投资者的相关产品开立境外人民币托管账户，也可为人民币合格境内机构投资者的每种产品分别开立境内人民币托管账户。另外，境内托管银行应当通过人民币跨境收付信息管理系统向中国人民银行报送人民币合格境内机构投资者账户的开销户信息、投资额度、资金跨境收付信息，以及境内证券投资资产配置情况信息等。

总之，QDII 和 RQDII 与 QFII 和 RFII 相类似，都采用了托管行作为跨境证券投资的金融基础设施，为跨境证券投资提供了扎实的基础保障。

---

① 中国人民银行．中国人民银行关于人民币合格境内机构投资者境外证券投资有关事项的通知［OL］．中国人民银行官方网站，2014－11－18.

### 三、 沪港通和深港通的制度安排

股票市场方面,我国于 2014 年首推沪港通,于 2016 年推出深港通。沪港通和深港通由中证登与香港中央结算有限公司（HKSCC）签订协议,对于涉及沪港通与深港通的证券提供登记、存管、结算服务。境外投资者参与沪港通与深港通业务,需要通过香港中央结算有限公司。香港中央结算有限公司作为名义持有人在中证登开立人民币普通股票账户,持有所有境外投资者通过"两通"取得的证券,同时这些证券以香港结算的名义存管在中证登。国内投资者参与港股通业务,需要通过中证登。中证登作为名义持有人在香港中央结算有限公司持有所有国内投资者通过港股通取得的证券,并与香港中央结算有限公司进行证券交收。同时,投资者通过港股通取得的证券应签订协议托管于境内证券公司,境内证券公司再交由中证登存管。2017 年,沪港通和深港通中,"北向通"成交总额达 2.27 万亿元,同比上升 193.9%,"南向通"成交总额达 2.26 万亿港元,同比上升 170.2%。根据中英两国战略对话情况,目前"沪伦通"也在积极推进中。

### 四、 中国存托凭证 （CDR） 的制度安排

在美国存托凭证 ADR 的实践中,帮助 ADR 进行上市与交易的金融基础设施主要包括存券银行和托管银行。ADR 的存券银行位于美国,是 ADR 发行交易过程中最为重要的金融基础设施。存券银行负责 ADR 的登记和交易过户,安排 ADR 在存券信托公司进行保管和清算,还帮助 ADR 的持有者实施公司权力,包括收缴红利、代理行使投票权等。另外,存券银行还为 ADR 持有者提供一系列的信息和咨询服务,帮助 ADR 更为顺畅地进行交易。ADR 的托管银行是位于境外发行主体的所属国,帮助存券银行完成 ADR 由境外基础证券向美国存托凭证的转化。当美国投资者产生 ADR 需求时,存券银行向基础证券所在地托管银行发出指令收取基础

证券，托管银行收到证券后，存券银行就向美国市场的投资者发出 ADR，ADR 就可在美国市场上进行交易，反之，如果想卖出 ADR，也要由存券银行发送指令，由托管银行将基础证券退还给本国证券市场，同时收回在美国的 ADR。

对于 CDR 而言，《存托凭证发行与交易管理办法（试行）》中对于CDR 相关登记托管清算结算等金融基础设施的安排方面也作出了一些规定。在登记托管清算结算方面，中国证监会规定："存托凭证应当在中国证券登记结算有限责任公司集中登记、存管和结算。"即由中证登提供CDR 在国内上市交易的一系列基础设施服务。另外，在 CDR 特有的存券银行（或称存托人）和托管银行（或称托管人）方面，中国证监会也进行了规定。存托凭证存托人应当承担与境外基础证券发行人签署存托协议，并委托托管人管理在境外的存托凭证基础财产，并与其签订托管协议，同时帮助存托凭证的境内持有人实施公司行为，收取红利、行使表决权。存托凭证托管人应当托管基础财产，协助实施公司行为，并向存托人提供信息。

总之，CDR 的金融基础设施制度与 ADR 非常类似，尤其是存券银行和托管银行的规定方面几乎一致。这体现出 CDR 制度是参照 ADR 制度制定的一项制度。

# 第三节　资本项目开放与股票市场开放

本节我们将详细叙述股票市场开放对于资本项目开放的意义和路径，研究股票市场对于资本项目开放以及人民币国际化的重要性。

## 一、　股票市场开放对于资本项目开放的意义

由第八章的内容可知，资本项目不应该贸然开放，应在具备一定的前提条件后逐步开放。其中金融市场开放是资本项目开放的重要一环，而股

票市场开放则是金融市场开放的重要一环。故股票市场开放对于资本项目开放也有着深远的意义。

一是股票市场是较具活力和可持续增长能力的金融市场，对于境外投资者，尤其是对于稳健型投资者这一规模较大、对收益具有一定的要求的投资者而言，具有很强的吸引力，因而开放股票市场能够很好地促进人民币发挥投融资工具的功能，推动资本项目开放。

二是从中国股票市场的实际情况来看，股票市场是中国未来金融市场继续发展创新的重要渠道。目前，中国拥有一个以银行为主导的金融市场，市场化程度较低，金融抑制程度较高，目前已经一定程度上阻碍了中国经济的进一步增长，所以市场化将是未来中国金融市场发展的主旋律，股票市场会成为其中重要的一环。一个成熟、稳定、开放的股票市场有利于大国金融地位的建立，强化金融市场在国际上的吸引力，也为中国在"一带一路"倡议中提供金融保障与支持。

三是渐进式开放股票市场，建立 QFII、沪港通等制度可帮助中国市场形成一个逐步完善的股票发行、交易、监管的模式，从而与国际接轨。目前，中国股票市场在发行注册制、券商业务能力、完整的监督监管体系等方面都有待进一步加强或完善。股票市场逐步开放后，各个环节将逐渐与国际接轨，为中国资本项目的开放打下坚实的基础。

如果仅依靠贸易结算向外输出人民币，在人民币作为投融资工具和储备货币的功能缺失的情况下，人民币国际化的潜力只能实现一小部分。开放资本项目，尤其是开放股票市场这一具有国际吸引力的市场，是人民币进一步发挥投融资工具和储备货币职能、推动人民币国际化的重要环节。

## 二、 股票市场开放在资本项目开放中的路径

上节中，我们谈到，中国人民银行相关报告提出，中国资本项目开放分为短期、中期、长期三个阶段：短期（1~3 年）放松有真实交易背景的直接投资管制，鼓励企业"走出去"；中期（3~5 年）放松有真实贸易

背景的商业信贷管制，助推人民币国际化；长期（5～10 年）加强金融市场建设，先开放流入后开放流出，依次审慎开放不动产、股票及债券交易，逐步以价格型管理替代数量型管制。

对于股票市场开放，中国人民银行相关报告提出，其开放顺序应当位居于直接投资、商业信贷、不动产投资之后，位于债券市场开放之前，在2017—2022 年的计划之中。

目前，股票市场开放的路线主要有以下三个方向：

一是合格投资者制度进一步深入，QFII 制度、RQFII 制度就是这一方面的重要制度安排。未来将会通过逐步放开合格投资者投资额度以及扩展合格投资者投资品种，逐步取消限制，增强资金流入与流出的渠道的通畅性，逐步实现股票市场的开放。

二是境内外交易互联互通，沪港通、深港通就是这一方面的重要制度安排。一方面逐步增加参与互联互通证券的规模，由目前的 A 股大盘、中盘股进一步扩展；另一方面逐步增加互联互通网络，如未来即将建立的"沪伦通"。

三是金融开放创新区域试点，目前开展的自由贸易试验区就是这一方面的重要制度安排。通过继续推进自贸区内合格境内个人投资者境外投资（QDII2）、扩大投资范围等方式进一步推动自由贸易试验区成为资本项目开放的重要动力因素。

在股票市场开放中，中国将继续坚持渐进式改革的思路，逐步推动股票市场方面的开放，推动资本项目开放的稳步进行。

# 第四节　本章小结

本章主要研究了人民币国际化与股票市场开放之间的关系，分别介绍了股票市场的开放历程、股票市场开放的金融基础设施建设和资本项目开放与股票市场开放。在第一节，即股票市场开放历程中，按照时间线，对于 QFII 和 RQFII、QDII 和 RQDII、沪港通和深港通、基金互认以及 CDR 和 MSCI 等人民币跨境股票投资产品和渠道的创新与探索等各个股票市场开放的方式进行了详细的梳理,并在历史的基础上探讨了股票市场进一步开放的方式。在股票市场对外开放的金融基础设施方面,第二节结合了上一节的股票市场开放模式,对不同种类的股票市场开放模式背后的金融基础设施的情况进行了介绍。第三节则探讨了资本项目开放与股票市场开放之间的关系,包括股票市场开放对于资本市场开放的意义以及股票市场开放在资本项目开放中的重要性。总体而言,本章结合金融基础设施建设,详细论述了股票市场开放、资本项目开放与人民币国际化三者之间的辩证关系,同时对于未来如何通过股票市场开放进一步推动资本项目开放与人民币国际化也进行了一定的探讨。

**人民币国际化**
理论与实践
Theory and Practice of
RMB Internationalization

## 第十章

# 人民币国际化与其他金融市场开放

在金融危机之后，人民币国际化成为金融改革的重大议题，金融管理当局在不同场合都提出稳步推进人民币国际化。目前，人民币国际化的进程依旧任重道远。在上两章，我们分析了人民币国际化与股票市场、债券市场开放之间的联系。在本章，我们将研究人民币国际化与其他市场开放之间的关系，包括信贷市场、保险市场和衍生品市场。

## 第一节　人民币国际化与信贷市场开放

中国金融市场自改革开放开始建立并逐步恢复以来，一直是一个以间接融资为主的金融市场，信贷以及衍生出的银行理财、信托等产品在中国金融市场中占有重要地位。所以，信贷市场的开放能够有力地促进人民币国际化，但是，由于信贷市场的开放对于国内整体金融市场的影响巨大，所以开放必须谨慎进行，防范风险。

总体而言，中国信贷市场的开放主要有四个渠道：一是境内银行向境外主体进行贷款；二是境内的境外银行向境内主体进行贷款；三是境内主体通过国际市场进行人民币贷款；四是境内主体通过国际市场进行外币贷款。中国信贷市场的开放可以通过这四个渠道逐步稳健推动人民币国际化。

## 一、 境内银行向境外主体进行贷款

境内银行向境外提供信贷服务主要有两个方向：一是以政府信用为背书，通过国际机构和政府背景机构对境外主体进行信贷发放；二是商业银行以商业信用和自由市场为基础，在实际贸易、跨境商业业务的基础上对境外主体进行信贷发放。

在以政府信用为背书，通过国际机构和政府背景机构对境外主体进行信贷发放方面，过去日本就成功采用了这种模式。在政府背景机构方面，日本通过进出口银行实施"黑字环流"计划，将积累的贸易顺差通过向发展中国家进行本币低息贷款的方式对外输出，并通过限制，要求贷款购买日本仪器设备，在支持日本商品及资本输出的同时，完成了日元的跨境流动。另外，日本还通过日本输出入银行、日本协力银行等具有政府背景的对外援助机构对外进行贷款发放。在参与国际组织方面，日本也积极通过在世界银行和亚洲开发银行的较高股份，利用国际金融组织对外发放境外本币贷款。通过上述手段，日本成功地提高了日元的国际化水平。

中国目前也采取与之类似的方式。在国际组织方面，中国在原有参与世界银行和亚洲开发银行的基础上，倡议成立亚洲基础设施投资银行（亚投行），并推进金砖国家新开发银行（金砖银行）和上海合作组织开发银行。亚洲基础设施投资银行（AIIB）是由中国倡议建立并于 2015 年底正式成立的多边国际金融机构，总部设在北京。截至 2017 年末，AIIB 有 84 个成员①，主要对亚洲地区的基础设施发展建设进行投资。金砖国家新开

---

① 截至 2019 年 7 月末，增加到 100 个成员。——编者注

发银行（金砖银行）是在 2015 年成立的，致力于帮助金砖国家（巴西、俄罗斯、印度、中国、南非）进行基础设施发展建设的国际金融机构。上海合作组织开发银行是中国于 2010 年在上海合作组织成员国第九次总理会议上提出的设想，目前正在积极地进行前期筹备，上合组织开发银行将致力于扩大本币结算合作，促进区域经贸往来。通过积极参与国际组织并对外进行信贷投资，人民币有了稳定的对外投资渠道，同时通过贷款性质的援助或投资附加条件，人民币可以通过要求购买中国的商品与设备进行回流，形成完整的人民币跨国流通循环。在政府背景的机构方面，一方面中国原有的政策性银行，尤其是进出口银行，向他国主权机构发放"两优"贷款（中国政府援外优惠贷款、优惠出口买方信贷），尤其是侧重"一带一路"沿线国家的基础设施建设；另一方面，在政策性银行之外，还设立丝路基金，对"一带一路"重要项目提供投融资服务。

在自由市场信贷发放方面，20 世纪 80 年代，日本政府颁布了一系列有关于金融自由化的政策，包括取消外汇直接交易限制、欧洲日元贷款自由化、欧洲日元债券发行自由化等措施，鼓励商业银行前往境外离岸市场进行信贷活动，虽然暂时推动了日元的国际化程度，但是给未来埋下了严重的金融风险。中国在这一方面的政策放开需要慎之又慎，以避免重蹈日本覆辙。

目前，中国境内银行在境外，尤其是"一带一路"沿线国家，提供包含主要银行授信、银团贷款、境内外债券融资和其他跨境金融服务四个种类的服务，其中前两项服务与信贷服务息息相关。银行授信可以分为表内授信和表外授信。表内授信包括贷款、项目融资、贸易融资、贴现、透支、保理、拆借和回购等；表外授信包括贷款承诺、保证、信用证、票据承兑等。其中，出口买方信贷和银团贷款是对于境外主休提供的几种重要信贷服务。出口买方信贷指的是国家为支持本国产品出口，鼓励本国金融机构向进口国政府、银行或进口商提供的优惠贷款。银团贷款则是指由一家或数家银行牵头，多家银行组成的银行集团采用同一贷款协议向同一借款人提供融资的贷款方式。① 例如，2017 年，中国银行上海市分行就通过牵头银团贷款，与渣打银行进行合作，向"一带一路"沿线的境外进口商巴电公司提供近 1 亿美元出口买方信贷银团贷款，帮助中国上海地区某大型电气制造公司与其下属输配电工程公司获得巴基斯坦某电力公司的巴基斯坦输配电电网改造项目，帮助中国企业走出去。②

通过境内银行向境外主体提供贷款可以有效地推动人民币国际化。通过政府机构或者商业银行对外进行人民币信贷，可以有效地对外输出人民币，尤其是以国家主导的大额对外信贷，不但可以有效提升人民币在国际上的应用，推进人民币国际化，还可以通过贷款合约的使用限制，通过要求使用人民币贷款购买中国制造的产品与设备，形成境外完整的人民币回流，助力人民币成为国际货币。

## 二、 境内的境外银行向境内主体进行贷款

境外银行进入中国境内开展业务是一个渐进式的开放历程。

1980—2001 年是外资银行进入中国的第一个阶段。从 1980 年开始，外资银行便逐步进入中国。1981 年，南洋商业银行在深圳设立分行，成为外资银行在中国设立的第一家营业性机构。1990 年后，外资银行在原先只能从事外币业务的基础上逐步被允许在上海、深圳、大连、天津四个城市进行人民币业务，随后进一步放开试点的地理限制。另外，与开放人民币业务相配套，外资银行还可进入全国银行间同业拆借市场进行拆借。这一阶段是外资银行进入中国的起始阶段，外资银行在解决外资企业和外国居民的外汇业务的基础上，也在逐步进行人民币业务，以求未来进一步的发展。

---

① 徐晔，柳祥宝. 我市发放全省外贸领域首笔出口买方信贷 [N]. 台州日报，2016 – 03 – 31.

② 中国银行业监督管理委员会. 中国银行上海市分行积极为"一带一路"沿线境外进口方提供出口买方信贷融资 [OL]. 中国银行业监督管理委员会官方网站，2017 – 03 – 01.

　　2001—2007 年是外资银行进入中国的第二个阶段。中国于 2001 年加入世贸组织，并承诺在 5 年的过渡期内，有序推进银行业对外开放，向外资银行开放对所有客户的外汇业务，放开对于外资银行经营人民币业务的限制。从 2003 年开始，外资银行可以对中国企业开办人民币业务，并允许外资银行设立同城网点。在这一阶段，外资银行在中国的业务稳步推进，在华外资银行经营性机构从 190 家增加到 312 家。①

　　2007—2017 年是外资银行进入中国的第三个阶段。2006 年 12 月 11 日，《中华人民共和国外资银行管理条例》（中华人民共和国国务院令第 478 号）开始施行。该条例及后续修改要求原有外资银行的非法人经营性机构转制为独立法人机构，在本地注册，由本国监管机构进行监管，同时允许独立法人的外资银行可以开展全面人民币业务，尤其是发放银行卡等零售业务，可向所有中国居民提供服务。但是在实际操作中，由于审批方面的限制，外资银行在中国每年开设分支行数量有限，导致外资银行的零售业务难以较好地发展。

　　2017 年以后是外资银行进入中国的崭新阶段。2018 年 2 月 13 日，中国银监会发布《关于修改〈中国银监会外资银行行政许可事项实施办法〉的决定》，明确了外资法人银行投资设立、入股境内银行业金融机构的许可条件、程序和申请材料等规定，为外资银行在中国境内的业务开展提供了明确的法律依据。同时还进一步取消了外资银行开办代客境外理财业务、代客境外理财托管业务、证券投资基金托管业务、被清算的外资金融机构提取生息资产四项业务的审批，由原先的事前监管调整为事中、事后监管。

　　目前，外资银行在国内吸收居民存款的占比非常小，其信贷资金主要来自于企业存款和国外负债。外资银行在中国境内开展信贷业务方面，零售信贷的规模非常小，主要以对公信贷业务为主。在零售信贷方面，外资银行主要开展信用卡服务、个人消费贷款服务和个人住房抵押贷款服务。在对公信贷方

---

　　①　付胜华. 中国银行业对外开放现状及政策建议［J］. 中央财经大学学报，2008（2）.

面，不同的外资银行侧重点不同，例如汇丰银行就侧重于中小企业贷款。

外资银行资产情况和外资银行负债情况见图 10 - 1 和图 10 - 2。

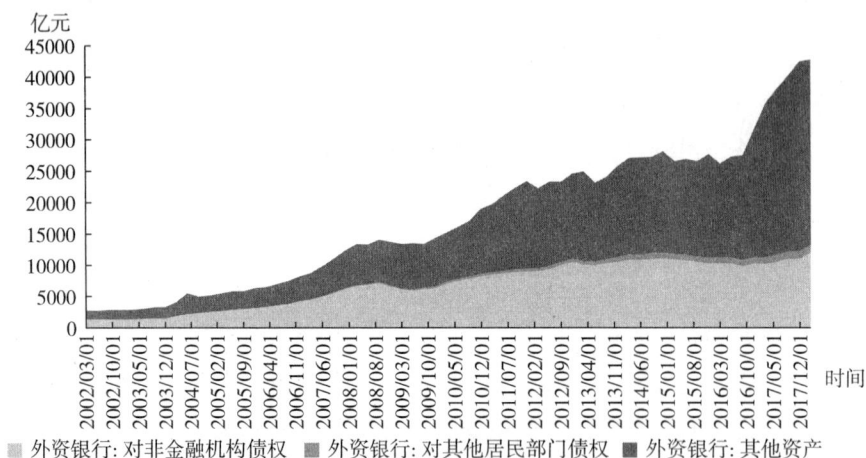

■ 外资银行: 对非金融机构债权　■ 外资银行: 对其他居民部门债权　■ 外资银行: 其他资产

数据来源：中国人民银行。

**图 10 - 1　外资银行资产情况**

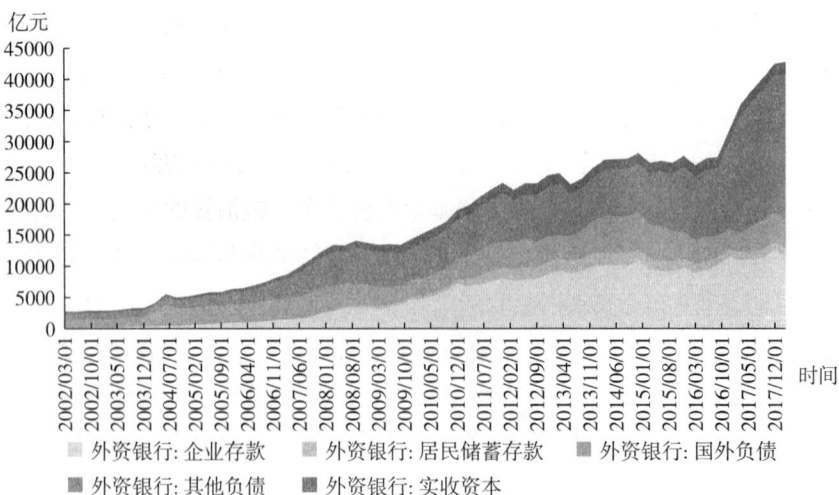

■ 外资银行: 企业存款　■ 外资银行: 居民储蓄存款　■ 外资银行: 国外负债
■ 外资银行: 其他负债　■ 外资银行: 实收资本

数据来源：中国人民银行。

**图 10 - 2　外资银行负债情况**

　　总体而言，外资银行目前约万亿元级别的总资产规模在中国银行业整体百万亿元级别的总资产规模下占比较小（见图 10 - 3），企业信贷与零售信贷的占比都很小。这意味着境内外资银行在境内信贷市场的影响力依旧较弱，难以通过外资银行的人民币业务使人民币的使用向国际进行辐射。

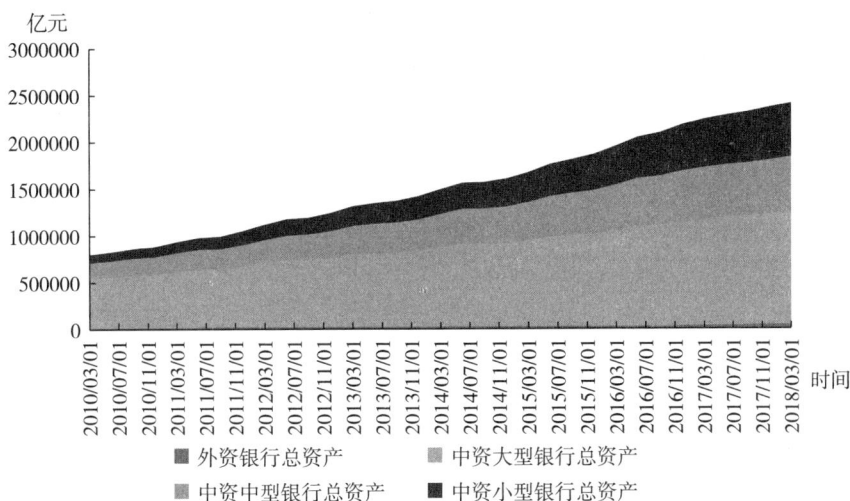

数据来源：中国人民银行。

**图 10 - 3　银行业资产规模对比**

　　另外，值得注意的是，外资除了通过在中国设立分支机构，还积极通过入股中资银行进入中国信贷市场。如汇丰银行就持有交通银行 19% 的股份。在 2017 年，为实现中国进一步金融开放的目标，将会在未来放开银行业外资股比限制，外资银行可进一步通过持股的方式进入中国。

　　外资独立法人银行在中国境内的信贷业务发展比较平稳，但是与国内银行国内的信贷规模相比微不足道，境内外资独立法人银行从境外母行调入的资金也不多。总体而言，通过境内的境外银行向境内主体进行借贷的规模不大，难以通过这一信贷国际化推动人民币的跨境流动。

### 三、 境内主体通过国际市场进行人民币贷款

境内主体通过国际市场进行人民币贷款这一方面，目前主要是向香港、新加坡以及未来向伦敦等人民币离岸中心的人民币离岸池进行贷款。通过国际市场的人民币贷款，一方面离岸市场人民币利率较低，可以便利境内企业在境外资金融通的需求；另一方面更好地增加了离岸人民币的投资渠道，丰富了人民币的跨境循环模式。

目前，离岸中心的贷款业务仍有待发展。目前，相较于香港的人民币存款业务，贷款业务的规模基本可以忽略不计（见图 10 – 4）。未来可以进一步丰富银行的人民币投资渠道，推进人民币国际化。

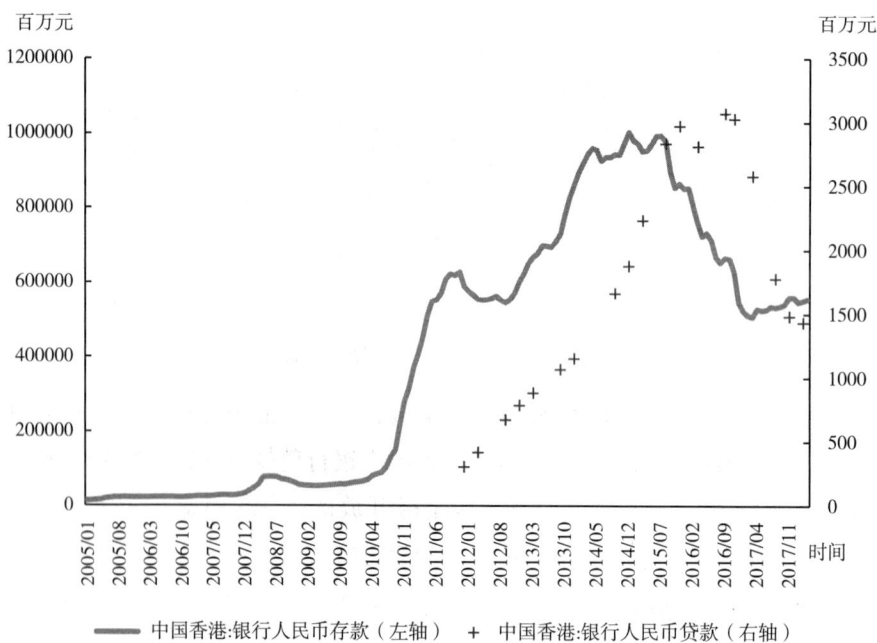

数据来源：香港金融管理局。

**图 10 – 4　香港人民币离岸市场**

### 四、 境内主体通过国际市场进行外币贷款

境内主体通过国际市场进行的外币贷款被认为是外债的一种，受到严格的管理，尤其是在外汇储备流出较为严重的时期。

在 1987 年的《外汇统计监测暂行规定》针对境内主体通过国际市场进行外币贷款进行了详细的监管规定及要求。之后随着经济形势的变化发布了《外债管理暂行办法》（汇发〔2003〕28 号）作为新的外债监管条例，规定外债的管理主要分为三类，即外国政府贷款、国际金融组织贷款和国际商业贷款。其中前两类都由国家以国家的身份进行统一举借，转贷款给特定境内主体或境内项目的国际商业贷款则直接由境内主体对外举借，国家发展计划委员会和国家外汇管理局负责管理，境内中资企业等机构举借中长期国际商业贷款，须经国家发展计划委员会批准。国家对境内中资机构举借短期国际商业贷款实行余额管理，余额由国家外汇管理局核定。[①]

从 2013 年开始，又陆续发布了一系列新的外债管理规定，简化外债的对外举借审批，放松举借限制。2013 年国家外汇管理局发布的《外债登记管理办法》（汇发〔2013〕9 号），2015 年国家发展和改革委发布的《关于推进企业发行外债备案登记制管理改革的通知》（发改外资〔2015〕44 号），2016 年人民银行、国家发展和改革委联合发布的《关于改革和规范资本项目结汇管理政策的通知》（汇发〔2016〕16 号）和 2017 年《关于全口跨境融资宏观审慎管理有关事宜的通知》（银发〔2017〕9 号）等对于外债的管理进行了详细的规定。即境内中资企业的跨境融资额受到宏观审慎管理。公式为

跨境融资风险加权余额 = ∑本外币跨境融资余额 × 期限风险转换因子 ×

类别风险转换因子 + ∑外币跨境融资余额 × 汇率风险折算因子

---

① 国家外汇管理局 . 外债管理暂行办法［OL］. 国家外汇管理局官方网站，2003 – 01 – 08.

在满足跨境融资要求余额的情况下，企业只需提前进行签约备案即可，由原先的事前监管逐步过渡到事中和事后监管，但是在中长期贷款方面，国家发展和改革委依旧会进行一定程度上的事前审核。境内企业的境外子公司在境外向境外主体进行借款并在境外使用的，事前批准一般会存在较大困难。

总体而言，境内主体通过国际市场进行外币贷款可以帮助境内机构享受到国际市场上较低的利率，同时便利境内主体进行融资，但是对于人民币国际化的推动效力较低。

### 五、 信贷市场开放与人民币国际化

通过上述分析，我们认为，通过境内银行向境外主体进行贷款、境内的境外银行向境内主体进行贷款、境内主体通过国际市场进行人民币贷款都能够有效地助力人民币国际化进程。

境内银行向境外主体进行贷款是人民币对外输出的有效途径，同时还可以通过贷款的限制使用条件，促使对外人民币贷款购买中国的商品与设备，完成人民币的回流，形成境内外人民币的流畅流转渠道，帮助实现人民币国际化。

境内的境外银行向境内主体进行贷款、境内主体通过国际市场进行人民币贷款则能够帮助拓展境外人民币的使用渠道，尤其是境内主体通过国际市场进行人民币贷款，可以增加离岸人民币的投资渠道，帮助离岸人民币回流，增强人民币在国际货币中的储备职能。

信贷市场开放是助推人民币国际化的重要渠道，但与此同时，信贷市场的开放也会给中国的金融市场带来许多方面的考验，需要谨慎为之。

在未来，首先可以进一步推动境内政府机构和商业银行对"一带一路"沿线的境外主体进行贷款，在推动"一带一路"倡议的同时帮助实施人民币国际化。其次，推动境内商业银行以及拥有人民币头寸的境外银行在国际金融市场上进行人民币贷款发放，增加人民币对外输出渠道，增

加人民币的使用。通过稳健的信贷市场对外开放路线图，推动人民币国际化稳步发展。

# 第二节  人民币国际化与保险市场开放

相对于股票、债券和信贷行业，中国保险业在金融业中对外开放程度几乎是最高的。但是由于保险行业本身规模所限，目前其开放对于人民币国际化的推动作用相对有限。未来随着中国保险市场的不断成熟和保险行业规模的不断扩大，一个开放的保险市场将会大力助推人民币国际化的发展。

## 一、 境内主体购买在境内的境外保险公司的保险

境内主体能够购买在境内的境外保险公司的保险，就意味着中国保险市场的对外开放。保险市场作为中国金融市场中开放程度最高、最深的金融市场，承担了金融市场对外开放先行者的作用。

保险市场的开放历程主要可以分为四个阶段：

1980—2001 年为第一个阶段。从改革开放以来一直在摸索保险市场的对外开放，从 1980 年开始，陆陆续续有一些外国保险公司开始在中国设立代表处。1992 年，上海成为第一个保险市场对外开放的试点城市。外资必须在满足设立条件的前提下以合资形式进入中国，寿险方面外资股比不超过 50%，非寿险不超过 51%，并且无论寿险还是非寿险，都只能提供个人险。美国友邦保险公司成为第一个进入中国的外资保险公司。随后，进一步将广州作为试点城市。

2002—2004 年为第二个阶段。从 2001 年末加入世贸组织后，保险业开始正式启动开放历程，在 3 年的过渡期内逐步完成保险行业的开放。在寿险方面，逐步放开经营地域，同时要求外资股比不得超过 50%，并且只能提供个人险，且有设立条件限制；在非寿险方面，也逐步放开经营地

域,同时要求外资股比不得超过51%,且有设立条件限制。

2005—2017年为第三个阶段。从2004年加入世界贸易组织(WTO)过渡期结束以后,寿险方面除了外资持股不超过50%及设立条件限制外,对外资没有其他限制,外资合资保险公司可以在所有地域进行经营,可以提供健康险、团体险和养老金/年金险等品种。非寿险方面除了设立条件限制外,外资保险公司可以在中国设立独资子公司,并可在所有地域进行经营,可向国外和国内客户提供全部非寿险服务。另外,还放开了保险经纪公司的外资股比要求,外资股权比例可达51%。总体而言,保险市场已经达到了很高的开放程度。

2018年至未来为第四个阶段。未来,中国将加快保险行业开放进程,目前中国已经公布了保险市场对外开放的措施与细节,将会把寿险保险公司的外资持股比例上限放宽至51%,3年后将不再设限,未来还将允许符合条件的外国投资者来华经营保险代理业务和保险公估业务,放开外资保险经纪公司的经营范围,享受国民待遇,同时将取消外资保险公司设立前需要开设两年代表处的要求。①②

总体而言,外资保险公司进入中国境内主要是从事人民币保险业务,保险浮存金也不能投资于国际资产,所以对于跨境资金流动而言,基本就是通过保险市场开放引入了外商直接投资FDI,对于人民币国际化的促进较少。

## 二、 境内主体购买在境外的境外保险公司的保险

近年来,由于香港以及其他境外地区的保险公司提供的保险服务较之境内更为优质,吸引了一批境内客户前往境外购买保险产品,尤其是前往

---

① 曾静娇.易纲亮相博鳌,宣布12大金融开放政策[N].21世纪经济报道,2018-04-11.
② 最新的开放措施见国务院金融稳定发展委员会办公室2019年7月20日发布的11条金融业对外开放措施。——编者注

香港购买保险。

在香港的保险市场，存在以美元、港元、人民币及其他国际货币计价和支付的保险，其中以美元计价的保险产品为主，人民币计价产品较少且多是以人民币起息的储蓄类产品；保险品种包括寿险（人身保险）和非寿险（财产保险、责任保险、信用保险等）。

境内主体购买在境外的境外保险公司以人民币计价和支付的保险一方面有助于人民币的输出，另一方面有助于拓展人民币离岸市场上人民币的投资渠道，帮助离岸人民币市场发展。但是，境内主体大量购买以外币或港元计价的保险具有外汇储备流失的风险，需要进行严格监管，防止金融风险的产生。

### 三、 境外主体购买境内保险公司保险

境外主体购买境内保险公司保险的案例实际较少，境外主体主要集中于购买被境内主体收购或参股的原境外保险公司，该被收购或参股的境外保险公司的主要服务提供地也在境外。

复星集团收购海外几家保险公司是最为典型的案例。复星集团从 2013 年起，陆陆续续收购或参股了 6 家境外保险公司：2013 年 1 月，复星国际以 4.68 亿美元投资香港鼎睿再保险公司，持有其 85.1% 的股份。2014 年 5 月复星国际以 10.38 亿欧元收购葡萄牙保险龙头企业 Caixa Seguros 旗下 3 家保险公司 80% 的股权，2015 年初又增持其中之一 Fidelidade 的股权至 84.986%。2014 年 11 月，复星国际以 25.07 亿美元收购美国特种险企业 Ironshore 的所有股份。2015 年 7 月，复星国际收购美国劳工险公司 Meadowbrook。通过对海外保险公司的收购，复星集团获得了大量稳定的外币保险浮存金，并以保险浮存金为基础进行海外投资。

但是总体而言，这种案例模式主要还是以外币资金流转为主，对于人民币国际化的推动效用较弱。

### 四、 保险市场开放与人民币国际化

总体而言，保险市场的开放对于人民币国际化的推动作用在目前相对较弱。这是由于保险自身的性质决定了大部分保险服务必须在本地以本币方式进行提供，较难产生跨境现金流。在未来，随着中国人民币对外直接投资渠道的增加与不断完善，境内保险公司的人民币资产直接对外投资也会越来越多，成为人民币输出的重要力量，届时保险行业对于人民币国际化将会产生有力的促进作用。

## 第三节　人民币国际化与衍生品市场开放

衍生品市场也是金融市场对外开放中的一个重要方面，对于人民币国际化的推动也有着深远的意义。衍生品市场内涵丰富，包括外汇衍生品市场、股票衍生品市场、债券及利率衍生品市场、商品衍生品市场等。其中，外汇衍生品市场是人民币国际化的重要推动力量。

### 一、 外汇市场上衍生品的使用

外汇市场的衍生品包含除人民币外汇即期外的人民币外汇远期、人民币外汇掉期、人民币外汇货币掉期、人民币外汇期权、外币对、外币拆借等外汇衍生品品种。在外汇市场中，外汇衍生品是外汇市场的一个极其重要、不可或缺的组成部分，在所有的外汇交易总量中，外汇即期交易只占到约40%，剩余的部分都是由外汇衍生品构成（见图10-5）。所以，一个健康稳定的外汇衍生品市场是人民币国际化的重要基础设施。

从1994年开始正式实施银行结售汇制度开放中国外汇市场，自中国加入WTO后开放外资银行进入中国外汇市场以来，中国外汇衍生品市场也逐步开放。2005年8月15日开始开展银行间远期外汇交易，2006年4月24日开始开展银行间人民币与外币掉期业务，2011年12月1日开始开

展银行间外汇期权交易，中国银行获得了银行间外汇市场外汇期权业务资格并办理了第一笔业务，形成了多层次、丰富化的外汇衍生品体系。

目前，人民币外汇衍生品市场在境内、离岸市场和自贸区内都发展良好。

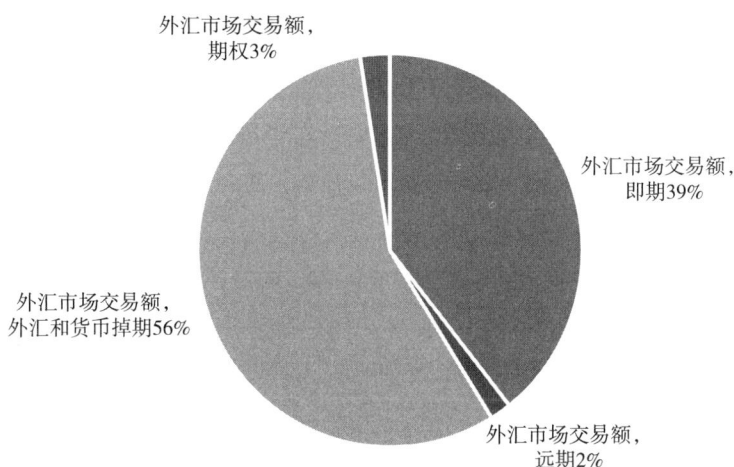

外汇市场交易额，期权3%

外汇市场交易额，即期39%

外汇市场交易额，外汇和货币掉期56%

外汇市场交易额，远期2%

数据来源：国家外汇管理局。

**图 10 - 5　外汇市场交易额占比（2017 年）**

在境内在岸人民币市场，即 CNY 市场中，目前除对部分资本项目下的货币自由可兑换存在一定的限制外，其余的资本项目和所有的经常项目都实现了自由可兑换。在目前的交易中，境外中央银行类机构、境外清算行、境外参加行可以申请成为银行间外汇市场会员，参加包括即期、远期、掉期、货币掉期及期权交易在内的中国银行间外汇市场交易。境外银行可根据业务需要向交易中心申请成为外币拆借会员，在外汇交易中心交易系统参与外币拆借交易。①

---

①　中国外汇交易中心. 中国外汇交易中心发布关于完善人民币购售业务境外参加行和境外清算行进入银行间外汇市场有关事项的公告 [OL]. 中国外汇交易中心官方网站，2018 - 09 - 13.

而在香港离岸人民币市场，即 CNH 市场中，资金是可以完全自由兑换的，所以 CNH 和 CNY 汇率往往存在一定的差异，并且，除了人民银行规定的人民币清算行（多为内资银行的海外分支机构）可以在境内银行间市场进行拆借与回购，香港市场上其他主体人民币不能进入境内银行间市场开展拆借或回购交易，故而形成了市场分割，香港离岸人民币市场上形成了与境内人民币拆借利率不同的香港银行同行业拆借利率（HIBOR），以及单独的美元离岸人民币合约、人民币期权。

而在自贸区方面，自贸试验区分账核算单元可在一定额度内按规定进入境内银行间市场开展拆借或回购交易。但是在 2018 年 8 月，由于人民币的持续贬值压力，上海自贸区分账核算单元（FTU）的三个净流出公式暂不执行，各银行不得通过同业往来账户向境外存放或拆放人民币资金。①

在未来，外汇市场中衍生品的品种将进一步丰富，满足外汇交易主体的各类需求，同时便利境外机构参与中国的外汇市场，市场主体也将进一步扩大，开放非银机构进入外汇市场。

总体而言，一个健康稳定的外汇衍生品市场是人民币国际化的重要基础设施。如果没有一个多层次的、丰富的外汇交易市场，那么人民币国际化所需要的跨境资金的流入、流出都将成为无本之木、无源之水。所以，继续推动人民币外汇市场以及外汇衍生品市场的发展，能够提高人民币在国际市场上的接受程度，帮助提升人民币国际化水平。

## 二、 其他衍生品市场开放

外资除了可以进入外汇衍生品市场，还可以通过以下几种方式进入中国境内的其他衍生品市场，包括股票衍生品、债券及利率衍生品、商品衍生品等。

---

① 第一财经. 上海自贸区银行暂停向境外拆放人民币？银行高层称尚未接到通知 [J]. 第一财经，2018（8）.

一是通过 QFII 和 RQFII 进入，目前，QFII 和 RQFII 可以被用于投资以下人民币金融工具：在证券交易所交易或转让的股票、债券和权证、证券投资基金、股指期货以及中国证监会允许的其他金融工具，另外，合格投资者可以参与新股发行、可转换债券发行、股票增发和配股的申购。[1]也就是说，QFII 和 RQFII 可以投资股指期货（上证 50 股指期货、沪深 300 股指期货、中证 500 股指期货）、交易所权证（认购权证和认沽权证）等衍生品工具。

二是按照人民银行 2016 年 3 号文的规定，符合条件的境外机构投资者可在银行间债券市场开展债券现券等经中国人民银行许可的交易，[2] 可以投资资产支持证券（ABS）、非公开定向发行资产支持票据（ABN）等结构化产品。

未来还将进一步进行开放，推进 QFII 投资中国商品现货市场与商品期货期权市场[3]，国债期货市场（2 年期、5 年期、10 年期国债期货）；进一步开放银行间债券市场中的债券回购、债券借贷、债券远期、利率互换（IRS）、远期利率协议等债券衍生产品。未来可能进一步进行衍生品创新，开发股票期权、利率期权、债券期权、信用违约互换等新的衍生品并进行对外开放。

通过境内丰富的衍生品市场，可以估计境外人民币与外币进入中国衍生品市场进行投资，增加人民币的投资渠道，帮助人民币国际化发展。

另外，在香港离岸市场，也有着品种极为丰富的衍生产品可供投资，包括中华交易服务中国 120 指数期货、香港交易所五年期中国财政部国债期货、香港交易所美元兑人民币（香港）期权合约、香港交易所黄金期货

---

① 中国证券监督管理委员会. 关于实施《合格境外机构投资者境内证券投资管理办法》有关问题的规定 [OL]. 中国证券监督管理委员会官方网站，2012 - 07 - 27.

② 中国人民银行. 中国人民银行公告〔2016〕第 3 号 [OL]. 中国人民银行官方网站，2016 - 02 - 17.

③ 王文嬣. 证监会副主席：鼓励外资机构通过 QFII、RQFII 参与期货市场 [OL]. 中国证券网，2018 - 10 - 16.

合约、香港交易所 TSI CFR 中国铁矿石 62% 铁粉期货合约等。境外市场上丰富的衍生品品种，可以增加境外人民币的投资渠道，同时也可以满足真实跨境商务业务的需求，推进人民币国际化发展。

### 三、 衍生品市场开放与人民币国际化

总体而言，衍生品市场具有高风险、高波动的特质，对于参与者的要求也更高，监管难度也更大。所以通过开放衍生品市场推动人民币国际化必须慎之又慎，防止外资导致衍生品市场的剧烈波动，产生危机，并由衍生品市场逐步传导至整个金融市场。在未来，随着衍生品市场的不断开放，以及衍生品产品的不断丰富，衍生品市场将会吸引更多境外人民币以及外币进入市场进行投资，增加境外人民币的投资及回流渠道，助力人民币国际化。

## 第四节　本章小结

在本章，我们探讨了人民币国际化与信贷市场开放、保险市场开放、衍生品市场开放之间的联系。在信贷市场开放中，本章探讨了通过境内银行向境外主体进行贷款、境内的境外银行向境内主体进行贷款、境内主体通过国际市场进行人民币贷款四个方面的信贷市场开放；在保险市场开放中，本章探讨了境内主体购买在境内的境外保险公司的保险、境内主体购买在境外的境外保险公司的保险、境外主体购买境内保险公司保险三个方面的保险市场开放；在衍生品市场开放中，本章探讨了外汇市场衍生品开放以及其他衍生品市场的开放。

结合前两章关于股票市场开放和债券市场开放与人民币国际化之间的关系，我们梳理了各大金融市场开放对于人民币国际化的意义以及未来金融市场开放路线对于人民币国际化的促进作用，以期对未来的人民币国际化战略推进提供一定的参考。

# 人民币国际化
## 理论与实践

Theory and Practice of
RMB Internationalization

## 定价篇

# 人民币定价权与
# 应用

**人民币国际化**
理论与实践
Theory and Practice of
RMB Internationalization

## 第十一章

# 人民币汇率形成机制

长期合理稳定的人民币汇率是人民币计价和结算的基础，也是资本市场开放的重要保障条件，体现人民币定价权。汇率形成机制是汇率制度的选择问题，完善的人民币汇率形成机制能够保障人民币汇率的稳定。本章我们分析人民币汇率形成机制的发展历程与现状、人民币汇率形成的决定因素及汇率对其他市场的影响，以及人民币汇率形成机制的问题与展望。通过多个角度对人民币汇率形成机制的分析，有利于对人民币汇率形成机制进行各维度的探讨。

## 第一节　人民币汇率形成机制的发展历程与现状

### 一、1949—1978 年的中国汇率制度

中华人民共和国成立时，中国的经济系统与金融系统还处于混乱状

态，之后在一系列稳定经济金融体系的政策下，中国开始逐步建立起计划
经济体制。在计划经济体制中，中国的外贸部门基本上以维持国际贸易均
衡为目标，美元在布雷顿森林体系下币值比较稳定，所以人民币一直采用
固定的与美元的兑换比例以保持人民币汇率稳定。人民币兑美元汇率
1955—1970 年维持在 2.46 左右。

1971 年，美国政府宣布结束布雷顿森林体系，美元开始实施浮动汇
率，世界各国货币的币值都开始出现较大波动，人民币汇率形成机制也不
得不开始进行调整。为了应对国际上浮动汇率制度带来的挑战，人民币从
原先的钉住美元开始转化为钉住一篮子货币，由人民银行进行汇率调整，
此时人民币汇率的调整较为普遍。同时为了保证外贸平衡，一篮子货币的
选择与权重取决于该国与中国贸易的紧密程度，美元、英镑、日元、西德
马克、瑞士法郎都在货币篮子中占有一定的比例。

总体而言，固定汇率制度与钉住货币篮子的汇率制度较为稳定，降低
了人民币的汇兑风险，帮助当时的外贸部门进行生产决定、利润核算，帮
助降低汇率风险和对外贸易风险。但是，由于固定汇率制度与钉住货币篮
子的汇率制度在及时按照实际汇率进行调整方面相对较弱，人民币汇率在
20 世纪 70 年代末开始逐步偏高于实际币值，对当时的人民币汇率产生了
较大压力，也对当时的汇率制度提出了改革的要求。

## 二、 1979—1993 年的中国汇率制度

1978 年，中国开启了改革开放的进程，在这一段时间内，价格双轨
制是经济最主要的特点之一，在汇率市场上也不例外，当时外汇市场上存
在官方汇率、外汇调剂价格和计划外黑市价格三种汇率。官方汇率依旧按
照钉住一篮子货币的方式形成，主要用于旅游、运输、侨汇结算等方面，
是以计划经济的思路计算出的计划内价格；外汇调剂价格则是市场化形成
的换汇汇率，按照换汇成本进行一定比例加价决定贸易结算汇率，政府管
制较少；计划外黑市价格则是完全不受监管、完全市场化的汇率。在这一

阶段，官方汇率的人民币币值远高于调剂汇率，使用官方汇率可以用人民币兑换到更多的外币。但是，双轨制的存在也导致了外汇市场的混乱，增加了外汇管理的困难。从 1985 年起，中国开始逐步大幅调整官方汇率牌价，使之与实际汇率相接近。人民币官方汇率中的人民币币值出现了大幅下降，虽然相对更接近实际汇率，但人民币币值依旧偏高，官方汇率市场的规模远逊于外汇调剂市场。1988 年起外贸企业开始自负盈亏，汇率在调节贸易平衡中的重要性也在不断提高。

这一时期，对于外汇管理采用了外汇留成制度。外汇留成制度指的是对于对外贸易企业，可以按照规定的比例留存一部分外汇收入，剩余的外汇部分必须卖给中国银行，外汇留成的单位和比例必须经国家外汇管理局等有关部门批准。外汇留成制度在初期给予出口企业一定支配外汇的权利，鼓励了出口企业赚取外汇的积极性。但是随着对外贸易的不断深入和发展，固定的外汇留成已经不能满足日益变化的市场需求，汇率形成制度与外汇管理制度继续改变。

另外，从 1980 年开始至 1994 年，中国银行发行了中国银行外汇兑换券，即外汇券。外汇券的存在实际上也是双轨制的一种，承担了中国在特殊时期双货币体系的作用。外币可以按照官方汇率牌价兑换为外汇券，与人民币等值，也可以在外宾宾馆与友谊商店等面向外宾以及货物充足的地方使用，具有一定的"特权货币"性质。

### 三、 1994—2005 年的中国汇率制度

1994 年实施的汇率制度改革是中国汇率制度变迁中一个极其重要的变化。1993 年 11 月 14 日发布《中共中央关于建立社会主义市场经济体制若干问题的决定》，其中提出："（中央银行）改革外汇管理体制，建立以市场为基础的有管理的浮动汇率制度和统一规范的外汇市场。逐步使人民

币成为可兑换的货币。"① 宣告了 1994 年汇率制度改革的正式开始。

1994 年的汇率改革包含几个大的方面：一是实现汇率并轨，实行以市场供求为基础的、单一的、有管理的浮动汇率制度；二是原来的外汇留成制度改为强制结售汇制度；三是建立银行间外汇交易市场；四是停止使用外汇券等境内外币计价、结算，禁止指定金融机构以外的外汇买卖；五是严格进行外债管理。在这几个方面的变化中，又以前三个方面最为重要。

在汇率并轨方面，原先中国的外汇市场上存在 3 种不同的外汇牌价，即官方汇率牌价、外汇调剂市场牌价和黑市外汇牌价，并且由于各地之间交易信息不通畅的问题，占比规模最大的外汇调剂市场牌价实际上在各地都不同。多种汇率牌价的并存导致在 1994 年汇率改革之前，中国的外汇市场上投机与倒买倒卖外汇的现象十分严重。为了解决这一问题，1994 年汇率制度改革的核心就是实现汇率并轨，建立起一个以市场供求为基础的、单一的、有管理的浮动汇率制度。另外，1994 年汇率并轨以后，虽然名义上采取的是浮动汇率制度，但是在实际操作中，人民银行公布的统一汇率牌价基本上以钉住美元为主，并非完全的浮动汇率制度。

在强制结售汇方面，由于在 1979—1993 年，中国的外汇管理制度采用了外汇留成的策略，对于官方结售汇的管理较不严格，导致私人部门内部积累了大量外汇并形成了大规模的非官方外汇交易市场，其交易量甚至高于官方外汇交易市场几倍有余，私人部门外汇储备多，官方外汇储备少。私人部门外汇交易市场比官方外汇交易市场活跃导致人民银行难以对外汇市场进行集中管理，掌控力较弱，难以应对人民币贬值的压力。为了改善这一状况，在 1994 年的汇率改革中对外汇管理方面也进行了改动，由原先较为松散的外汇管理制度逐渐向严格的强制结售汇制度过渡，人民银行强制购买企业和个人手上的外汇，购买外汇也必须通过人民银行规定

---

① 中国共产党第十四届中央委员会. 中共中央关于建立社会主义市场经济体制若干问题的决定 [OL]. 人民网，1993 - 11 - 14.

的渠道。强制结售汇制度下，官方外汇储备不断增加，官方成为持有外汇的主要渠道。另外，强制结售汇制度下，由于只能通过人民银行渠道兑换外币，人民银行可以通过限制兑换以应对人民币贬值的压力，同时强制购买币值处于升值状态的外币；与之相对的是，在人民币升值阶段，人民银行会更难应对，不得不购买处于贬值状态的外币。

在建立银行间外汇交易市场方面。1994 年以前，中国的外汇交易市场以非官方的外汇调剂市场为主，官方外汇交易市场的交易量较少，外汇黑市猖獗。人民银行对外汇市场的掌控力欠缺。为了解决这一问题，1994年汇率制度改革中还建立了统一的银行间外汇交易市场进行外汇交易，建立唯一的场内交易市场——中国外汇交易中心（CFETS）进行外汇的集中交易、授信和清算。中国外汇交易中心在原有各地外汇调剂市场的基础上，将外汇市场的供求全部集中到统一的公开市场，使用全国联网的计算机进行配对交易，形成全国统一的外汇市场价。另外，仅有外汇指定银行、具有交易资格的非银行金融机构可以获准进入银行间外汇交易市场。通过上述制度，人民银行对于汇率有了较大的掌控能力，避免了原先汇率制度下外汇的剧烈波动。1994—2005 年，人民币兑美元汇率长期稳定在8.27 元人民币兑 1 美元，长期低于均衡汇率。稳定并且长期低于均衡汇率的汇率也帮助出口企业规避汇率风险，刺激了企业出口的积极性，推动了中国贸易规模的扩大。

### 四、 2006 年以来的中国汇率制度

随着中国加入 WTO，中国国力的不断增强以及中国外贸总量的不断增加，原有的汇率制度以及外汇管理制度已经不能满足新形势下中国经济运行的需求。

2005 年的汇率改革主要针对以下几个方面：一是汇率由原有的钉住美元一种货币转化为参照一篮子货币确定汇率指数；二是开始实行以市场供求为基础、参考一篮子货币进行调节、有管理的浮动汇率制度，从原有

的较低波动汇率转变为有波动的浮动汇率；三是实施中间价制度，中国人民银行将会公布当日人民币汇率的收盘价，并作为下一个工作日该货币对人民币交易的中间价；四是根据对汇率合理均衡水平的测算，于 2005 年 7 月 21 日重新大幅调整汇率至均衡水平，人民币兑美元一次性升值 2%。在这几个方面的变化中，又以前三个方面最为重要。

在钉住一篮子货币方面，在中国进入 WTO 以后，中国的贸易伙伴开始多元化，单一的钉住美元已经不能满足日益增长的贸易需求，所以，根据中国对外贸易情况确定一篮子货币，通过钉住一篮子货币，获得更符合中国经济情况的人民币币值。

在浮动汇率改革方面，由于 1994 年汇率改革之后，人民币兑美元的汇率基本上由人民银行确定，人民币币值实际上锚定美元币值，汇率波动较少，这导致外汇交易市场不活跃，交易量低于其他发展中国家，与中国庞大的外贸体量不相符合，难以应对冲击。同时，较为固定的汇率也导致外汇市场缺乏市场的力量，这容易导致币值大幅度偏离均衡汇率，从而引发经济系统的一系列问题。

在中间价制度方面，在 2005 年汇率改革伊始，人民币中间价的形成机制是中国人民银行于每个工作日闭市后公布当日银行间外汇市场美元等交易货币对人民币汇率的收盘价，作为下一个工作日该货币对人民币交易的中间价，第二个工作日交易的波动不能超过这一中间价的 0.3%，随后这一波动率在 2007 年、2012 年、2014 年分别扩大至 0.5%、1%、2%。另外，在 2015 年还进行了汇率中间价形成机制的改革，在原有前一个工作日收盘价的基础上，随后又逐步加入了篮子货币汇率变化和逆周期因子的影响。

在人民币汇率升值方面，2005 年以前，由于长期采取压低本币币值刺激对外出口的战略，中国积累了大量的外汇储备，大量的外汇储备产生了大量的外汇占款，不得不被动发行大量的人民币以对冲外汇占款，从而导致了货币政策的掣肘和国内通货膨胀的抬头，同时压低的人民币汇率也使国外热钱涌入，导致中国经济各方面都产生了一定的问题。所以 2005 年汇率改革的一个重点就是采取"多次小步调整"的策略，使人民币在逐步回到合理水平的同时保证了中国经济的稳定运行。

另外，在 2007 年，国家外汇管理局发布《关于境内机构自行保留经常项目外汇收入的通知》，取消了强制结售汇制度。强制结售汇作为一项外汇管理制度的历史安排，一定程度上帮助中国应对人民币贬值的压力，但是在 2005 年后的人民币长期升值通道内，强制结售汇制度反而进一步增加了人民币的升值压力，增加外汇占款，导致国内通货膨胀。所以，在中国外汇市场不断发展的进程中，强制结售汇制度在发挥其应有的作用后退出了历史舞台。

### 五、　现阶段中国汇率形成机制的特征

现阶段我国实行以市场供求为基础、参考一篮子货币进行调节、有管理的浮动汇率制度。中国汇率的形成机制包括三个方面的内容：一是以市场供求为基础的汇率浮动，发挥汇率的价格信号作用；二是根据经常项目，主要是贸易平衡状况动态调节汇率浮动的幅度，发挥"有管理"的优势；三是参考一篮子货币，即从一篮子货币的角度看汇率，不片面地关注人民币与某个单一货币的双边汇率。①

在具体的实际操作方面，目前人民币汇率形成机制依旧采用中间价机制，由全国统一的银行间外汇市场形成价格。

在中间价形成机制方面，中国根据不同时期的经济情况进行了调整。目前，人民币汇率中间价由三部分组成，即前一日收盘汇率、一篮子货币汇率变化和逆周期因了。前一口收盘汇率是指上一口银行间外汇交易市场的收盘价。将上一日人民币的收盘价作为下一日人民币外汇交易的中间价有助于将市场的力量纳入人民币汇率形成机制之中，使人民币的币值更接

---

① 中国人民银行."人民币汇率制度"的内容 [OL]. 中国人民银行官方网站，2010 - 09 - 15.

近于市场所认为的均衡汇率。一篮子货币汇率变化则是指在人民币的收盘价的基础上，结合人民币兑货币篮子中的货币价格，对收盘价进行一定的调整，从而形成人民币中间价，进一步形成浮动汇率。但是，完全的浮动利率又不适用于当前人民币的状态，所以之后进一步引入了逆周期因子对收盘价进行修正，形成符合中国特色的中间价与汇率制度。货币篮子的基准是中国外汇交易中心 2015 年 12 月 11 日正式发布 CFETS 人民币汇率指数，CFETS 货币篮子所选择的样本货币以及样本货币权重是参考转口贸易因素的贸易权重得出的，内含 24 种货币。货币篮子的存在使原本单一钉住美元的浮动汇率转化为更符合中国实际贸易情况的汇率。逆周期因子则是在 2016 年最新引进的人民币汇率形成机制中的一部分。通过逆周期因子对于人民币汇率的波动进行调整，使市场供求对人民币汇率价格的影响被消除或者削弱。通过前一日收盘汇率、一篮子货币汇率变化和逆周期因子，人民币逐步建立起了一个相对完善的汇率形成机制，这将促进中国经济，尤其是对外贸易的健康发展。

对于银行间外汇市场的安排，在参与者方面，目前仅有符合条件的银行、非银行金融机构或非金融企业可以参与人民币外汇及外汇衍生品市场（非金融企业经交易中心初审合格后还需提交国家外汇管理局备案），① 参与包括外汇即期、远期、掉期、货币掉期及期权交易。② 境外中央银行（货币当局）和其他官方储备管理机构、国际金融组织、主权财富基金（以下统称境外中央银行类机构）也可以申请参与上述外汇及外汇衍生品市场。③ 企业与个人不能直接参与银行间外汇市场，必须通过银行或者非银行金融机构进行外汇的兑换。

---

① 中国货币网. 外汇市场指南——产品与交易 [OL]. 中国货币网，2018 - 05 - 17.

② 中国外汇交易中心. 银行间外汇市场入市及服务指引 [OL]. 中国货币网，2018 - 09 - 21.

③ 中国外汇交易中心. 银行间外汇市场境外机构入市指引 [OL]. 中国货币网，2017 - 10 - 24.

　　银行间外汇市场的交易制度包括做市商制度、外汇交易业务模式、外汇交易驱动因素等。

　　在做市商制度方面。做市商指的是经批准在银行间外汇市场向市场持续提供买、卖双向报价并在规定范围内承诺按所报价格成交的机构。做市商有两种，一种是从事人民币外汇业务的人民币外汇做市商，另一种则是从事外币与外币之间兑换业务的外币做市商。

　　在外汇交易业务模式方面。外汇交易业务模式主要有三种，即竞价交易、询价交易和撮合交易。竞价交易指的是市场参与者点击做市商提供的报价提交订单，系统按照"价格优先、时间优先"的原则进行匹配达成交易，交易双方通过集中净额清算模式进行清算的交易模式。询价交易则是指有双边授信关系的交易双方通过外汇交易系统发起交易请求，协商交易要素达成交易，交易达成后通过双边清算模式或集中净额清算等清算模式进行清算的交易模式。撮合交易则是指交易双方基于双边授信，按照"价格优先、时间优先"原则进行订单自动匹配，结合点击成交达成交易，交易达成后通过双边清算或集中净额清算模式进行资金清算的交易模式。双边清算和集中净额清算模式的区别在于：双边清算模式指的是交易双方一对一进行资金和证券的划转，这一划转可以通过逐笔进行的全额结算进行，也可以通过几笔交易一起轧差抵消后的净额进行清算结算；而集中净额清算模式则使用中央对手方，所有交易者都与中央对手方进行资金和证券的划转，同时为了提高效率，一般通过将几笔交易轧差，相互抵消后通过净额进行清算结算。

　　在外汇交易驱动因素方面。外汇交易驱动因素主要有三种模型，即报价驱动模型、订单驱动模型和协商驱动模型。报价驱动模型指的是做市商向市场持续公开报价，对手方点击价格或发起询价后双方达成交易。订单驱动模型则是指交易双方提交订单或点击报价，系统按"价格优先、时间优先"原则进行匹配达成交易。协商驱动模型则是指交易双方通过协商交易要素，一方录入、一方确认达成交易。①

做市商制度、外汇交易业务模式、外汇交易驱动因素等模块，使中国的银行间外汇市场形成了的有序的交易秩序，是人民币汇率有效形成的金融基础设施。

## 第二节　人民币汇率形成的决定因素及汇率对其他市场的影响

### 一、人民币汇率形成的决定因素

人民币汇率的形成机制是在人民币中间价机制下，在人民银行参与外汇交易市场并对外汇交易市场进行监管的前提下，由银行间外汇交易市场交易得到的最终汇率，体现了市场与监管两个方面的因素的作用。其中许多细化因素对于人民币汇率的走势产生影响。

一是中国与外国的利率差。利率平价理论认为一国与另一国货币的预期未来汇率与即期汇率之间的差值等于两国利率之间的差异。利率平价理论的基础是无套利理论，如果一国的利率较高，那么资本将会兑换为该国货币赚取较高的利息，从而导致该国货币升值。所以，资本的自由流动是利率平价理论成立的前提。对于中国而言，即使在中国对外进行了一定资产管制的前提下，中美利差也是影响人民币兑美元汇率的一个重要因素。观察 2015 年汇率改革之后中美利差（中美 10 年期国债收益率之差）与人民币汇率走势之间的关系（见图 11 - 1），我们可以发现，虽然两者之间走势略有差异，但还是有着较高的相关性。中国 10 年期国债收益率高于美国 10 年期国债收益率，当中国国债收益率升高，中美利差扩大时，人民币也会面临升值压力或者其贬值压力将会延缓。另外，在利差的汇率平

---

① 中国外汇交易中心. 中国外汇交易中心产品指引 V2.7 [OL]. 中国货币网，2018 - 10 - 26.

价模型的基础上还可以进一步进行深化，其他资产的收益率也可以影响汇率的变动。一国货币的收益率等于该国以本币计价的各种类资产的综合收益率。

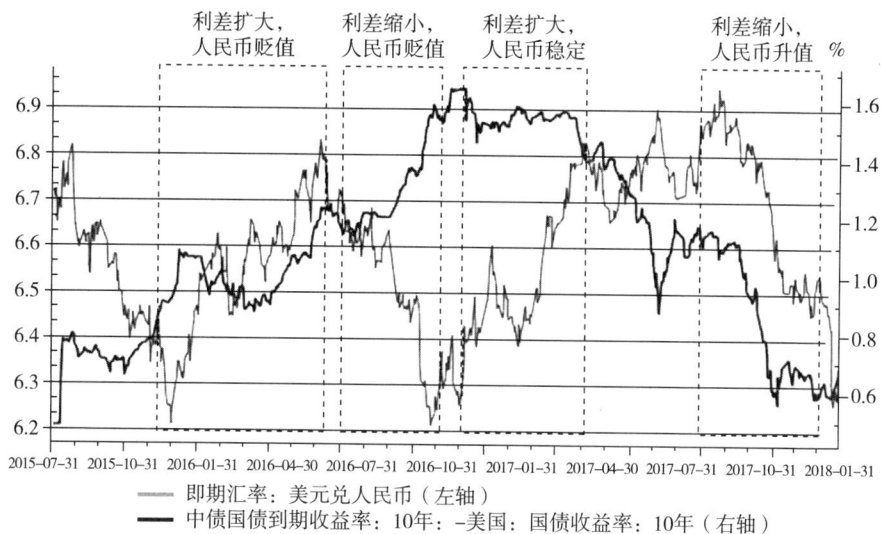

图 11 - 1　中美利差与人民币汇率走势

数据来源：Wind、国信证券经济研究所。

　　二是中国的物价水平与通货膨胀情况。购买力平价理论是指一国货币与外国货币之间的均衡汇率等于本国与外国货币购买力或物价水平之间的比率。将购买力平价理论表达为相对形式，可以得出一国的物价水平与通货膨胀情况将会对于汇率产生影响。故中国的通货膨胀水平是人民币汇率的一个重要影响因素，中国的通货膨胀水平较高，则人民币将会承受贬值压力；通货膨胀水平较低，则会承受升值压力。另外，进一步分析通货膨胀与价格上升的原因，我们根据弗里德曼的货币中性假说，认为产品与服务的价格即为货币总量除以可供交易的产品与服务的总量。货币总量是汇率的重要影响因素，中国的货币总量越大，人民币贬值的压力也就越大；相反货币供应收紧；人民币的升值压力就会增大。

三是中国的经济实力与贸易情况。在布雷顿森林体系崩塌以后，货币就开始迈向信用货币时代。在信用货币时代，货币币值取决于发行者，也就是各国政府与中央银行的信用。一国雄厚的经济实力能够提供货币背后所需的信用。从加入 WTO 以来，中国经济的强劲增长为人民币的币值和可信赖度提供了坚实的保障。另外，一国经济实力雄厚往往意味着一国生产能力的强劲，根据购买力平价理论，在货币总量保持不变的情况下，产品与服务的丰富会使产品与服务的价格下跌，从而增加本币的升值压力。同样，如果一国在对外服务和货币贸易中长期处于顺差地位，出口数量长期高于进口数量，那么基于对外贸易平衡的思想，顺差国货币的币值会面临较大的升值压力以达到对外贸易的平衡。故一国的经济实力是一国汇率形成的重要决定因素之一，与经济发展状况相匹配的汇率水平是推动经济平稳运行的重要保障。

四是汇率预期与市场情绪。汇率预期是汇率形成的一个重要因素，在非抛补的利率平价理论中，预期未来汇率的变化将会极大地影响汇率在即期的变化。以人民币兑美元为例，当预期未来人民币汇率增加，币值上升，那么会有更多美元资金兑换为人民币，希望从人民币未来的升值中获益，从而提高人民币的需求，使人民币升值。市场情绪也是汇率预期产生的一个原因，如果市场处于恐慌状态，会导致整个市场乃至于公众对于汇率的贬值或者升值的非理性预期，而非理性预期又会导致贬值或者升值的实现，进一步增加了市场的恐慌程度以及市场的非理性程度，形成了预期自致的循环。

五是监管部门宏观经济调整需求。汇率不仅能够极大地影响一个国家对外进口与出口贸易，并通过进出口贸易对这个国家的经济形势产生极大的影响，还会通过影响国与国之前的贸易情况影响国与国之间的关系，还可以通过调整汇率水平助力国家战略的实现。所以，监管部门在一定时期会通过调整汇率水平来实现在进出口以及战略方面的需求。以中国为例，在 2017 年 5 月首次在人民币中间价形成过程中引入逆周期因子对人民币汇率进行一定的调整。所谓逆周期因子，指的是在计算人民币中间价使用逆周期系数进行调整，其中逆周期系数是根据经济基本面变化、外汇市场顺周期程度等进行设定的。2016—2017 年，人民币汇率面临较大的非理性贬值压力，对中国经济产生了一定的不利影响，通过逆周期因子，监管部门对人民币汇率水平进行了一定的调整，使人民币缓慢升值，以适应中国宏观经济的需求。

### 二、 汇率对其他市场的影响

汇率对宏观经济有着深刻的影响，汇率水平的变化可以逐渐传导至宏观经济的各个方面，对于各个金融市场产生影响。

对于股票市场，徐长生和黄雨薇（2018）认为，汇率对股票市场的传导主要通过两个渠道：一个是国际资本流动渠道，当汇率上涨，人民币币值上升，会引发国际资本的流入，从而推高股市；另一个渠道则是商品贸易渠道，汇率的升值与贬值会影响企业的进出口情况，从而影响股价的表现。[1] 梁文博和张少茹（2018）还提出，市场情绪的传导与感染也是汇率市场影响股票市场的一个重要渠道，汇率的贬值产生的市场恐慌可能传导至 A 股，从而导致 A 股股价的波动。张兵、封思贤、李心丹和汪慧建（2018）则使用计量模型，通过数据论证了人民币汇率与 A 股价格之间存在长期均衡的协整关系，两者之间存在相互影响，并且汇率对于股价的影响存在时滞。[2]

对于债券市场，汇率对债券市场的影响渠道：一是通过国际资本流动，汇率的上升会导致国际资本流入从而推高债券价格；二是通过影响企业的进出口情况从而影响企业债券的价格，甚至于影响政府债券的价格；

① 徐长生，黄雨薇. 人民币汇率波动对我国上市公司股票回报率影响的异质性研究 [J]. 商业经济研究，2018（18）.

② 张兵，封思贤，李心丹，等. 汇率与股价变动关系：基于汇改后数据的实证研究 [J]. 经济研究，2008（9）.

三是通过恐慌因素传染到债券市场。另外，债券市场的价格变化与其到期收益率的变化是等价的，而债券的到期收益率又与利率息息相关，利率和汇率之间满足利率平价理论的关系。周新（2018）使用计量模型，通过协整分析得出结论——汇率与利率之间存在长期的协整关系，并且人民币的实际利率与汇率存在反向变动的相关关系。

对于商品市场，汇率市场对商品市场的影响渠道则是多样化的。一方面汇率市场通过美元计价的商品对商品市场产生影响，鉴于中国的贸易结构，中国向国外进口大量的大宗商品，这些大宗商品往往采用美元定价，当人民币贬值时，国内的大宗商品价格会普遍上涨。另一方面，国内生产的大宗商品价格会在人民币汇率上升阶段由于国际资金的涌入而普遍上涨。同时，大宗商品价格的上涨也会引发通货膨胀，从而引发人民币贬值。

对于房地产市场，刘雪梅（2005）认为，汇率影响房地产价格的一个重要渠道就是国际资本的流动，2008 年大量国际资金的涌入推高了中国整体的房地产市场。[1] 王爱俭和沈庆劼（2007）提出，房地产价格的上涨是为了缓解人民币升值的压力，当汇率被认为强制压低，会导致外需不断加大，吸纳大量劳动力到城市，从而推高房地产价格，而经济危机时出口受阻，则依赖于基建与房地产对经济托底，引发房地产市场上涨。[2] 杜敏杰和刘霞辉（2007）提出，汇率的小幅变动可以通过久期杠杆使房地产价格发生大幅变化[3]。朱孟楠、刘林和倪玉娟（2011）则利用 Markov 区制转换 VAR 模型对人民币汇率与房地产价格之间的关系进行了研究，并得出结论：房地产价格上涨会导致人民币币值上升，但是存在时滞效应，实

---

① 刘雪梅. 我国房地产价格走势与利率、汇率机制改革 [J]. 经济问题探索，2005（5）.

② 王爱俭，沈庆劼. 人民币汇率与房地产价格的关联性研究 [J]. 金融研究，2007（6）.

③ 杜敏杰，刘霞辉. 人民币升值预期与房地产价格变动 [J]. 世界经济，2007（1）.

际汇率升值也会导致房地产价格上涨，但是效应时间较短。①

总体而言，汇率的变动对于各个金融市场都有影响，汇率作为一国经济对外贸易的重要影响因素，对于整个金融市场乃至宏观经济都有着极为深远的影响。

## 第三节　人民币汇率形成机制的问题与展望

人民币汇率制度经过多年的发展已经从原来的锚定汇率制度发展为现在的以市场供求为基础、参考一篮子货币进行调节、有管理的浮动汇率制度。但是，随着经济形势的不断发展，汇率制度也需要不断进行调整以适应新形势下经济的需要。目前的汇率制度还存在一定的问题需要解决。

一是目前汇率制度缺乏弹性。在目前的人民币汇率形成机制中，每日人民币交易的波动不能超过中间价的 2%。人民币的波动相对其他货币而言较低，尤其体现在月跌幅和月涨幅方面。缺乏弹性的汇率制度虽然能够一定程度上降低出口外贸企业的汇率风险，但是造成了更多的问题，一方面缺乏弹性的汇率制度压抑了外汇市场的供求，累积了大量的压力，产生了大量单边的资本流动和投机行为，对于人民币汇率产生了较大压力；另一方面还导致人民币汇率的调整落后于中国宏观经济的调整，使宏观经济存在不稳定的因素，汇率价格杠杆作为宏观经济自动稳定器的作用被削弱。

所以，未来在人民币汇率形成机制方面可以进一步加强，可以在现有汇率形成制度的基础上进一步扩大汇率的波幅，使得外汇市场可以充分地进行调整。同时在外汇市场上存在大规模的非理性情绪时，人民银行可以通过逆周期因子介入纠正市场上的非理性情绪，同时，为了达到最好的效果，一旦逆周期因子介入，就要一以贯之，充分纠正市场上的错误预期。

①　朱孟楠，刘林．短期国际资本流动、汇率与资产价格——基于汇改后数据的实证研究［J］．财贸经济，2010（5）．

通过汇率制度的进一步深化改革，可以缓解目前人民币存在的单边兑美元持续渐进贬值或者升值的状态，缓解人民币外汇市场上存在的大量投机行为，外汇市场的压力也可以得到较好的释放，符合宏观经济需求的汇率水平也可以帮助宏观经济更为稳定地运行。同时在目前国内外贸企业使用外汇衍生品对冲的规模也越来越大的背景下，汇率波动带来的外贸企业汇率风险也日渐减少，为汇率制度的进一步深化改革打下基础。

二是目前的汇率制度一定程度上阻碍了中国资本的自由流动，对于下一阶段中国经济的发展以及人民币国际化产生了一定的阻碍。根据"不可能三角"，货币政策的独立性、资本的自由流动和固定汇率三者是不可同时兼得的，在当前环境下，我国通过一定程度的资本管制，来保障货币政策的独立性以及汇率的相对稳定。

但是在未来，随着中国经济转型升级的需求，在新阶段，中国一方面需要对外进行投资以及输出资本，另一方面人民币国际化进程也需要稳步进行。那时，资本项目的开放程度必然高于目前，对于汇率的波动性必然提出了更高的需求，现有的汇率制度必然面临改革的需求。

三是目前汇率形成制度中银行间外汇交易不足。目前，中国的银行间外汇交易市场的参与者主要是银行，非银行金融机构和其他机构也在逐步加入，但银行间外汇交易市场的参与者仍相对较少，主要集中在银行，尤其是国内的国有银行，一定程度上导致了外汇市场竞争不足、价格发现效率低下等问题，对外汇市场的稳定产生了一定影响。另外，银行间外汇交易市场这一集中的市场受到交易场所营业时间的限制，使外汇价格的变动是不连续的，不利于稳定市场预期，增加汇率市场的风险。

因此在未来，一方面需要进一步放开外汇市场的参与者，使更多的主体参与外汇市场交易之中，同时，形成合理的价格还需要加大国有银行的商业化改革、逐步放松外汇存货管制、完善中央银行的外汇干预机制、促进各银行业的公平竞争等措施。另外，也可以考虑与商品期货市场一样开展夜盘交易，一方面可以根据离岸市场的汇率价格进行在岸价格的调整，另一方面可改善目前外汇交易价格不连续的问题。

另外，在与汇率形成机制相配套的方面也有许多可以改进的部分。

在跨境结算的基础设施方面，目前跨境的外汇清算主要通过 SWIFT 系统进行，美元交易通过 CHIPS 系统进行。目前中国在对外进行外汇清算、结算时主要采用 SWIFT 系统和 CHIPS 系统进行，中国人民银行下的 CIPS 系统的使用相对较少，在帮助汇率制度平稳运行结算基础设施方面受到较多国际制约，有待进一步增强。

在债券市场的深度方面，由于固定收益市场与汇率市场之间的紧密联系，一个具有深度的债券市场能够更好地承接外汇市场进一步开放所带来的国际资本流动。另外，债券市场提供的债券收益率曲线的估值也能够帮助短期利率与长期利率的形成，帮助即期汇率与远期汇率市场进行定价；债券市场完备的担保品交易体系也能够帮助跨境交易的有序进行，帮助国际资本的有序流动。

# 第四节　本章小结

在本章，我们分析了人民币汇率形成机制各方面的内容，分为三个部分。第一部分是人民币汇率形成机制的发展历程与现状，在发展历程方面分为 1949—1978 年、1979—1993 年、1994—2005 年、2006 年以来四个阶段，同时还详细讨论了目前人民币汇率形成机制的现状。第二部分是人民币汇率形成的决定因素与人民币汇率对于其他市场的影响，在汇率形成的决定因素方面，本章分析了中外利差、中国物价水平与通货膨胀情况、中国的经济实力与贸易情况、汇率预期与市场情绪、监管部门的宏观经济调整需求五个决定因素，还对汇率与股票市场、债券市场、商品市场、房地产市场的影响进行了分析。第三部分是人民币汇率形成机制的问题与展望，这一部分从汇率形成机制缺乏弹性、阻碍资本自由流动、外汇交易市场不足等问题展开分析并根据问题对于未来进行展望。

　　汇率机制是汇率制度的选择问题。完善汇率机制是我国自主的选择，能够更好地体现人民币的定价权。汇率的形成机制是影响中国社会、经济的重要因素，在我国加入 WTO 后新的开放形势下，完善人民币汇率形成机制的必要性更为显著，在未来，汇率制度改革也需要根据经济的不断发展进行革新，过程中尽量保持汇率稳定。

人民币国际化
理论与实践
Theory and Practice of
RMB Internationalization

## 第十二章

# 人民币金融资产利率定价

人民币利率定价是人民币资产定价中的一个不可或缺的部分，信贷市场与债券市场是人民币利率价格形成的两个重要市场。本章我们就人民币金融资产利率定价进行了探讨，对于人民币利率市场化以及债券市场利率对外汇市场的传导机制进行了分析，试图通过对于利率定价形成机制的梳理，对目前的利率定价存在的问题进行研究并对未来进行展望。

## 第一节　人民币利率市场化的现状、问题和展望

### 一、 人民币利率市场化的现状

目前，人民币利率市场已经形成了相对较为完善的市场化体系。但是中国目前依旧存在许多种类的利率市场，并且各利率市场之间的传导还存

在一定的不畅，间接体现了目前中国利率市场化还存在一定的不足。

中国的利率市场大致可以分为六个，包括货币政策利率市场、银行间利率市场、交易所利率市场、存贷款利率市场、标准化债权利率市场、非标准化债权资产利率市场。

货币政策利率市场，指的是人民银行与银行进行资金流动形成的利率。在这个利率市场中，人民银行的工具主要包括公开市场操作、法定及超额存款准备金率、中期借贷便利（MLF）、常备借贷便利（SLF）、抵押补充贷款（PSL）、央票发行、再贴现，其中市场化决定利率的有公开市场操作、中期借贷便利（MLF）、央票发行，其余工具都是由人民银行自行决定。总体而言，目前人民银行使用最为普遍的几个工具中市场化决定利率的比例较高，货币政策利率市场的利率市场化程度相对较高。

银行间利率市场，指的是在全国银行业同业拆借中心和中国外汇交易中心，由银行和非银机构进行交易的利率市场。银行间利率市场主要存在两种利率：一种是无担保质押物的拆借利率，包括银行间同业拆借利率、存款类同业拆借利率、上海银行间同业拆借利率（SHIBOR）；另一种则是具有担保质押物的回购利率，包括银行间质押式回购利率、存款类机构质押式回购利率、回购定盘利率、银银间回购定盘利率、买断式回购利率。总体而言，银行间利率市场的利率由货币政策利率传导而来，从回购利率向拆借利率进行传导，从银行机构向非银机构进行传导，整体而言市场化程度很高，但是从银行机构向非银机构进行传导存在较大的问题，银行机构往往不愿意将资金贷给非银机构，极端情况下甚至导致银银和银非银利率之间信用利差的无序扩大。

交易所利率市场，指的是在上海证券交易所和深圳证券交易所进行交易的利率市场，由于交易所市场禁止拆借，所以上海证券交易所和深圳证券交易所的质押式回购利率是交易所利率市场上最为重要的两个利率。交易所市场的利率价格是高度市场化的，但是由于交易所市场的参与者主要是非银机构与合格投资者，银行这一资金巨头参与较少，导致了银行间市场利率对于交易所市场利率的传导困难。

存贷款利率市场，是指银行向实体经济进行存贷款业务时使用的利率，由于信贷市场在中国融资市场上的主导地位，存贷款利率市场是对实体经济影响最为深远的一个利率市场。目前，虽然名义上绝大部分的存贷款利率都已经放开，由市场根据供求约定，但是在实际操作中，市场明显还受到较多管制，银行间市场和交易所市场对于信贷市场利率的传导也存在问题。在存款方面的管制主要是价格管制，目前，大部分银行的存款利率还是基于人民银行公布的存款基准利率进行一定的上浮，实际货币市场的利率远高于存款利率，这也导致资金从存款处大量流向货币基金和银行理财产品；而在贷款方面的管制则主要是数量管制，信贷的流向受到较多约束，银行面临数量繁多的信贷数量管制或类似数量管制的规范，如人民银行和银监会的各类考核。

标准化债权利率市场，指的是在银行间以及交易所债券市场进行交易的，由银行和非银机构参与的，非回购和拆借利率的标准化债券的利率，或者说到期收益率。标准化债券市场利率定价是高度市场化的，在发行、交易等各个环节都是通过市场交易得到其收益率，但是，债券市场的非市场化问题在于对发债人的限制，占经济重要部分的民营企业，尤其是小型民营企业发行债券受到了较多限制。

非标准化债权资产利率市场则是指在标准化债券市场以外，包含理财、信托、资管等非债券固定收益产品的收益率。非标准化债权资产利率市场构成了中国庞大的影子银行系统，该市场的利率几乎完全通过市场化机制形成，其信用风险溢价几乎是中国金融市场上最为贴近市场化利率的，但是其他市场对于非标市场的利率市场化存在较大的阻碍。

在六个中国的利率市场中，存贷款利率市场的利率市场化程度还不高，需要进行进一步的改革。另外，利率市场之间的隔离问题比较严重，对利率市场化也产生了一定的阻碍。

## 二、 人民币利率市场化的问题

中国目前的利率市场化问题实际上延续了中国历来渐进式改革所产生的双规制问题。最显著的体现就是目前存贷款利率与其他金融市场形成的市场化利率之间的双轨制问题。

中国金融市场上的融资存在两个渠道，一个是通过银行渠道，根据存贷款利率获取资金融通；另一个则是通过非银市场融资渠道，包括各种类型的债券市场、非标金融市场、民间借贷市场等。目前，中国依旧是一个以间接融资即银行体系为金融体系主导的国家。同时中国的银行体系一方面拥有存款这一成本较低的资金来源，另一方面必须承担一定的社会责任，对于特定主体进行利率较低的贷款的发放；而在非银机构市场，利率的市场化程度较高，基本由供求情况所决定，高于银行系统的存贷款利率，形成了典型的利率双轨制模式。

这一模式对于金融市场造成了一定的抑制，但是在金融市场相对不发达、应对风险能力较弱的情形下，一定的金融抑制反而有利于金融市场的平稳运行与发展，但是随着中国金融市场的不断发展，目前利率双轨制这一金融抑制已经开始越来越多地影响中国金融市场的运行效率。一方面，市场化的货币市场利率难以合理地从货币市场以及银行间市场传导至信贷市场，利率政策的传导出现阻碍；另一方面，由于利率系统的扭曲，许多资金被配置在效率较低的地方。

具体来说，目前利率市场化不充分的情况可能会造成如下问题。

一是金融市场主体问题。利率市场化不充分可能会导致存款类金融机构风险加大。目前中国的银行的利润主要来源于存贷款利差，一旦存贷款利差产生波动，会对于银行的利润产生较大冲击。同时，由于利率市场的扭曲，银行近年来吸储越发困难，对于银行的冲击也越来越大。

二是基准利率的形成和传导问题。这主要包含三个方面的问题：第一是基准利率的形成。目前国内在不同的利率市场存在多种基准利率，有市场化形成的利率，也有人民银行指导下形成的利率，多种基准利率并存，导致中国的货币政策缺乏合适的基准利率目标。第二是基准利率向其他利率市场的传导。基准利率对于存贷款利率的传导，以及对于其他利率市场尤其是带有信用利差的利率市场的传导就更为不畅，导致货币政策的效应受到阻碍。第三是短期利率向长期利率的传导，目前债券收益率作为比较有效的衡量短期、中期、长期利率的指标，其短期收益率向中期、长期收益率的传导还存在一定的阻碍，使货币政策难以传导至长期市场。

三是金融创新以及扶持创新企业的问题。目前利率双轨制和缺乏创新的金融市场导致整个金融系统更倾向于给大型企业以及拥有成熟技术希望扩大再生产的企业进行融资；而研发型和创新型企业以及初创企业，其融资目前则受到较大约束，难以获得合理、可满足需求的资金来源。

同时，在进一步推进利率市场化改革中也要面临金融市场存在的诸多不足。

一是金融监管的问题。市场化的利率要求更高的金融监管水准，但是目前中国的金融监管体系使用分业监管模式，各分业监管部门之间的协调存在一定问题。在利率市场化改革之后，银行、保险、证券的利率市场的阻碍与壁垒将会打破，市场与市场之间的联动性增强，同时各种在利率上建立的金融创新产品将会随着利率市场化的放开，在数量和创新性方面都有所增强。利率市场化在各方面对金融监管提出了新的要求。

二是金融机构，尤其是商业银行存贷款定价能力较弱的问题。目前，中国商业银行偏好发放长期大额贷款，存贷款利率也往往依据货币政策以及人民银行的指导，风险定价及风险管理的能力相对较弱。一旦利率市场化放开，银行会面临许多高风险、高贷款利率的项目，如何对这些新类型的项目进行风险管理将会对商业银行乃至推广到整个金融机构提出新的挑战。

三是银行承担的社会责任如何处理的问题。目前，商业银行对外提供的存贷款利率依旧是非市场化的，一方面商业银行可以以相对较低的存款利率进行融资，另一方面又需要以较低的贷款利率对部分关键项目发放资金，承担了一部分社会责任。利率市场化改革以后，银行将不得不面临存款端利率上浮至市场化利率的现状，从而难以继续在贷款端承担一定的社会责任。所以在利率市场化改革之后，需要以其他方式承接原有商业银行通过非市场化利率承担的社会责任。

四是金融市场客体的问题。原先较为平稳的存贷款利率导致企业与居民对于利率的敏感性较低，对于利率风险管理的意识较为薄弱。以个人住房抵押贷款为例，个人住房抵押贷款是在基准利率的基础上进行浮动，长期以来基准利率一向相对较为稳定，但是利率市场化改革之后，基础利率进行大幅调整，会对个人的贷款规划产生重大冲击，而目前贷款企业与个人的利率风险意识还不足。

人民币利率市场化在改革以及改革后的适应方面都存在诸多问题，为了合理、平稳地进行利率市场化改革，需要在改革期间稳步推进。

### 三、 人民币利率市场化的未来展望

在未来，人民币利率市场化的改革可以通过如下几个方面进行推进。

一是推进金融产品创新，尤其是利率产品方面的创新。第一是在各期限利率的形成中，要增强债券市场的金融产品创新，增加债券期限品种，补充现有存在较多缺失的债券期限结构，构建完备的收益率曲线，同时需要在债券市场建立科学的债券评级机制和债券违约处置机制，帮助债券市场的平稳运行以提供各期限市场化的利率指标。第二是在利率衍生品方面进行创新，帮助商业银行以及其他金融机构进行利率风险管理。目前金融机构对于固定收益类产品的风险管理主要是以持有至到期的久期管理为主，缺乏做空工具。目前主要的做空工具如国债期货（商业银行无法参与）、利率互换协议、债券借贷（规模较小）等还有进一步发展的空间。未来可以进一步丰富利率衍生品的产品类型和期限类型，为利率市场化后金融机构的风险管理提供工具。第三是商业银行金融产品创新，商业银行

可以开展理财产品、多种类型的大额存单等创新产品以应对利率市场化带来的冲击。

二是提高商业银行定价能力与应对风险的能力。未来为了应对利率市场化改革，商业银行需要改进内部的风险管理系统以应对利率市场化带来的利率波动风险。另外，商业银行还需要完善内部的风险定价模型，将市场化的基准利率纳入商业银行定价体系中，从而帮助银行一方面能够吸纳合理数量的储蓄，另一方面可以用合理的定价模型应对利率市场化后高风险、高收益的贷款项目。

三是完善货币市场和基准利率的形成。目前中国缺乏被市场广泛接受的基准汇率，固定收益产品定价机制有待进一步完善。所以在未来，一方面需要对目前的货币市场培育合理的市场基准利率，另一方面完善货币市场子市场分割的情况，包含银行间债券市场、交易所债券市场、票据市场等，放开各子市场的参与者市场准入限制，使各子市场金融基础设施互联互通，使各个子市场能够形成统一的以及对全市场都具有指导意义的基准利率。

四是推进金融监管制度创新。利率市场化改革带来的一系列变革必然要求更高的金融监管能力以保障金融市场的平稳运行。第一是可以通过金融稳定委员会加强"一行两会"监管之间的联系，从原有的金融分业经营逐步转化为混业监管。第二是建立健全宏观审慎的管理框架，加强对于系统性风险的监管。第三是加强对金融创新产品的监管，尤其是在利率衍生品市场，需要借鉴国际经验对衍生品市场的管理，建立交易数据库等金融基础设施。第四是建立存款保险制度，以应对利率市场化之后的银行破产与挤兑风险。

## 专栏三： 中债金融估值中心积极打造人民币定价基准

"健全反映市场供求关系的国债收益率曲线"，是党的十八届三中全会明确提出的要求。中债金融估值中心有限公司（以下简称中债金融估值中心）作为中央结算公司向全球金融市场提供人民币基准定价服务的重要平台，承载着编制、发布人民币利率基准曲线、债券估值和债券指数等人民币债券市场基准价格指标的职能，为利率市场化和人民币国际化等重大国家战略实施，为宏观财政政策和货币政策实施提供有力抓手。

2017 年 7 月，中债金融估值中心正式挂牌落户上海，并在沪首发上海关键收益率（Shanghai Key Yield, SKY）。SKY 的发布，进一步提升了我国国债收益率曲线使用的便利性，是贯彻落实国家"十三五"规划纲要"更好发挥国债收益率曲线定价基准作用"的实际行动，也是助力上海打造人民币定价中心的有效举措。

自 1999 年编制、发布中国第一条人民币国债收益率曲线以来，中债金融估值中心编制运营的中债价格指标产品体系已发展成为国内债券市场的定价基准，全面反映了人民币债券市场价格及风险状况的指标体系。使用中债价格指标产品的境内用户超过 1000 家，覆盖国内所有的基金公司、保险公司、证券公司以及 90% 以上的银行类金融机构。2005 年，为提高中债价格指标的科学性、公正性和透明度，中央结算公司发起成立中债指数专家指导委员会，每年持续对债券市场价格指标、利率市场化等专题进行研讨。中债价格指标体系有效促进债券公允价格的形成和市场透明度的提升，成为相关财政政策与货币政策实施的重要参考指标以及主管部门对市场监测的有力工具，有效衔接配合利率市场化和人民币国际化等国家金融战略的实施。

中债收益率曲线。目前中债收益率曲线覆盖国债、政策性金融债及各信用等级的公司类债券曲线 1300 余条，曲线类型包括到期曲线、即期曲线和远期曲线，利率品种齐全。自 2007 年起，中国银保监会即推荐采用中债收益率曲线作为银行业的市场风险管理计量基准；2010 年起推荐作为保险业的市场风险管理计量基准。2014 年起人民银行将中债收益率曲线纳入金融市场统计序列，财政部、人民银行和银保监会也相继在官方网站展示中债收益率曲线，中债收益率曲线日益成为监管部门强监管、严监管的重要抓手。2016 年 10 月，国际货币基金组织经过严格评估和对比，正式将中债 3 个月国债收益率纳入特别提款权（SDR）利率篮子，进一步强化了中债收益率曲线在基准指标体系领域内的重要地位。2017 年 12 月在沪发布 SKY 指标，助力上海国际金融中心建设，巩固人民币国际定价权。

中债估值。中债估值已涵盖债券、优先股、流通受限股票、信用风险缓释工具、理财直接融资工具以及银行理财投资的非标准化债权资产、银登信贷资产等金融资产。中债金融估值中心每日发布各类资产估值已超过 10 万条，其中发布债券的估值及相关风险指标近 6 万条，覆盖在岸市场所有币种可流通债券。银保监会、证监会及基金业协会推荐中债估值为第三方机构的估值结果，并将其作为境内债券公允价值的基础。财政部与国家税务总局推荐中债估值作为债券买入价的公允价值计量计算销售额。人民银行使用中债估值作为债券市场异常交易的筛选标准。

中债指数。自 2002 年发布第一只债券指数以来，经过不断地完善和改进，中债金融估值中心现每日向全市场发布 120 余只总指数和 600 余只子指数。截至 2019 年第一季度末，境内外采用中债指数作为跟踪标的的基金和金融产品共 32 只，规模超过 1300 亿元；作为业绩比较基准的基金约 2081 只，规模总计约 2.47 万亿元。在中债指数的发展历程中，中央结算公司于 2016 年发布首批中国绿色债券指数，2017 年加入指数行业协会（Index Industry Association，IIA）；2018 年与 IHS Markit 公司合作发布联合品牌中债 iBoxx 指数；2018 年 3 只中债绿色债券指数登陆卢森堡绿色交易所，成为境外投资者提供投资中国绿色债券的工具。目前，跟踪中债指数的基金产品已在纽交所、港交所和韩交所挂牌上市。中债指数现已成为表征境内人民币债券市场的重要参考指标，成为债券投资跟踪标的、业绩比较基准的首选工具。

中债 VaR 指标。中债 VaR 指标包括中债单券 VaR 指标、CVaR 指标和中债组合 VaR 指标、CVaR 指标，应用于辅助银行类金融机构计算监管资本、度量和管理债券资产市场风险、对债券投资业绩进行风险调整以及对用户自建或外购软件计算的风险指标进行验证。截至 2019 年第一季度末，中债金融估值中心已发布 5.3 万余个单债券 VaR/CVaR 指标、近 2262 个大中型金融机构托管账户的组合 VaR/CVaR 指标。

中债市场隐含评级（全称为中债市场隐含评级—债券债项评级）。中债市场隐含评级是综合市场价格信号、发行主体公开信息等因素得出的动态反映市场投资者对债券的信用评价。自 2008 年发布以来，中债市场隐含评级现已覆盖所有在岸信用类债券，每日发布中债市场隐含评级近 4 万条。中债市场隐含评级具有客观性、时效性和稳定性的特点，可以客观及时地揭示债券信用风险的变化，同时填补了无评级公司评级债券的市场空白，每日为所有在岸无评级公司评级的债券提供评级信息。

中债"我的统计"（又称为"我的统计"）。中债"我的统计"包括两大产品体系，投资人"我的统计"和发行人专项统计。投资人"我的统计"是在充分发挥中央结算公司作为中央托管机构信息优势的基础上，发布的涵盖用户一级市场承分销、二级市场交易结算、债券持仓、投资业绩参考、投资风险监控、柜台业务、结算代理业务、托管业务以及资产管理业务等债券业务的个性化统计服务产品。发行人专项统计针对不同类型发行人的特点，分别提供地方政府债发行人专项统计、政策性银行债发行人专项统计以及其他发行人专项统计。其中，地方政府债发行人专项统计功能在 2019 年得到了进一步升级。

中债 SPPI。中债金融估值中心充分利用多年来的估值经验和债券数据库优势，采纳了资深会计专家的咨询意见而开发的国内首款自动化 SPPI 判断工具，覆盖境内各币种债券，每天通过中债数据下载通道发布，每日判定结果 5.1 万余条。其方法主要基于债券条款和新金融工具准则及其应用指南的相关规定，对于所有可能影响 SPPI 分析的特征设计判断分析逻辑。中债 SPPI 方法广泛借鉴 IFRS9 相关指引和国际通行的做法，并将随着新金融工具准则以及 IFRS9 的深入实施而更新。

债务管理工具。债务管理工具的主要功能是将不同的债务期限结构组合作为备选方案，在中长期时间跨度内，计算备选方案的成本和风险，进行综合评价，为发行人推荐债务管理组合的优化方案。该工具基于财政部组织的"中国国债管理战略计量分析"世界银行技援项目研究成果，充分利用 20 年来积累的债券收益率曲线编制经验和债券数据库优势，有效借鉴国内外发行主体的债务管理经验，将成本风险权衡的思想引入债务管理，并依据中国债券市场的实际情况，建立了计量分析框架，在自动生成的数千个备选方案中选择发行人合意的债务管理方案，迈进国际债务管理领域主流行列。该工具具备较强的扩展性，可适应不同发行人的债务管理方式。引入债务管理工具，有助于提高债务管理的科学性和前瞻性，是国际上债务管理工作的发展方向。目前财政部国库司已连续多年参考该系统的推荐结果进行国债管理。

## 第二节　债券市场利率的形成和传导机制

### 一、　债券市场利率的形成原理

债券市场基本上可以分为利率债与信用债两个市场。其中利率债主要包括国债、央票、政策性银行债、地方政府债、政府机构债；信用债主要包括企业债、公司债、金融债（银行与非银机构）、短融、超短融、中票等。利率债有国家政府信用背书，不存在信用风险，仅存在利率风险，其价格受利率、通货膨胀率、货币发行量、宏观经济情况的影响。信用债发行主体存在信用风险，故信用债同时拥有利率风险和信用风险，发行人的信用情况对于信用债的价格有重大影响。所以债券市场的利率（收益率）由两部分构成，一部分是代表资金供求情况的利率债利率，另一部分则是由信用风险产生的利率风险信用溢价。

（一）利率债利率的形成原理

债券市场的利率（收益率）也是由供给和需求共同决定，融资需求曲线和资金供给意愿曲线两者共同作用形成了债券市场的利率。

在融资需求方面，融资需求主要有两种，一种是由宏观经济运行情况决定的有效融资，另一种则是与宏观经济运行情况无关并对宏观经济没有助力的无效融资。对有效需求而言，其规模取决于宏观经济的运行情况，尤其是经济总量的增长和通货膨胀率。经济增长越快，对于融资的有效需求就越多。通货膨胀率越高，一方面会导致名义上融资需求的增加，另一方面在通货膨胀的大背景下，债务成本会随着时间不断降低，增加经济的融资需求。而对于无效需求而言，其所受影响则可能来自多个方面。一方面无效需求受政策因素的影响，与宏观市场经济情况背离的错误政策引导可能导致对经济增长作用较少的融资的增加；另一方面无效需求可能受到市场非理性乐观的影响。

从 2017 年以来，中国债券市场的融资需求处于较为复杂的境地。一方面在国际经济下行、外需不振，以及在国内原有房地产和基建投资难以为继的大趋势下，经济主体进行扩大再生产的融资需求较弱；另一方面，由于经济形势下行，企业通过融资缓解资金紧张的需求也更为迫切，公共部门也有意向通过融资进行投资对经济托底。但总体而言，融资需求还是在下滑。

在资金供给意愿方面，整体经济资金的供给取决于以下两个方面：一是人民银行货币政策对于资金供给的调整，二是金融机构在人民银行提供的资金的基础上派生的资金规模，即金融机构金融杠杆规模。人民银行货币政策的意图在于一定程度上熨平全球经济波动和国内经济波动导致的宏观经济波动。金融机构杠杆率则取决于多方面因素：一是金融机构的原始杠杆率水平。初始杠杆率越高的杠杆率上升空间就越少，资金供给的增加受到限制。二是金融机构的期限配置情况。期限错配可导致暂时性的资金供给的增加减少。三是金融机构受到的行政命令限制。它会对金融机构的杠杆情况有一定的影响。流向债券市场的资金量除取决于整体经济资金供给外，还取决于其他金融市场的情况。

从 2017 年以来，中国债券市场的资金方面产生了比较明显的收缩。一是在"防风险、去杠杆"政策下，货币政策收紧，资金供应减少；二是在同样的政策下，金融企业受压，不得不需求更多的资金来解决原先期限错配产生的问题，导致流向二级债市的资金被挤压；三是流动性自身引发的流动性风险深化，由于流动性紧张，债券持有者不得不平仓，平仓后引发更严重的价格下跌、资金外逃与更严重的流动性风险；四是债券在面临信用风险时市场恐慌情绪进一步扩散，资金外逃，导致流动性问题更为严重。

（二）信用债利率的形成原理

债券的信用风险指的是借款人无力或者不愿履行借款合同引发违约。债券市场的信用风险积聚使得市场对于信用债券的价值产生怀疑，同时也反映在公司新发信用债难度增高、认购困难、利差加大的状态上，所以在信用债利率的形成过程中，除了由资金面决定的基础利率之外，信用利差也是信用债利率形成中一个重要的因素。

信用风险的形成主要与宏观信用风险水平和发行人的信用风险水平相关，市场发行人总体的信用水平与整体宏观经济形势息息相关，各发行人之间又因信用主体的不同而有所差别。

2017 年以来，中国的信用债市场上产生了较为明显的信用风险积聚，信用利差的扩大较为明显。信用利差的扩大主要由两个原因导致：一方面是公司也就是发债主体的基本面走弱。近一段时间以来中国经济基本面走差，出口（贸易战）、投资（去杠杆、供给侧）、消费都不振，企业盈利情况下降，现金流状况恶化，导致信用事件增加。另一方面是公司融资情况恶化。在"防风险、去杠杆"政策的指导下，企业表外融资渠道受限，金融企业受压，间接融资难度加大，股市承压，直接融资也面临困难，这一点在民营企业身上体现得更为明显。同时利率风险和信用风险是可以相互传导的，利率风险带来的利率提高会导致企业融资成本抬升以及融资环境恶化，从而引发信用风险积聚，信用风险加剧也会导致市场恐慌，引发资金面的变化从而将风险传导至利率。

### 二、债券市场利率对于外汇市场的传导

债券市场收益率，尤其是国债收益率是金融市场重要的基础利率。一国的基础利率可以通过各种渠道对汇率水平产生影响。

一是通过国际资本流动渠道影响汇率水平。基准利率的上升会从两个渠道影响国际资本流动。第一，基准利率上升使中国国内无风险资产价格上升，从而导致国际资本试图将外汇兑换成人民币进入中国的无风险利率市场，外汇市场上人民币的需求增加导致人民币升值。第二，基础利率上升使其他资产价格承压，原本投资国内资产价格的资本试图抛售资产获取人民币兑换为外汇流出中国，此时外汇市场人民币供给增加，导致人民币币值承压。

二是通过经常项目影响汇率水平。市场上较高的利率水平会抑制企业与个人的杠杆，导致企业与个人投资与消费减少，从而使宏观经济整体承压，进口减少，中国贸易顺差减少乃至贸易逆差，贸易逆差一方面会导致外汇需求增加，从而引发人民币贬值；另一方面，贸易逆差也会导致市场上对于一国国力的怀疑，继而使以中国国力为支撑的人民币币值承压。

三是通过市场情绪影响汇率水平。基础利率上升一定程度上意味着宏观经济处于过热状态，加息导致的债券市场利率上升可能会加重市场的悲观与恐慌情绪，情绪传导至人民币外汇市场，会带来本币贬值压力。

一个具有完善利率形成机制、具有深度的债券市场可以助推人民币国际化的发展。一方面，具有指导的意义的债券市场基础利率可以帮助即期汇率与远期汇率市场进行定价，助力外汇市场的稳定，从而推动人民币国际化。另一方面，一个市场机制完善、市场具有深度的债券市场也可以缓解国际资本流动的冲击，通过帮助国际资本的有序流动稳定人民币汇率，

推进人民币国际化。

### 三、 债券市场利率形成的不足与未来展望

债券市场的利率形成较之信贷市场中存款与贷款利率的形成，市场化程度更高。但是目前债券市场的利率形成机制中还存在一定的不足。

一是债券市场分割导致利率形成隔离问题。目前中国的债券市场主要有两个市场，即银行间债券交易市场和交易所债券交易市场。这两个市场的参与者、资金来源等都不同，市场之间相对隔离，形成了不同的利率水平。其中，银行间债券市场的参与者主要是大型银行、中小型银行和非银机构（券商、基金、保险、信托、财务公司），资金从中央银行传导至大型银行，再传导至中小型银行，最后传导至非银机构，债券市场利率也随着资金的传导不断上浮，形成了存款类机构拆借利率 DR007 和非银机构拆借利率 R007，并且银行间债券交易市场是 OTC 市场，进行询价交易。交易所债券市场则不同，交易所市场的参与者主要是非银机构（券商、基金、保险、信托、财务公司）和散户，散户、股票型产品主要融出资金，券商、债券型产品、保险和财务公司主要融出资金，通过交易形成了国债回购利率 GC007，并且交易所市场采用集中竞价模式。所以，由于银行间与交易所债券市场不同的参与者、结算体系、转托管等问题，要在两个市场中进行套利十分困难，形成了市场分割，利率的合理化形成过程受到阻碍。

二是债券市场缺乏合适的对冲工具，在价格形成方面存在缺陷。中国债券市场的利率衍生工具主要包括国债期货、利率互换、债券借贷、债券远期，在债券信用衍生品方面仅有信用风险缓释凭证。目前，在上述债券衍生品市场，仅有国债期货市场的发展相对比较成熟，流动性较好，交易成本较低，价格发现能力较强，对冲效果较好。但是目前国债期货市场与庞大的债券规模（2017 年国债期货日均持仓 1000 亿元人民币左右，2017年债券市场整体日均托管余额平均 70 万亿元左右）相比，依旧较小。大

部分金融机构，尤其是银行，基本上还是采用持有至到期策略，在面临风险时也缺乏对冲工具，导致债券市场的利率价格发现存在阻碍，流动性也受到一定影响，在债券信用风险的问题上更是缺乏对冲工具。

三是银行间债券市场做市商制度仍有待完善，债券市场流动性仍有待进一步提升。目前银行间债券市场的做市商制度依据 2007 年 1 月 9 日中国人民银行发布的《全国银行间债券市场做市商管理规定》（中国人民银行公告〔2007〕第 1 号），其中提出，"做市业务是指做市商在银行间市场按照有关要求连续报出做市券种的现券买、卖双边价格，并按其报价与其他市场参与者达成交易的行为"。① 但是，目前银行间市场做市商的做市意愿不强，做市带来的义务难以被做市商身份带来的优势所抵消。目前国债最优双边报价的平均买卖价差约 30BP，仅有五个关键期限的新券的最优双边报价价差能达到 5BP 以内，而在成熟市场关键期限国债双边价差可以仅有 1 个 BP。做市商制度缺乏发展导致中国的债券市场缺乏流动性，对于债券市场利率的价格发展不利。

四是债券券种结构存在不足。在发行过程中，信用债、企业债、高收益债券等券种的发行受到较为严格的审核与规制。原先债券市场发行债券受到的规制较多，企业发行必须经过国家发展和改革委审核，公司债发行必须通过证监会进行审核，且审核要求较高，信用风险较高的发行主体在发行高收益债券方面受到较为严格的限制。近年来虽然有所改善，但与成熟市场相比，限制还是较多，债券结构中信用债供给存在不足，使得信用利差的价格发现存在一定的失真，不能反映高信用风险高收益债券的信用利差情况。

在未来，可以根据目前债券市场存在的问题采取一定的整改措施。一方面可以进一步改善目前债券市场分割以及多头监管的局面，建立统一的债券市场，以利于债券市场利率的形成；另一方面可以在风险整体可控的

① 中国人民银行. 全国银行间债券市场做市商管理规定［OL］. 中国人民银行官方网站，2007 – 01 – 09.

基础上进一步放开对于债券市场的限制，培养中国的高收益债券市场。还可以进一步完善中国债券市场的金融基础设施，完善债券市场的做市商制度以及清算、结算、托管的后台系统，共同帮助债券市场平稳发展。

# 第三节　本章小结

本章我们就人民币金融资产利率定价进行了探讨，对人民币利率市场化以及债券市场利率的对外传导机制进行了分析。

在人民币利率市场化方面，本章对人民币利率市场化的现状、人民币利率市场化的问题以及人民币利率市场化的未来展望进行梳理。在人民币利率市场化的现状方面，对目前货币政策利率市场、银行间市场利率市场、交易所利率市场、存贷款利率市场、标准化债权利率市场、非标准化债权资产利率市场的市场上利率的形成模式和传导模式进行了分析；在人民币利率市场化的问题方面，以利率"双轨制"为视点切入进行剖析，同时探讨了在利率市场化进一步推进过程中可能存在的问题；人民币利率市场化的未来展望方面，则从金融产品创新、提高商业银行定价能力与应对风险的能力、完善货币市场和基准利率的形成、推进金融监管制度创新四个方面进行讨论。

在债券市场利率的对外传导方面，本章对债券市场利率形成原理、债券市场利率对外汇市场传导的机制以及债券市场利率形成的不足与未来展望进行了分析。总体而言，本章试图通过对利率定价形成机制的梳理，对目前的利率定价存在的问题进行研究并对未来进行展望。

# 人民币国际化
## 理论与实践
### Theory and Practice of
### RMB Internationalization

## 第十三章

# 总结与展望

## 第一节 总结

第五次全国金融工作会议明确提出:"金融是国家重要的核心竞争力,金融安全是国家安全的重要组成部分,金融制度是经济社会发展中重要的基础性制度。党的十八大以来,我国金融改革发展取得新的重大成就。金融业保持快速发展,金融产品日益丰富,金融服务普惠性增强,金融改革有序推进,金融体系不断完善,人民币国际化和金融双向开放取得新进展,金融监管得到改进,守住不发生系统性金融风险底线的能力增强。"

在经济金融全球化持续推进的大背景下,为了实现"两个一百年"奋斗目标,为了实现中华民族伟大复兴的中国梦,我们应该主动顺应世界发展趋势,合理审慎推动人民币国际化,与"一带一路"倡议以及自贸区建设等紧密结合，与世界共享机遇，共迎挑战，积极构建共同发展、共同繁荣的人类命运共同体。通过人民币国际化促进我国经济的高质量发展，实现人民币国际化和经济发展的良性循环。

近年来，在各方共同努力下，人民币国际化已经取得了阶段性的成果，但人民币国际化总体水平仍然较低，推进人民币国际化仍然面临诸多挑战，一系列伴生问题也亟待解决。

本书从人民币国际化的界定、发展现状、风险与约束、国际比较、金融市场对外开放等多个角度进行切入，分为基础篇、国际篇、市场篇、定价篇。在基础篇中，分析了人民币国际化的界定、人民币国际化的发展现状、人民币计价与结算、人民币国际化的条件与风险约束。在国际篇中，对一国货币的国际化历程和债券市场开放历程进行国际比较。在市场篇中，侧重于分析人民币国际化与资本项目开放，人民币国际化与股票市场、债券市场等各金融市场开放之间的关系。在定价篇中，对人民币汇率形成机制和人民币金融资产利率定价进行探索，并以专栏形式补充中央结算公司助力人民币国际化发展作出的贡献。本书采用定性与定量、理论与实证分析相结合的方法，对人民币国际化的内涵与外延进行分析并提出相应政策建议。尤其是探讨了金融市场开放对人民币国际化的重要性，并在这一基础上，以债券市场作为主要切入点，结合"一带一路"倡议等，探讨如何通过合理开放金融市场以进一步推动人民币国际化。

# 第二节　展望

人民币国际化将与"一带一路"倡议、上海国际金融中心建设、上海自贸试验区建设和金融市场开放协同发展，同时，债券市场也将进一步助力人民币国际化进程。

一是把握"一带一路"倡议新契机。一方面，发展"一带一路"专项债券有利于促进人民币"走出去"和"流回来"的双向流动，加深人民币国际化的进程。另一方面，"一带一路"背景下的人民币国际化，要建立沿线国家离岸人民币市场，有助于人民币债券的发行和开辟人民币投融资渠道，构筑沿线国家人民币基准定价基础，拓宽"一带一路"沿线国家使用人民币的渠道。

二是人民币国际化助力上海国际金融中心建设。人民币国际化进程不断加快，有助于提升上海金融中心的国际化程度和对全球金融资源的配置能力。2017年12月，中央结算公司设立上海总部，并发布上海关键收益率（SKY）指标，这将吸引更多全球投资者目光，巩固人民币定价权，更好地发挥上海国际金融中心的影响力。

三是中国（上海）自由贸易试验区（以下简称上海自贸试验区）资本项目开放先行先试。上海自贸试验区的建立充分体现了人民币国际化分段实施的安排，在人民币国际化进程中发挥着引领性作用。未来，应进一步探索自贸区业务创新，使之成为人民币在岸市场和离岸市场的重要节点。

四是持续推动金融市场对外开放。发达高效的人民币金融市场平台是支持人民币国际化的重要载体，而扩大金融市场的开放，向境外人民币持有者开放市场，是人民币国际化战略的重要配套措施。在人民币国际化不断推进的背景下，我国加快了境内金融市场对外开放的进程，已经取得一定成果。根据当前人民币国际化所处阶段出现的新特点，以债市开放引领我国金融市场的开放发展，完善人民币回流通道，有利于稳步推进人民币国际化，稳步实现资本项目可兑换。

五是人民币国际化需要切实有效的制度保障。在金融体制层面，应优化货币政策制定框架，深化利率和汇率制度改革，有序推动资本项目开放，健全金融监管体系，加强经济金融法制建设，适应新形势下的国内和国际宏观环境，守住不发生系统性金融风险的底线；在基础设施层面，应进一步推动金融基础设施建设和互联互通，为境内外投资者提供便捷的投资渠道，支持人民币国际化战略的实施。

## 专栏四: 中央结算公司上海总部助力上海国际金融中心建设

2017 年 12 月,中央结算公司在上海分公司的基础上设立上海总部,这是公司履行国家重要金融基础设施的职责,主动承接国家金融发展战略,积极响应上海市委、市政府号召,全面对接上海国际金融中心建设的重大部署。通过设立上海总部,公司深度参与上海自贸试验区改革开放,积极服务"一带一路"建设,推动与"一带一路"沿线国家和地区金融基础设施的深度合作、互联互通,坚持创新发展、开放发展和协作发展,优化区域布局,提高战略的敏锐性和业务的主动性,为"创建国际领先的中央登记托管结算机构"而不断努力。

面向 2020 年,上海总部将以市场化、国际化为导向,打造与国家核心金融基础设施、上海国际金融中心地位相匹配的上海总部,建设以跨境发行、跨境结算、担保品管理、金融估值和数据中心"五位一体"协同发展为核心特色,具有国际影响力的债券市场功能平台。

从上海总部的五大职能来看,一是人民币债券跨境发行中心,该发行平台的核心功能立足自贸区,面向境内境外的发行人和投资者,发债募集资金可以用于境内,也可以用于"一带一路"建设。人民币资本是稀缺资源,该发行平台既能够引导全球人民币回流,用于"一带一路"建设,也能够助力上海建设成为人民币资产配置中心。二是人民币债券跨境结算中心,从债券市场的发展实践来看,托管结算后台集聚了证券资产和资金,是汇聚金融要素的重要枢纽。上海总部积极探索多元开放模式,为自贸试验区债券提供发行、登记托管、付息兑付和信息披露等一揽子服务，为各类境外机构投资者提供债券托管结算服务。三是中债金融估值中心，该估值中心发挥以"中国国债收益率曲线"为代表的中债收益率曲线、中债估值、中债指数等中债价格指标产品的领先优势，在沪发布人民币金融市场定价基准，打造依托上海、辐射全球的"人民币利率定价中心"。四是中债担保品业务中心，该业务中心充分发挥债券作为优质金融资产的担保品功能，打造人民币金融体系的"流动性管理中枢"和"风险管理阀门"。五是上海数据中心，该数据中心开发新一代系统，承担与跨境人民币支付系统（CIPS）、环球同业银行金融电讯协会（SWIFT）等连接的功能，打造支撑全球人民币债券市场运行的主力数据中心。

上海市"十三五"规划纲要提出，上海要建成人民币资产定价中心、支付清算中心和人民币资产配置中心。这些目标与中央结算公司作为国家级金融基础设施、债券市场核心枢纽的职能高度契合。

从建设人民币资产定价中心来看，大国金融必然要掌握金融定价权。债券市场为整个金融体系提供利率价格基准，而债券市场定价权的核心在于掌握发行定价和发布基准利率。中央结算公司每年支持超过 10 万亿元债券的集中发行；负责编制发布国债收益率曲线等各类债券价格基准信息，对全国乃至全球人民币债券市场的定价有极强的影响力和辐射力。

从建设人民币支付结算中心来看，交易前台负责传递信息流，托管结算后台集聚了证券资产和资金，是汇聚金融要素的重要枢纽。目前，中央结算公司每年支持的结算规模超过 1000 万亿元，占中国人民银行大额支付系统结算量的近1/3。公司在沪打造跨境结算中心，将对建设人民币支付结算中心形成有力支撑。

从建设人民币资产配置中心来看，固定收益产品因其风险小、流动性强等特点，是全球资产配置的主流。据统计，全球金融资本约有七成以上配置在固定收益产品。2018年3月，彭博宣布将逐步把以人民币计价的中国国债和政策性银行债券纳入彭博巴克莱全球综合指数；2019年4月1日，我国债券被正式纳入彭博巴克莱全球综合指数，我国债券市场迎来更多主动配置和被动配置。中央结算公司托管债券中包括约40万亿元的高等级债券，是境外投资者进入中国市场的资产配置的核心券种。

上海国际金融中心建设是国之大计，中央结算公司作为国家重要金融基础设施将是重要的推动者和参与者。未来上海总部将力争站在金融市场开放前沿，不断夯实业务运营基础，扎实推进核心功能平台建设，助力上海国际金融中心建设，服务国家金融市场开放。

## 专栏五： 中央结算公司助力中国（上海）自贸试验区建设

2015年7月，中央结算公司在上海成立分公司，积极对接自贸试验区战略。2017年12月，在分公司的基础上设立上海总部。上海总部站在市场开放前沿，实现新作为、助力自贸试验区创新升级。围绕债券发行业务，公司积极研究搭建自贸区业务平台和出台相关业务指引，积极推进产品创新。

一是成功推出首只自贸区债券产品。2016年12月，在上海市金融办的协调下，市财政局在中央结算公司上海分公司（现为上海总部），通过财政部政府债券发行系统面向上海自贸区区内及境外机构投资者成功发行30亿元地方政府债券。围绕该只债券，中央结算公司历经18个月，创建了自贸试验区债券发行登记托管结算服务体系，搭建面向国际的金融基础设施平台；经人民银行批准同意发布《中国（上海）自由贸易试验区债券业务指引》；改造升级10余个业务系统，为自贸区债券发行提供现场技术支持以及登记、托管和结算一条龙服务。依托FT账户体系构建自贸区"分组合"账户与资金结算专户，实现区内资金和资产与境内以及区外的有效隔离。本次债券为记账式固定利率付息债券，期限为3年，区内及境外机构投资者认购踊跃。

二是支持政策性金融债首次在上海自贸区招标发行。2017年6月，中国农业发展银行在上海分公司，成功续发行4期、合计180亿元政策性金融债券。4期债券均为价格招标、记账式固定利率付息债券，期限分别为10年、3年、1年、5年，投资者认购踊跃，投标认购倍数为3.4～5.5倍。本次债券成功发行，标志着上海在政策性金融债券领域取得了新的突破，也标志着中央结算公司在上海自贸区服务债券发行取得重要创新。

三是支持中国进出口银行面向境内外发行绿色金融债券。2017年12月，上海总部成功支持中国进出口银行，面向境内外及"债券通"合格投资者成功发行1期20亿元绿色金融债券。这是中央结算公司上海总部成立以来首次支持面向全球的债券发行，也是国内首只以市场化方式面向全球投资者簿记发行的绿色金融债券。

四是支持在沪外资银行首次参与地方债承销。2018 年 7 月，上海市政府在中央结算公司上海总部，通过财政部地方政府债券发行系统面向银行间市场成功发行地方政府债券 343.3 亿元。本次发行引入渣打银行（中国）有限公司、星展银行（中国）有限公司两家外资银行加入承销团。这是外资金融机构首次参与境内地方政府债券发行承销，为推进自贸区债券业务带来积极影响。

人民币国际化
理论与实践
Theory and Practice of
RMB Internationalization

参考文献

[1] 白伟群. 加快自贸区债券市场建设，助力上海国际金融中心发展 [J]. 债券，2017 (6).

[2] 白伟群，乔博. 债券市场对货币国际化的影响 [J]. 宏观经济研究，2018 (7).

[3] 曾静娇. 易纲亮相博鳌，宣布12大金融开放政策 [N]. 21 世纪经济报道，2018 – 04 – 11.

[4] 陈平，张浩哲. "一带一路" 战略助推人民币国际化 [J]. 金融市场研究，2015 (7).

[5] 陈四清. 开启人民币国际化新格局 [J]. 中国金融，2014 (24).

[6] 陈雨露. 建设强大的人民币离岸市场 [OL]. 人民网，2014 – 11 – 24.

[7] 戴赜. 欧洲场外金融市场的监管 [Z]. 中国人民银行金融市场司，2011 – 07.

[8] 第一财经.上海自贸区银行暂停向境外拆放人民币？银行高层称尚未接到通知 [J]. 第一财经, 2018 (8).

[9] 第一财经理财.RQDII 重启, 跨境投资又一窗口打开 [J]. 第一财经, 2018 (5).

[10] 杜敏杰, 刘霞辉. 人民币升值预期与房地产价格变动 [J]. 世界经济, 2007 (1).

[11] 鄂志寰. 人民币国际化如何"水到渠成" [N]. 中国金融报, 2017 – 12 – 12.

[12] 付胜华. 中国银行业对外开放现状及政策建议 [J]. 中央财经大学学报, 2008 (2).

[13] 管涛. 人民币加入特别提款权篮子货币的意义 [J]. 清华金融评论, 2016 (1).

[14] 中国人民银行. 人民币国际化报告: 2017 [OL]. 中国人民银行网络, 2017 – 10 – 17.

[15] 国家税务总局. 非居民金融账户涉税信息尽职调查管理办法 [OL]. 国家税务总局官方网站, 2017 – 05 – 19.

[16] 国家外汇管理局. 关于进一步改进和调整直接投资外汇管理政策的通知 [OL]. 国家外汇管理局官方网站, 2012 – 11 – 19.

[17] 国家外汇管理局. 关于境内企业境外放款外汇管理有关问题的通知 [OL]. 国家外汇管理局官方网站, 2009 – 06 – 09.

[18] 国家外汇管理局. 关于境外机构境内外汇账户管理有关问题的通知 [OL]. 国家外汇管理局官方网站, 2009 – 07 – 13.

[19] 国家外汇管理局. 关于跨国公司外汇资金内部运营管理有关问题的通知 [OL]. 国家外汇管理局官方网站, 2004 – 10 – 18.

[20] 国家外汇管理局. 离岸银行业务管理办法实施细则 [OL]. 国家外汇管理局官方网站, 1998 – 05 – 13.

[21] 国家外汇管理局. 外债管理暂行办法 [OL]. 国家外汇管理局

官方网站，2003 - 01 - 08.

［22］国务院.国务院关于进一步促进资本市场健康发展的若干意见［OL］.中国政府网，2014 - 05 - 09.

［23］胡定核.人民币国际化探索［J］.特区经济，1989（1）.

［24］胡芳.RQDII：海外投资的下一程［N］.国际金融报，2014 - 10 - 20.

［25］胡晓炼.资本项目可兑换与人民币跨境使用［J］.长三角，2012（12）.

［26］霍颖励.人民币走向国际化［M］.北京：中国金融出版社，2018.

［27］解放日报社，上海市财政局国库处.首只自贸区政府债出台的背后［N］.解放日报，2017 - 06 - 23.

［28］李稻葵.人民币国际化道路研究［M］.北京：科学出版社，2013.

［29］李稻葵.人民币国际化是一个长期逐步过程［OL］.新浪财经网站，2012 - 06 - 11.

［30］李国辉.CIPS 二期投产　人民币国际化基础设施再度夯实［N］.金融时报，2018 - 05 - 27.

［31］李扬.金融体系落后对人民币国际化不利［Z］.2016 国际货币论坛.

［32］连平，刘健."一带一路"上人民币国际化怎么走［J］.现代商业银行，2017（11）.

［33］联合资信.2017 熊猫债发行量明显下滑，2018 有望企稳［OL］.新浪财经网站，2018 - 01 - 24.

［34］梁静.人民币国际化"大动脉"——国际货币支付基础设施构建［M］.北京：经济管理出版社，2017.

［35］刘玮.国内政治与货币国际化——美元、日元和德国马克国际

化的微观基础 [J]. 世界经济与政治, 2014 (9).

[36] 刘雪梅. 我国房地产价格走势与利率、汇率机制改革 [J]. 经济问题探索, 2005 (5).

[37] 马克思. 资本论 [M]. 北京: 人民出版社, 2004.

[38] 全国银行间同业拆借中心. 全国银行间同业拆借中心"债券通"交易规则 (试行): 公开征求意见稿 [OL]. 全国银行间同业拆借中心官方网站, 2017 - 06 - 12.

[39] 商务部. 关于跨境人民币直接投资有关问题的通知 [OL]. 商务部官方网站, 2011 - 10 - 12.

[40] 上海黄金交易所. 上海黄金交易所介绍 [OL]. 上海黄金交易所官方网站, 2018.

[41] 上海清算所. 银行间市场清算所股份有限公司"债券通"北向通业务指南 (试行) [OL]. 上海清算所网站, 2017 - 06 - 28.

[42] 上海证券交易所. 关于合格境外机构投资者证券交易有关事项的补充通知 [OL]. 上海证券交易所官方网站, 2007 - 09 - 21.

[43] 上海证券交易所. 上海证券交易所合格境外机构投资者和人民币合格境外机构投资者证券交易实施细则 [OL]. 上海证券交易所官方网站, 2014 - 03 - 19.

[44] 孙兆康. 人民币国际化的一种理论解释 [J]. 金融理论探索, 1998 (1).

[45] 王爱俭, 沈庆劼. 人民币汇率与房地产价格的关联性研究 [J]. 金融研究, 2007 (6).

[46] 王健. 培育与世界第二大经济体相称的中国资本市场 [J]. 广东财经大学学报, 2013 (2).

[47] 王文嫣. 证监会副主席: 鼓励外资机构通过 QFII、RQFII 参与期货市场 [OL]. 中国证券网, 2018 - 10 - 16.

[48] 夏斌. 经济走势分析与"一带一路"建设 [J]. 西部大开发,

2017 （9）.

[49] 谢亚轩，刘亚欣，张一平.人民币加入 SDR 会给中国带来什么？[J].银行家，2016 （1）.

[50] 徐奇渊.人民币国际化面临的挑战和选择 [J].当代世界，2011 （1）.

[51] 徐燕燕.上海发行首只 30 亿元自贸区地方政府债券 [OL].第一财经网站，2016 – 12 – 08.

[52] 徐晔，柳祥宝.我市发放全省外贸领域首笔出口买方信贷 [N].台州日报，2016 – 03 – 31.

[53] 徐长生，黄雨薇.人民币汇率波动对我国上市公司股票回报率影响的异质性研究 [J].商业经济研究，2018 （18）.

[54] 余永定.再论人民币国际化 [J].国际经济评论，2011 （5）.

[55] 张兵，封思贤，李心丹，等.汇率与股价变动关系：基于汇改后数据的实证研究 [J].经济研究，2008 （9）.

[56] 张成思，胡志强.从世界主要货币国际化历程看人民币国际化 [J].亚太经济，2012 （3）.

[57] 张明，何帆.人民币国际化进程中在岸离岸套利现象研究 [J].国际金融研究，2012 （10）.

[58] 张燕生.人民币国际化可反过来推动国内金融改革 [OL].新浪财经网站，2010 – 11 – 02.

[59] 掌上基金.2018 年 7 月 6 日公募基金日报：基金公司积极"海淘"[OL].雪球网，2017 – 07 – 06.

[60] 中国共产党第十四届中央委员会.中共中央关于建立社会主义市场经济体制若干问题的决定 [OL].人民网，1993 – 11 – 14.

[61] 中国货币网.外汇市场指南——产品与交易 [OL].中国货币网，2018 – 05 – 17.

[62] 中国人民大学国际货币研究所.人民币国际化报告 207 [M].

北京：中国人民大学出版社，2017.

[63] 中国人民银行，财政部，商务部，等．跨境贸易人民币结算试点管理办法 [OL]．中国人民银行官方网站，2009 - 07 - 01.

[64] 中国人民银行，国家发展和改革委员会．境内金融机构赴香港特别行政区发行人民币债券管理暂行办法 [OL]．中国政府网，2007 - 06 - 08.

[65] 中国人民银行．"人民币汇率制度"的内容 [OL]．中国人民银行官方网站，2010 - 09 - 15.

[66] 中国人民银行．关于进一步做好境外机构投资者投资银行间债券市场有关事宜公告 [OL]．中国人民银行官方网站，2016 - 02 - 17.

[67] 中国人民银行．关于境外人民币清算行等三类机构运用人民币投资银行间债券市场试点有关事宜的通知 [OL]．中国人民银行官方网站，2010 - 08 - 17.

[68] 中国人民银行．关于扩大跨境贸易人民币结算地区的通知 [OL]．中国人民银行官方网站，2011 - 07 - 27.

[69] 中国人民银行．关于扩大跨境贸易人民币结算试点有关问题的通知 [OL]．中国人民银行官方网站，2010 - 06 - 17.

[70] 中国人民银行．关于在全国范围内实施全口径跨境融资宏观审慎管理的通知 [OL]．中国人民银行官方网站，2016 - 04 - 30.

[71] 中国人民银行．境外机构投资者投资银行间债券市场备案管理实施细则 [OL]．中国人民银行官方网站，2016 - 05 - 27.

[72] 中国人民银行．境外央行类机构进入中国银行间债券市场业务流程 [OL]．中国人民银行官方网站，2016 - 04 - 14.

[73] 中国人民银行．境外直接投资人民币结算试点管理办法 [OL]．中国人民银行官方网站，2011 - 01 - 06.

[74] 中国人民银行．跨境贸易人民币结算试点管理办法 [OL]．中国人民银行官方网站，2009 - 07 - 01.

[75] 中国人民银行．跨境贸易人民币结算试点管理办法实施细则

[OL]．中国人民银行官方网站，2009 – 07 – 03．

［76］中国人民银行．离岸银行业务管理办法［OL］．中国人民银行官方网站，1997 – 10 – 23．

［77］中国人民银行．内地与香港债券市场互联互通合作管理暂行办法［OL］．中国人民银行官方网站，2017 – 06 – 21．

［78］中国人民银行．全国银行间债券市场做市商管理规定［OL］．中国人民银行官方网站，2007 – 01 – 09．

［79］中国人民银行．外商直接投资人民币结算业务管理办法［OL］．中国人民银行官方网站，2011 – 10 – 13．

［80］中国人民银行．中国（上海）自由贸易试验区分账核算业务风险审慎管理细则（试行）［OL］．中国人民银行官方网站，2014 – 05 – 21．

［81］中国人民银行．中国（上海）自由贸易试验区分账核算业务实施细则（试行）［OL］．中国人民银行官方网站，2014 – 05 – 21．

［82］中国人民银行．中国人民银行公告［2016］第3号［OL］．中国人民银行官方网站，2016 – 02 – 17．

［83］中国人民银行．中国人民银行关于金融支持中国（上海）自由贸易试验区建设的意见［OL］．中国人民银行官方网站，2013 – 12 – 02．

［84］中国人民银行．中国人民银行关于进一步便利跨国企业集团开展跨境双向人民币资金池业务的通知［OL］．中国人民银行官方网站，2015 – 09 – 05．

［85］中国人民银行．中国人民银行关于境内银行业金融机构境外项目人民币贷款的指导意见［OL］．中国人民银行官方网站，2011 – 10 – 24．

［86］中国人民银行．中国人民银行关于扩大全口径跨境融资宏观审慎管理试点的通知［OL］．中国人民银行官方网站，2016 – 01 – 22．

［87］中国人民银行．中国人民银行关于明确跨境人民币业务相关问题的通知［OL］．中国人民银行官方网站，2011 – 07 – 11．

[88] 中国人民银行. 中国人民银行关于明确外商直接投资人民币结算业务操作细则的通知 [OL]. 中国人民银行官方网站, 2012 – 06 – 14.

[89] 中国人民银行. 中国人民银行关于人民币合格境内机构投资者境外证券投资有关事项的通知 [OL]. 中国人民银行官方网站, 2014 – 11 – 18.

[90] 中国人民银行. 中国人民银行关于印发《跨境人民币收付信息管理系统管理暂行办法》的通知 [OL]. 中国人民银行官方网站, 2010 – 03 – 08.

[91] 中国外汇交易中心. 银行间外汇市场境外机构入市指引 [OL]. 中国货币网, 2017 – 10 – 24.

[92] 中国外汇交易中心. 银行间外汇市场入市及服务指引 [OL]. 中国货币网, 2018 – 09 – 21.

[93] 中国外汇交易中心. 中国外汇交易中心产品指引 V2.7 [OL]. 中国货币网, 2018 – 10 – 26.

[94] 中国外汇交易中心. 中国外汇交易中心发布关于完善人民币购售业务境外参加行和境外清算行进入银行间外汇市场有关事项的公告 [OL]. 中国外汇交易中心官方网站, 2018 – 09 – 13.

[95] 中国银行. 伦敦离岸人民币市场月报 [OL]. 中国银行官方网站, 2015 (5/6), 28.

[96] 中国银行. 中银稳健增长 (R) 2017 年年度运作情况报告 [OL]. 中国银行官方网站, 2018 – 03 – 30.

[97] 中国银行业监督管理委员会. 中国银行上海市分行积极为"一带一路"沿线境外进口方提供出口买方信贷融资 [OL]. 中国银行业监督管理委员会官方网站, 2017 – 03 – 01.

[98] 中国证监会, 中国人民银行, 合格境外机构投资者境内证券投资管理暂行办法 [OL]. 中国证监会官方网站, 2002 – 11 – 05.

[99] 中国证监会, 中国人民银行和国家外汇管理局. 基金管理公司、

证券公司人民币合格境外机构投资者境内证券投资试点办法［OL］. 中国人民银行官方网站，2014－07－22.

［100］中国证监会. 关于实施《合格境外机构投资者境内证券投资管理办法》有关问题的规定［OL］. 中国证监会官方网站，2012－07－30.

［101］中国证监会. 关于实施《人民币合格境外机构投资者境内证券投资试点办法》的规定［OL］. 中国证监会官方网站，2013－03－01.

［102］中国证监会. 人民币合格境外机构投资者境内证券投资试点办法［OL］. 中国证监会官方网站，2013－03－01.

［103］中国证监会. 人民币合格境外机构投资者境内证券投资试点办法［OL］. 中国证监会官方网站，2014－02－27.

［104］中国证券监督管理委员会. 存托凭证发行与交易管理办法（试行）［OL］. 中国证券监督管理委员会官方网站，2018－06－07.

［105］中国证券监督管理委员会. 关于实施《合格境外机构投资者境内证券投资管理办法》有关问题的规定［OL］. 中国证券监督管理委员会官方网站，2012－07－27.

［106］中国证券监督管理委员会. 合格境内机构投资者境外证券投资管理试行办法［OL］. 中国证券监督管理委员会官方网站，2007－06－18.

［107］中国证券监督管理委员会. 合格境外机构投资者境内证券投资管理办法［OL］. 中国证券监督管理委员会官方网站，2006－08－24.

［108］中国证券监督管理委员会. 基金管理公司、证券公司人民币合格境外机构投资者境内证券投资试点办法［OL］. 中国证券监督管理委员会官方网站，2013－03－01.

［109］中国证券网. 中石化联合石化签署首笔以上海原油期货计价的实货长期合同［OL］. 中国证券网，2018－03－28.

［110］中央国债登记结算有限责任公司. 中国（上海）自由贸易试验区债券业务指引［OL］. 中央国债登记结算有限责任公司官方网站，

2016 – 09 – 08.

[111] 中央国债登记结算有限责任公司."债券通"北向通登记托管结算业务规则 [OL]. 中央国债登记结算有限责任公司网站,2017 – 06 – 26.

[112] 朱孟楠,刘林. 短期国际资本流动、汇率与资产价格——基于汇改后数据的实证研究 [J]. 财贸经济,2010 (5).

[113] 朱民. 朱民反驳伯南克:人民币入 SDR 不只有象征意义 [OL]. 新浪财经网站,2016 – 12 – 02.

[114] 中国人民银行上海总部跨境人民币业务部课题组,施琍娅. 人民币国际化指数研究 [J]. 上海金融,2015 (08):29 – 34.

[115] BERGSTEN C F, Krause L B. World Politics and International Economics [J]. Journal of Economics & Business Administration, Vol. 137, No. 1, 1978.

[116] CHINN M, FRANKEL J. Will the Euro Eventually Surpass the Dollar as Leading International Reserve Currency? [M]. Social Science Electronic Publishing, 2007.

[117] COHEN B J. Future of Sterling as an International Currency [M]. Martin's Press, 1971.

[118] KENEN P B. Currency Internationalization: an Overview [Z]. Bank for International Settlements Research Papers, 2009.

[119] KENEN P B. The SDR as a Means of Payment: A Comment on Coats [Z]. Staff Papers, Vol. 30, No. 3, 1983.

[120] TAVLAS G S. The International Use of the US Dollar: An Optimum Currency Area Perspective [J]. World Economy, Vol. 20, No. 6, 1997.

[121] THIMANN C. Global Roles of Currencies [J]. International Finance, Vol. 11, No. 3, 2008.

# 人民币国际化
## 理论与实践

Theory and Practice of
RMB Internationalization

# 后　记

　　2009 年，人民币国际化从跨境贸易结算试点起步，近十年来已在支付结算、投资与金融交易、价值储备等领域取得良好成效。尽管中国已具备一定的经济规模，人民币被纳入 SDR 货币篮子体现了人民币具有一定的国际认可度，但"入篮"并不代表人民币国际化目标已经实现。人民币国际化的最终目标是要与中国经济、贸易与金融等领域的国际地位相匹配，这是一个渐进的过程。

　　本书立足新形势、新视野，从人民币国际化的界定、发展现状、风险与约束、国际比较、金融市场对外开放等多个角度进行切入，广泛收集和梳理国内外有关人民币国际化的观点，借鉴美、欧、日等发达经济体货币国际化的发展经验，结合上海国际金融中心建设，剖析人民币国际化的现状、问题与发展路径，并探索提出前瞻性的政策思考与建议。

　　本项目的研究获得了上海市领军金才项目的资助，并按照上海市委组织部、上海市金融工作党委、上海市金融工作局、上海市人力资源和社会保障局、上海市财政局联合印发的《关于推进上海金才工程　加强金融人才队伍建设的实施意见》的相关要求开展研究。在项目推进过程中，得到了上海市金融工作局等相关管理部门与金融机构的大力支持与指导，这为本研究的顺利开展提供了坚强保障。

本书由中央国债登记结算有限责任公司人民币国际化研究课题组执笔。中央结算公司办公室乔博，中央结算公司上海总部闫彦明、马隽卿、徐昱程、黄超、刘文文等参与课题组研究、撰写与统稿工作。中央结算公司上海总部相关领导给予指导，中央结算公司研发中心、风险管理部等对项目研究与管理提出建议并给予支持。在此对各方的帮助支持表示感谢！

最后，我们衷心希望本书观点能为人民币国际化和金融市场开放提供一定的参考和借鉴。由于时间仓促，错误或疏漏在所难免，敬请各位读者批评指正。

中央国债登记结算有限责任公司人民币国际化研究课题组
2019 年 5 月 16 日